2014年度浙江省社科联省级社会科学学术著作出版资金资助出版（编号：2014CBZ04）

浙江省社科规划一般课题（课题编号：14CBZZ04）

当代浙江学术文库
DANGDAI ZHEJIANG XUESHU WENKU

# 宏观调控与经济增长
——『广场协议』前后日本和德国的比较研究

张云华 著

中国社会科学出版社

# 图书在版编目（CIP）数据

宏观调控与经济增长："广场协议"前后日本和德国的比较研究/张云华著.
—北京：中国社会科学出版社，2016.9
（当代浙江学术文库）
ISBN 978-7-5161-8591-9

Ⅰ.①宏… Ⅱ.①张… Ⅲ.①宏观经济调控—关系—经济增长—对比研究—日本、德国 Ⅳ.①F131.3②F151.6

中国版本图书馆 CIP 数据核字（2016）第 170171 号

| 出 版 人 | 赵剑英 |
|---|---|
| 选题策划 | 田　文 |
| 责任编辑 | 周慧敏 |
| 责任校对 | 刘　娟 |
| 责任印制 | 王　超 |

| 出　　版 | 中国社会科学出版社 |
|---|---|
| 社　　址 | 北京鼓楼西大街甲 158 号 |
| 邮　　编 | 100720 |
| 网　　址 | http://www.csspw.cn |
| 发 行 部 | 010-84083685 |
| 门 市 部 | 010-84029450 |
| 经　　销 | 新华书店及其他书店 |
| 印　　刷 | 北京君升印刷有限公司 |
| 装　　订 | 廊坊市广阳区广增装订厂 |
| 版　　次 | 2016 年 9 月第 1 版 |
| 印　　次 | 2016 年 9 月第 1 次印刷 |
| 开　　本 | 710×1000　1/16 |
| 印　　张 | 14.25 |
| 插　　页 | 2 |
| 字　　数 | 237 千字 |
| 定　　价 | 55.00 元 |

凡购买中国社会科学出版社图书，如有质量问题请与本社营销中心联系调换
电话：010-84083683
**版权所有　侵权必究**

## 《当代浙江学术文库》编委会

主　　任　郑新浦　蒋承勇
副 主 任　何一峰　邵　清　周鹤鸣　谢利根
编　　委　（以姓氏笔画排序）
　　　　　王　河　王俊豪　毛剑波　卢福营
　　　　　史习民　池仁勇　杨树荫　吴　笛
　　　　　沈　坚　陈立旭　陈华文　陈寿灿
　　　　　陈剩勇　林正范　金　涛　金彭年
　　　　　周　青　周建松　宣　勇　费君清
　　　　　徐　斌　凌　平　黄大同　黄建钢
　　　　　潘捷军

## 编委会办公室

主　　任　何一峰
副 主 任　俞晓光
成　　员　黄　获　周　全　杨希平

# 总　序

浙江省社会科学界联合会党组书记　郑新浦

源远流长的浙江学术，蕴华含英，是今天浙江经济社会发展的"文化基因"；三十五年来浙江改革发展，鲜活典型，是浙江人民创业创新的生动实践。无论是对优秀传统文化的传承弘扬，还是就波澜壮阔实践的概括提升，都是理论研究和理论创新的"富矿"，浙江省社会科学界的工作者可以而且应该在这里努力开凿挖掘，精心洗矿提炼，创造学术精品。

繁荣发展浙江学术，当代浙江学人使命光荣、责无旁贷。我们既要深入研究、深度开掘浙江学术思想的优良传统，肩负起继承、弘扬、发展的伟大使命；更要面向今天浙江经济社会的发展之要和人文社会科学建设的迫切需要，担当起促进学术繁荣的重大责任，创造具有时代特征和地方特色的当代浙江学术，打造当代浙江学术品牌，全力服务"两富"现代化浙江建设。

繁荣发展浙江学术，良好工作机制更具长远、殊为重要。我们要着力创新机制，树立品牌意识，构建良好载体，鼓励浙江学人，扶持优秀成果。"浙江省社科联省级社会科学学术著作出版资金资助项目"就是一个坚持多年、富有成效、受学人欢迎的优质品牌和载体。从2006年开始，我们对年度全额资助书稿以"当代浙江学术论丛"（《光明文库》）系列丛书资助出版；2011年，我们将当年获得全额重点资助和全额资助的书稿改为《当代浙江学术文库》系列加以出版。多年来，我们已资助出版共553部著作，对于扶持学术精品，推进学术创新，阐释浙江改革开放轨迹，提炼浙江经验，弘扬浙江精神，创新浙江模式，探索浙江发展路径，产生了良好的社会影响和积极的促进作用。

2013年入选资助出版的27部书稿，内容丰富，选题新颖，学术功底较深，创新视野广阔。有的集中关注现实社会问题，追踪热点，详论对策、破解之道；有的深究传统历史文化，精心梳理，力呈推陈出新之意；有的收集整理民俗习尚，寻觅探究，深追民间社会记忆之迹；有的倾注研究人类共同面对的难题，潜心思考，苦求解决和谐发展之法。尤为可喜的是，资助成果的作者大部分是浙江省的中青年学者，我们的资助扶持，不惟解决了他们优秀成果的出版之困，更具有促进社会科学界新才成长的奖掖之功。

我相信，"浙江省社科联省级社会科学学术著作出版资金资助项目"的继续实施，特别是"当代浙江学术文库"品牌的持续、系列化出版，必将推出更多的优秀浙江学人，涌现更丰富的精品佳作，从而繁荣发展浙江省哲学社会科学，充分发挥"思想库"和"智囊团"的作用，有效助推物质富裕精神富有现代化浙江的加快发展。

2013年12月

谨以此书献给
父亲　张国富
母亲　韩雀平

# 前　言

　　20世纪80年代中后期日本的经历与中国的经济现状有着惊人的相似，面对近年来人民币的不断升值，人们开始担忧未来中国经济是否会走上日本的老路。为避免人民币不断升值给实体经济带来的负面影响，中国政府和人民银行亦频繁地对宏观经济进行干预。这些干预对于中国未来经济的可持续增长是否能发挥作用，有待于商榷和检验。

　　本书在对日本和德国在"广场协议"前后，本币汇率大幅升值情况下，两国国内经济概况如资产价格、进出口、制造业以及资本流动等相关方面进行分析的基础上，运用TOPSIS等方法，从GDP层面、宏观经济政策四大目标、国家竞争力以及经济增长方式等方面对日本和德国在本币大幅升值前后的宏观经济状况进行了比较。得到的结论是：日本的经济无论与自己历史相比还是与同时期的德国经济发展状况相比，确实存在着一定程度的"失去"。导致日本经济"失去"的原因有很多，本书的重点在于研究政府应对本币升值的宏观调控政策对经济长期增长与发展的有效性。通过对在同样签订"广场协议"、面临本币大幅升值的以市场为主导的德国和以政府主导的日本，两国政府以及央行所采取的财政政策和货币政策中介目标的比较，得到的结论是：同样的本币升值，德国和日本当局无论是货币政策的应对还是财政政策的应对，都存在一定的差异，相对日本，德国确实较好地保持了货币政策的独立性，并且德国政府和央行对汇率波动的干预程度要远低于日本。

　　接着，本书进一步将两国应对本币升值的宏观调控政策（包括货币政策和财政政策）对实体经济产生的影响进行比较和分析，即利用两国历史数据进行实证检验，以确定两国应对本币升值的宏观调控中介目标和经济增长与发展的定量关系。实证研究的结论为：两国政府应对汇率波动的宏观调控政策对其实体经济的影响亦不同，无论是货币政策还是财政政策手段，越是市场化或符合市场规律的调控手段越能对经济增长和经济发展发挥积极作用，而人为的行政干预手段，最多只能在短期内发挥一点作用，长期则都是无效的。

既然应对汇率波动的宏观调控政策从长期看都是无效的，那么为促进经济的可持续增长，未来政府的工作重点或者说政策导向应该是什么？为此，笔者总结经典增长理论的结论，将经济增长的关键性因素回溯于人口、资本和技术创新这三大"最原始"的因素仍然通过日本和德国的实证与比较展开讨论，得到的结论为：人口老龄化、投资效率低下以及创新不足是导致20世纪70年代那个"朝气蓬勃、昂首阔步"的日本经济衰退的主要原因；而德国虽然亦面临人口老龄化的问题，但却没有成为德国经济发展的限制与障碍；把握投资重点、掌握核心技术，不断研发与技术创新是德国经济长期平稳增长的重要因素。

本书最后部分，对我国经济增长过程中关于人口、资本和技术创新三个方面的实际情况以及存在的问题进行了分析，提出面对人民币的升值，应吸取日本的教训，学习德国的经验，从中国的现实出发，政府和央行过多的干预对于经济的长期增长并无益，要想实现中国经济未来的可持续发展，除了将汇率、利率等市场主体市场化之外，调控政策也应该更加市场化，且政府宏观调控的重点应该转向改善人口结构、提高劳动力素质、引导资本合理投资以及鼓励技术创新等方面。

# 目 录

**导 论** ……………………………………………………………（1）
  第一节　选题的背景和意义 ……………………………………（1）
  第二节　研究的思路、主要内容和方法 ………………………（3）
    一　研究思路 ………………………………………………（3）
    二　主要内容 ………………………………………………（4）
    三　研究方法 ………………………………………………（4）
  第三节　可能的创新点及存在的不足 …………………………（5）
  第四节　技术路线 ………………………………………………（6）
  第五节　结构安排 ………………………………………………（7）

**第一章　相关研究综述** ………………………………………（10）
  第一节　汇率波动及其影响 ……………………………………（10）
  第二节　汇率波动的宏观调控 …………………………………（13）
  第三节　宏观调控的经济效应 …………………………………（15）
    一　财政政策的经济效应 …………………………………（16）
    二　货币政策的经济效应 …………………………………（19）
  第四节　经济增长的主要因素 …………………………………（21）
  第五节　本章小结 ………………………………………………（26）

**第二章　汇率、宏观调控及经济增长的理论分析框架** ………（28）
  第一节　汇率 ……………………………………………………（28）
    一　汇率及汇率的表示 ……………………………………（28）
    二　影响汇率变动的主要因素 ……………………………（28）
    三　汇率决定经典模型 ……………………………………（29）
  第二节　汇率政策 ………………………………………………（31）

一　汇率政策目标 …………………………………………… (31)
　　二　汇率政策工具 …………………………………………… (32)
　　三　本币升值的影响 ………………………………………… (33)
　第三节　宏观调控 …………………………………………………… (34)
　　一　政府宏观调控的主要工具 ……………………………… (34)
　　二　政府对外汇市场的干预 ………………………………… (36)
　第四节　经济增长 …………………………………………………… (38)
　　一　增长的度量 ……………………………………………… (39)
　　二　增长的源泉 ……………………………………………… (39)

**第三章　日元兑美元汇率升值对日本经济的影响** ………………… (42)
　第一节　"广场协议"前后日元汇率变动与日本经济概况 ……… (42)
　第二节　"广场协议"前后日本的货币政策与通货膨胀 ………… (43)
　第三节　"广场协议"前后日本的对外贸易 ……………………… (46)
　第四节　"广场协议"前后日本的资产价格变动与经济泡沫 …… (47)
　第五节　"广场协议"前后日本的制造业 ………………………… (49)
　第六节　"广场协议"前后日本的国际资本流动 ………………… (50)
　第七节　"广场协议"前后日本的就业 …………………………… (52)
　第八节　本章小结 …………………………………………………… (53)

**第四章　马克兑美元汇率升值对德国经济的影响** ………………… (55)
　第一节　"广场协议"前后马克汇率变动与经济概况 …………… (55)
　第二节　"广场协议"前后德国的货币政策与通货膨胀 ………… (56)
　第三节　"广场协议"前后德国的对外贸易 ……………………… (60)
　第四节　"广场协议"前后德国资产价格变动 …………………… (63)
　第五节　"广场协议"前后德国的制造业 ………………………… (65)
　第六节　"广场协议"前后德国的国际资本流动 ………………… (67)
　第七节　"广场协议"前后德国的就业 …………………………… (68)
　第八节　本章小结 …………………………………………………… (70)

**第五章　"广场协议"前后日德宏观经济比较** …………………… (72)
　第一节　基于GDP层面的比较 …………………………………… (73)

第二节　基于四大宏观经济政策目标的比较 ……………………（73）
　　第三节　基于国家竞争力的比较 …………………………………（76）
　　第四节　基于增长方式的比较 ……………………………………（79）
　　第五节　本章小结 …………………………………………………（80）

第六章　"广场协议"前后日德政府应对汇率波动调控比较 ………（81）
　　第一节　日本央行应对汇率波动的货币政策 ……………………（82）
　　　　一　日本央行货币政策中介目标演变 ………………………（82）
　　　　二　变量的选取及描述 ………………………………………（82）
　　　　三　实证检验 …………………………………………………（84）
　　　　四　小结 ………………………………………………………（88）
　　第二节　德国央行应对汇率波动的货币政策 ……………………（88）
　　　　一　德国货币政策中介目标演变 ……………………………（88）
　　　　二　变量的选取及描述 ………………………………………（89）
　　　　三　实证检验 …………………………………………………（91）
　　　　四　小结 ………………………………………………………（93）
　　第二节　日本政府应对汇率波动的财政政策 ……………………（93）
　　　　一　变量的选取及描述 ………………………………………（94）
　　　　二　实证检验 …………………………………………………（95）
　　　　三　小结 ………………………………………………………（98）
　　第四节　德国政府应对汇率波动的财政政策 ……………………（99）
　　　　一　变量的选取和描述 ………………………………………（99）
　　　　二　实证检验 …………………………………………………（100）
　　　　三　小结 ………………………………………………………（102）
　　第五节　本章小结 …………………………………………………（103）

第七章　"广场协议"前后日德政府宏观调控效应的比较 …………（105）
　　第一节　日本宏观调控政策与经济发展的实证检验 ……………（106）
　　　　一　变量的选取及描述 ………………………………………（106）
　　　　二　实证检验 …………………………………………………（108）
　　　　三　模型的建立与分析 ………………………………………（109）
　　　　四　结论 ………………………………………………………（113）

第二节　德国宏观调控政策与经济发展的实证检验 …………（113）
　　　一　变量及数据的选取 ……………………………………（114）
　　　二　实证检验 ………………………………………………（115）
　　　三　模型的建立与分析 ……………………………………（116）
　　　四　结论 ……………………………………………………（118）
　　第三节　本章小结 ……………………………………………（119）

第八章　日德宏观政策重点及导向
　　　　——经济增长决定性因素探析 ………………………（121）
　　第一节　人口与经济增长 ……………………………………（123）
　　　一　日本人口与经济增长 …………………………………（123）
　　　二　德国人口与经济增长 …………………………………（127）
　　第二节　资本与经济增长 ……………………………………（131）
　　　一　日本资本与经济增长 …………………………………（131）
　　　二　德国资本与经济增长 …………………………………（136）
　　第三节　技术创新与经济增长 ………………………………（138）
　　　一　日本技术创新与经济增长 ……………………………（139）
　　　二　德国技术创新与经济增长 ……………………………（142）
　　第四节　本章小结 ……………………………………………（145）

第九章　结论及启示 ………………………………………………（147）
　　第一节　结论 …………………………………………………（147）
　　　一　汇率波动与经济增长 …………………………………（147）
　　　二　汇率波动与宏观调控 …………………………………（147）
　　　三　宏观调控与经济增长 …………………………………（149）
　　　四　政府的调控重点及导向 ………………………………（150）
　　第二节　对中国的启示 ………………………………………（152）
　　　一　人民币升值与宏观调控 ………………………………（152）
　　　二　宏观调控与经济增长 …………………………………（153）
　　　三　中国经济增长的制约因素 ……………………………（158）
　　第三节　研究展望 ……………………………………………（166）

附　录 ……………………………………………………（167）

参考文献 …………………………………………………（197）

后　记 ……………………………………………………（211）

# 导　　论

## 第一节　选题的背景和意义

科恩（Cohen）在其《货币地理学》（2004）一书中指出："汇率好比穿针引线的针眼，只有通过它，才能将一国国内所有的产品和服务价格相互连接起来，并且和国外同类产品的价格形成对比。"随着中国经济的高速增长，大有取代日本成为世界第二大经济体之势，因此，人民币汇率问题成为一个被广泛关注的热门话题。自 2005 年 7 月 21 日起，人民币汇率不再盯住单一美元，开始实行以市场供求为基础、参考一篮子货币进行调节、有管理的浮动汇率制度。自此，人民币开始进入升值周期，至今，累计升值幅度已经达 30%。2014 年 3 月 15 日，央行宣布扩大人民币兑美元交易价浮动幅度至 2%，表明了人民银行对外汇市场逐渐减少干预的决心。使得人民币汇率问题也受到了越来越多的国内老百姓的关注。

改革开放以来，中国经济高速发展，商品进出口量显著增长，中国在国际上的地位也不断提升，尤其是进入 21 世纪后，全球经济低迷、萧条，西方经济大国几乎都面临通货紧缩的巨大压力，但中国经济却截然相反，依然保持着高速增长。中国出口的商品历来因低廉的价格而在国际市场有较强的竞争力，由于人民币汇率问题，使得以美国和日本为首的西方国家认定中国以"低价"手段抢夺世界市场。因此，近年来以美日为首的西方国家联合起来，不断要求人民币升值，从而提高他国商品在国际市场中的竞争力，人民币不断升值的同时升值的压力也越来越大。2008 年诺贝尔经济学奖得主保罗·克鲁格曼（2009）也认为：人民币汇率低估是全球贸易失衡的根源。

谈到货币升值及其后果，人们往往首先想到的是签订"广场协议"后日元的大幅升值以及之后日本的泡沫经济。20 世纪 80 年代，世界经济也曾出现严重失衡，主要表现为西方工业国 G5（美、日、德、英、法）及其与发展中国家之间经济的内部、外部失衡，尤其是美国经济面临贸易和财政双重赤字的困扰。为了缓解这种状况，挽救日益萧条的美国制造业，美国开始对其他主要经济体国家施加压力，要求它们的货币升值。1985年9月，美国政府邀集德国、日本、法国、英国的央行行长及相关财长在纽约的广场饭店就美元对各国汇率问题举行会议，达成一揽子协议，使美元对主要货币有秩序下调，史称"广场协议"（Plaza Accord），引发了日元、德国马克等主要货币总美元大幅升值。

"广场协议"后尤其是1985—1989年，日元大幅升值，大量国际资金为了躲避汇率风险而进入日本国内市场，加上日本国内投资者对日本经济过分乐观，投资气氛浓烈，从而在日本国内兴起了投机热潮，尤其在股票交易市场和土地交易市场更为明显，而这些都是没有实体经济支撑的泡沫而已。1989年，日本泡沫经济迎来了最高峰，当时日本各项经济指标达到了空前的高水平，但是由于资产价格上升根本没有实业的支撑，泡沫经济摇摇欲坠甚至开始走向下坡。1990年，日本银行的金融紧缩政策，进一步导致了泡沫的破裂，此后日本经济进入了长达10年甚至20年的衰退期。

大多数学者的观点认为，正是为避免1985年"广场协议"后日元的大幅升值而给实体经济可能造成的危害，日本政府不断出台相应宏观调控政策，而这些政策中的失误，才导致了之后资产泡沫的堆积乃至泡沫经济，泡沫破灭以后日本经济陷入持续的低迷，被称为"失去的十年"、"失去的二十年"。他山之石，可以攻玉。20世纪80年代中后期日本的经历与目前的中国经济有惊人的相似，因此，人们对人民币的不断升值以及中国经济的未来忧心忡忡。

另一方面，由于担心出现日本式的泡沫经济，为对冲人民币升值给实体经济造成的影响，中国政府和人民银行亦不断利用财政政策和货币政策工具出面进行干预。如2012年，国家财政支出的大幅增加，全国财政累计支出比上年同期增长17.9%。人民银行继续推行稳健的货币政策，6月8日、7月6日一个月之内先后调降存款准备金率一次、降息两次，贷款利率下调幅度大于存款利率下调幅度，在给予利率浮动区间后，进一步扩大贷款利率的下浮区间。

面对本币升值，是否需要政府进行干预？政府和央行所采取的调控政策（包括财政政策、货币政策）是否有效，在多大程度上有效？是否能对经济的可持续增长起到一定的作用？推动一国经济可持续增长的关键因素又是什么？这几个问题值得我们思考和分析。

日元升值、日本泡沫经济等历史"反面教材"固然值得警惕，但这并不意味着本币升值必然会带来泡沫经济，更不必因此而对当前人民币的升值问题诚惶诚恐，因为德国马克也经历了几乎与日元一样的升值过程，但德国经济却一如既往地在平稳中增长。所以日本的教训并不是所有本币升值国家的普遍性规律。20世纪70年代至90年代，德国国内经济始终维持了较平稳的增长速度，最易受汇率影响的对外贸易亦保持着同步较高的增长，同时国内资产价格稳定，通货膨胀正常，丝毫没有出现经济泡沫迹象。

同样面对货币升值压力，日本和德国政府采用何种不同的调控政策措施，这些措施对两国的经济有何作用？其他还存在什么因素给这两个国家的宏观稳定和经济增长带来了截然不同的影响？寻找这些问题答案的同时也刚好回答了我们上文的问题。

正是在这样的背景和前提下，回顾和比较日本与德国在签订"广场协议"本币汇率大幅波动前后，宏观调控政策运用方面成功的经验以及失败的教训，这对我国经济发展特别是当前人民币不断升值的宏观经济环境下的政策度量和把握有着非常现实的指导意义。另外，除了宏观调控政策以外，对德国和日本经济发展过程中主要的推动和限制因素的分析，对于未来宏观调控政策的合理定位以及作用的充分发挥，以推动我国经济可持续发展亦有十分重要的启示作用。

## 第二节 研究的思路、主要内容和方法

### 一 研究思路

本书的研究，作者将主要围绕回答和解决以下问题展开：

（1）"广场协议"后，日德两国的宏观经济发展道路是否真的存在很大的差异，泡沫经济之后，日本经济是否如传说中的那样"失去十年"甚至"失去二十年"？

（2）同样的面对本币大幅升值，分别代表政府主导型与市场主导型的日本与德国两国政府所采取的宏观调控政策有何不同？

（3）上述调控政策对日德两国各自实际经济增长与发展的作用到底有多少？

（4）限制日本经济长期发展的因素是什么？促进和保持德国经济平稳增长的决定性因素又是什么？宏观调控的政策重点应该如何引导这些相

关因素更好地为经济发展做出贡献？

（5）日本和德国的经验与教训对我国人民币汇率政策以及未来为维持经济可持续增长而采取的财政、金融政策带来的启示有哪些？

逐一解决和回答以上五个问题既是本书的研究思路又是本书研究的重点。

### 二 主要内容

本书基于为避免当前人民币不断升值给实体经济带来的负面影响，政府和央行频繁对宏观经济进行干预的前提，通过对同样经历本币大幅升值的日本和德国，两国在本币升值后各自经济特点和发展状况和两国政府所采取的不同态度和应对措施的比较，以及这些应对措施对两国国内经济各自带来的影响的实证分析，从而得到结论：为应对本币升值，政府干预的相关财政政策和货币政策越是行政化，计划性越强，干预的效果越弱，越是符合市场规律的政策规则，越能在经济发生波动时发挥作用；并且这些政策在短期内会对实体经济有一定的刺激作用，但长期基本是无效的。既然政府干预经济的作用不明显，那么应对本币升值，为保持经济的长期可持续增长，当局者的工作重点应该是什么？之后笔者运用经典增长理论的结论，通过经典柯布—道格拉斯生产函数分析与比较日本和德国经济增长过程中起决定性作用的长期促进（或是限制）因子来回答上述问题。在此基础上，最后部分，从中国的现实出发，对国内当前人口、教育、资本以及技术创新等现状以及存在的主要问题进行了分析，吸取日本的教训，借鉴德国的经验，对促进中国未来经济的可持续发展的主要因素进行了总结并提出了系列政策建议。

### 三 研究方法

本书以理论分析为基础、实证分析为主要方法，将历史与现实相结合，从抽象到具体，采用传统的计量经济学模型，辩证地进行分析，通过日本与德国在同一形势下的国际比较，以洞悉汇率变化、宏观调控以及其他关键因素对一国经济的影响。全书强调用数据和事实说话。

实证研究的具体方法为：首先，用TOPSIS法将衡量宏观经济的各项指标以及衡量国家竞争力的各项指标进行归一化处理，使得德日两国的宏观经济状况具有可比性；其次，利用VAR模型对两国应对本币升值的宏观调控政策进行比较，利用脉冲响应函数来分析宏观调控政策对汇率变动的敏感程度；再次，用协整分析和 ecm 模型分别对宏观调控政策与经济增长和发展的长期相关性以及短期作用进行检验，其中，用 CHOW-Test（邹检验）对 20 世纪 90 年代以后日本是否陷入凯恩斯流动性陷阱进行了验证；最后，利用柯布—道格拉斯生产函数（Cobb-Douglas production function）对德日经济增长的主要因素进行了探索和比较。

本书大量实证研究的数据主要来自世界银行数据库（world bank databank）、经济合作与发展组织数据库（OECD statistics）、日本统计局（http://www.stat.go.jp）、德国联邦统计局（https://www.destatis.de）、CEIC 数据库以及中华人民共和国国家统计局（http://www.stats.gov.cn/）。

## 第三节 可能的创新点及存在的不足

（1）本书可能的创新在于以下几个方面：

首先，通过日本与德国两个国家 20 世纪 70 年代以来的各个宏观层面数据的比较，来对当前存在一定争论的日本是否真的"失去十年"甚至"失去二十年"的问题给予了正面的回答。

其次，当前大量的文献集中于分析"广场协议"后日本泡沫经济的前因后果，但对于同样签订"广场协议"，本币同样大幅升值的德国经济的相关研究相对较少，而从应对汇率波动的宏观调控政策异同角度对两国进行比较的则更是凤毛麟角。本书的研究便基于此而展开。

再次，本书在两国政府对汇率波动的不同应对反应和态度基础上，进一步对这些宏观调控对实体经济的影响和作用用两国的历史数据进行了实证检验，这对于未来中国政府如何更好地应对人民币的升值问题具有一定的借鉴意义和启示作用。

最后，本书总结已有经典增长理论的结论，从最基本的人口、资本和技术三个方面的实证分析和比较德日经济差异化发展的原因，同时对中国当前这三个方面的现状进行解析，从而对中国经济未来的可持续增长提供政策建议。

（2）本书的不足之处在于：

首先，本书的实证检验用的都是传统的计量经济学方法，因此，在研究方法上缺少创新。

其次，由于客观条件如数据可得性等的限制，无论是宏观调控政策对汇率波动的应对，还是调控政策对经济的作用，所选用的调控政策工具和中介目标不够全面。

最后，影响经济增长与发展的因素十分繁多，而本书仅选取了"柯布—道格拉斯生产函数"中的人口、资本和技术三个基本变量，因此，对其他重要因素的影响的分析有待于日后进一步完善。

## 第四节  技术路线

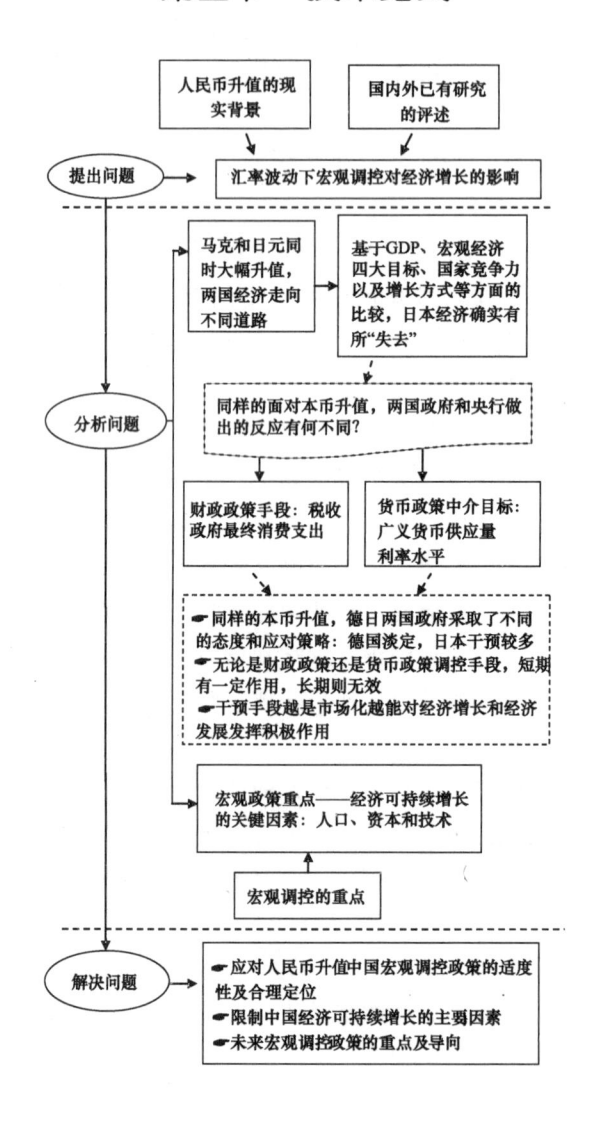

**提出问题**
- 人民币升值的现实背景
- 国内外已有研究的评述
- 汇率波动下宏观调控对经济增长的影响

**分析问题**
- 马克和日元同时大幅升值，两国经济走向不同道路
- 基于GDP、宏观经济四大目标、国家竞争力以及增长方式等方面的比较，日本经济确实有所"失去"
- 同样的面对本币升值，两国政府和央行做出的反应有何不同？
- 财政政策手段：税收 政府最终消费支出
- 货币政策中介目标：广义货币供应量 利率水平
- 同样的本币升值，德日两国政府采取了不同的态度和应对策略：德国淡定，日本干预较多
- 无论是财政政策还是货币政策调控手段，短期有一定作用，长期则无效
- 干预手段越是市场化越能对经济增长和经济发展发挥积极作用
- 宏观政策重点——经济可持续增长的关键因素：人口、资本和技术
- 宏观调控的重点

**解决问题**
- 应对人民币升值中国宏观调控政策的适度性及合理定位
- 限制中国经济可持续增长的主要因素
- 未来宏观调控政策的重点及导向

## 第五节 结构安排

导论部分主要是对本书展开研究的现实背景与意义，研究的思路与方法，实证研究数据的主要来源，研究可能的创新和存在的不足，研究的技术路线以及全文的结构安排等方面的内容做一个大致的介绍和概括。

第一章，相关研究综述。对主流学者已有的相关研究进行了总结与评价。主要从汇率波动及其影响、政府应对汇率波动的宏观干预、宏观调控的经济效应以及经济增长理论及其主要影响因素四个方面，分国外国内进行了较为系统的总结、比较与述评，在此基础上，找到已有研究的不足之处，运用经典结论，提出本书研究的主要内容和重点。

第二章，汇率、宏观调控及经济增长的理论分析框架。这章主要对下文研究中涉及的相关概念及传统理论进行初步的厘定。主要包括汇率、汇率政策、本币升值、宏观调控及其工具、经济增长等。

第三章，日元兑美元汇率升值对日本经济的影响。对"广场协议"前后日本在本币大幅升值期间的宏观经济状况、货币政策应对、资产价格波动、进出口变动以及主导产业（制造业）、就业水平等方面分别进行了简要的介绍和概括。

第四章与第三章相互对应，主要对"广场协议"前后德国在马克大幅升值期间的宏观经济状况、货币政策应对、资产价格波动、进出口变动以及主导产业（制造业）、就业水平等方面分别进行介绍和概括。

第五章，"广场协议"前后日德宏观经济比较。重点是对日本和德国在本币大幅升值期间的宏观经济多方位进行了比较，目的是想证实日本是否真的存在所谓"失去的十年"，甚至"失去的二十年"。用TOPSIS等方法，从GDP层面、宏观经济政策四大目标、国家竞争力以及经济增长方式（经济发展）等方面详细地展开较为深入的比较。最终得到的结论是：同样的本币升值，德国在经济增长、资产价格波动以及制造业的生产和出口等方面确实比日本要平稳很多；从各个具体的比较结果看，日本经济无论是与自己历史相比还是与同时期的德国相比，确实存在着一定程度的"失去"。因此，可以认为，"广场协议"后，日本和德国确实走上了两条不同的经济发展道路。

第六章，"广场协议"前后日德政府应对汇率波动调控比较。本章的重点是比较同样面临本币大幅升值,以市场为主导的德国和以政府为主导的日本,两国政府以及央行所采取的应对措施有何不同。通过两国财政政策手段和货币政策中介目标的比较,得到的结论是:同样的本币升值,德国和日本当局无论在货币政策还是财政政策的应对反应都存在一定的差异;相对日本,德国确实较好地保持了货币政策的独立性,并且德国政府和央行对汇率波动的干预程度也远低于日本。

第七章,"广场协议"前后日德政府宏观调控效应的比较。本章的重点是将第六章中日本和德国应对本币升值所采取的宏观经济政策(包括货币政策和财政政策)对实体经济产生的影响进行比较和分析,即利用两国历史数据进行实证检验,以确定两国应对本币升值的宏观经济政策中介目标和经济增长与发展的定量关系。实证研究得到的结论为:两国应对汇率波动所采取的宏观调控政策对其实体经济的影响亦不同。首先,实证分析结果证实,日本在20世纪90年代确实陷入凯恩斯流动性陷阱,此后市场对利率调控基本无反应;其次,相对而言,德国的调控手段更加市场化,因此,发挥的作用也比日本好一些;再次,日本的调控政策在短期内能发挥一定的作用,长期则基本是无效。从而,最终的结论认为:无论是货币政策还是财政政策,愈是符合市场规律的手段愈能对经济增长和经济发展发挥积极作用,而人为的行政干预手段,最多只能在短期内发挥一点作用,长期则都是无效的。

第八章,日德宏观政策重点及导向——经济增长决定性因素探析。本章运用经典增长理论结论,从柯布—道格拉斯生产函数出发,将经济增长的决定性因素回溯于人口、资本和技术创新这三大"最原始"的基本因素展开研究,同样通过对日本和德国的实证分析和比较,得到的研究结果:人口老龄化、投资效率低下以及创新不足是导致20世纪70年代那个"朝气蓬勃、昂首阔步"的日本经济衰退的主要原因;虽然同样面临人口老龄化问题,但是由于系列得当的措施,德国的老龄化问题还未成为阻碍德国经济发展的因素。同时,明确投资重点和合理的投资导向,主导产业明晰,掌握核心技术使得德国制造在世界市场具有不可替代性是德国经济长期平稳增长的主要原因。

第九章,结论及启示。通过对前面几章实证研究结果的总结,吸取日本的教训,学习德国的经验,得到的结论是:面对当前人民币升值问题,中国政府和央行过多的行政干预对于经济的长期增长并无益,而应努力使得宏观调控手段更加适应市场的要求,符合市场规律。此外,通过对我国在经济增长过程中关于人口、人力资本投入、资本和技术创新等方面的实际情况以及存在的问题进行分析,提出要实现中国经济未来的可持续发展,政府宏观调控的重点应该转向改善人口结构、防止人口进一步老龄化给社会带来的巨大负担;普及中等职业教育、发展高等教育,以提高劳动力素质;引导资本合理投资以及鼓励技术创新,打造在国际市场具有较强竞争力的"中国制造"等方面。

# 第一章
# 相关研究综述

## 第一节 汇率波动及其影响

在经济全球化的时代，汇率是一个国家进行对外经济往来过程中的价格指标，汇率的波动不仅直接影响一国的涉外经济活动，对该国国内的经济活动也产生较大的影响。因此，对于汇率波动及其对一国经济造成影响的研究一直是国内外学者热衷的主题。

关于汇率波动对一国国际贸易的影响，人们往往首先想到的是马歇尔—勒纳条件（Marshall-Lener condition，1944），马歇尔—勒纳条件[①]是西方汇率理论中的一项十分重要内容，由英国经济学家 A. 马歇尔和美国经济学家 A. P. 勒纳揭示的关于一国货币的贬值与该国贸易收支改善程度的关系。他们的结论是：一国的贸易状况是与该国的出口总额，而非出口总量相关，该国货币的贬值一般情况下是会增加出口，减少进口，但该国的贸易状况并不一定会得到改善，这与该国进出口商品的需求弹性有关，只有当该国进出口商品的需求弹性之和大于 1 时，本币贬值才会改善该国的国际贸易收支。

克鲁格曼（1991）通过对美元汇率和美国进出口贸易量的实证分析，认为实际汇率对进出口产生需要较长的时滞。梅瑞狄斯（1993）进一步证实了克鲁格曼的结论，通过实证检验得到，一国的贸易量对汇率波动做出反应大约存在 2 年的时滞。

另外，也有学者对传统观点提出质疑，认为汇率波动对贸易产生的影响是不确定的。弗兰克尔和魏（1995）、索尔和博哈拉（2001）分别通过对亚洲和拉美国家的实证研究得到了基本相同的结论：汇率波动与出口负

---

① 姜波克：《国际金融新编》，复旦大学出版社 2008 年版。

相关，即本币升值，出口下降。但梅瑞狄斯（1993）的研究认为，日元升值对日本对外贸易收支的影响并不是很大，究其原因，日本既是制成品出口大国亦是原材料进口大国，汇率波动的不利和有利影响刚好能相互抵消。齐杜里（1993）、卡波拉尔和多鲁典（1994）通过对美、日、德、加等发达国家的实证研究却得到相反的结论，即大幅度的升值反而有利于出口。凯撒·沃夫（1998）认为，20世纪80年代，日美贸易中日本的巨额顺差使得美国于1985年蓄意制造了日元的大幅度升值，从而在日本经济内部植入"绝症"。麦肯齐（1999）对汇率波动对贸易产生影响已有的研究成果进行调查总结得到的结论是：汇率波动对一国进出口普遍存在较为显著的影响，但正负影响都有出现。因此，他认为不同的国家汇率波动对该国的对外贸易会产生不一样的影响。

利率平价理论（Rate Parity、凯恩斯，1923）则认为，利率差是汇率波动的主要原因，因此，汇率波动还会影响国际资本的流动。

奥布斯菲尔德和罗戈夫（1995）模型[①]的主要核心是货币冲击对实际货币余额和产量的影响。在完全弹性的价格条件下，货币的永久冲击不会对经济产生实质的影响，世界经济处于稳定状态。但在短期内，由于存在价格刚性，货币政策在短期内有效，即由于价格不变，货币供应增加，名义利率下降，因此汇率贬值，对本国产品的短期需求增加，导致产量上升。近年来，研究者对奥布斯菲尔德和罗戈夫（1995）模型（以下简称"O-R模型"）的有关假设进行了扩展，其中最主要的是修正了O-R模型中的PCP（producer's currency pricing）假设，即修正了企业的出口价格由本国销售价格直接用汇率换算而成的假设（这个假设使一物一价定理成立），而将企业价格设定的PTM（pricing-to-market）假设导入O-R模型。

在假设企业通过PCP来设定价格的O-R模型中，伴随不可预期金融政策的变动，汇率瞬间达到长期均衡，其间，如果汇率的波动率比货币供应量的变化率小，不管是本国还是外国进行扩张的金融政策，本国和外国的经济福利均得到改善。而贝茨和德克斯雷斯（2000）通过将企业的PTM价格设定行为导入O-R模型，假设在本国和外国的企业里，均有s比例的企业通过PTM进行价格设定，那么未预期的金融扩张会造成汇率

---

[①] 罗忠洲：《汇率波动的经济效应研究》，华东师范大学博士学位论文，2005年。

的超调现象，s越大，汇率对内外相对价格的短期调整机能就会下降。为达到相同经济目标，汇率需要更大幅度的波动，这样如果本国金融政策的调整可以提高本国的经济福利，那么就可能降低外国的经济福利。大谷等（2002）在贝茨和德克斯雷斯（2000）的基础上，将PTM企业比例的假设进行了扩展，分析了在本国和外国企业的非对称性价格设定情况下，实施扩张的金融政策导致的汇率波动对经常收支、生产、消费等国内宏观经济带来的影响。

麦金农（1997）通过构建汇率变动对利率影响的理论模型得到结论认为，浮动汇率下由于长期利率比短期利率的变动幅度更大，导致其通货膨胀持续度比固定汇率制度更高。克尔哈根（1977）的观点认为，本币升值，跨国公司更倾向于对外投资，将一些零配件工厂移至海外生产。库什曼（1985）通过建立同时考虑汇率水平和预期汇率波动影响两期的动态模型，分析认为，若跨国公司对本国货币存在升值预期，则会因国外生产成本较低而扩大对外直接投资，从而导致国内资金外流。戈尔盖特（2001）通过对美国的实证分析得到的结论是，美元升值或是存在升值预期并不会对美国的对外直接投资产生影响；但是东道国货币的汇率却直接影响美国对其的直接投资，两者呈正相关关系。

当前，国内学者的大量文献集中于分析人民币汇率波动对中国经济或国内某一行业的影响，而对宏观经济变量产生的影响方面的研究则较少见到。

姜波克（1999）探讨了利率调控对汇率的重要性，认为两者之间是一种正相关关系。许少强（2002）和唐国兴等（2003）分别对东亚和德国、英国等发达国家的利率和汇率之间的关系进行研究，认为两者之间的关系并没有十分紧密。俞乔（1999）、范言慧（2005）以及鄂永健等（2006）分别对汇率变动对国内就业、工资等的影响进行了实证研究。卜永祥（2001）、孙立坚等（2003）和罗忠祥（2005）分别研究了汇率变动对国内物价水平的影响。魏巍贤（2006）较为系统地对人民币汇率变动对国内各宏观经济变量的影响进行了定量研究。熊广勤、刘庆玉（2008）通过"汇率变动—研发投资—经济增长"的分析途径，从企业研发投资的角度探讨了汇率变动对一国经济增长的影响，并称之为汇率的研发投资效应。

## 第二节　汇率波动的宏观调控

"广场协议"后日元的大幅升值以及后来的泡沫经济是20世纪90年代以来政府应对汇率波动的宏观调控最"特殊"的案例和学者们最热衷的话题。

关于汇率制度与货币政策的经典分析人们不得不提罗伯特·蒙代尔和马库斯·弗莱明在20世纪60年代所提出的蒙代尔-弗莱明模型[①]（Mundell-Fleming Model），即一国汇率的稳定、资本的自由流动与货币政策的独立性这三个政策目标不可能同时实现，最多只能满足其中两个。亚洲金融危机后，美国经济学家保罗·克鲁格曼（1999）在此基础上画出所谓的"蒙代尔三角"，又称三元悖论。近年来，有不少学者如弗兰克（2004）、香博（2004）、奥布斯菲尔德（2005）、艾兹曼（2008）等分别对货币政策的独立性进行了相关研究，并将一国货币政策的独立性通常定义为本国货币当局可以利用国内利率作为本国反周期经济操作工具，而不受国外利率变动的影响和限制。有学者的观点认为（陈俊，2010；魏曼、刘孝成，2012等），德国就是因为选择了蒙代尔三角中的资本自由流动和货币政策的独立性，放弃了汇率稳定的目标而使得德国在马克大幅升值期间能保持国内经济的平稳。

大藏省财政金融研究所（1993）对"广场协议"后日本国内资产价格变动机制及其经济影响做了十分详尽的分析，认为长期的金融缓和政策、对未来经济前景的美好预期、金融活动的过度活跃化，使得大量资金流入证券与土地市场，导致了偏离基本面的经济泡沫产生。一旦基本面恶化、人们对风险开始警惕或者相关政策面发生变化，泡沫就会崩溃。出于汇率问题考虑，压低市场利率导致了过度的货币投放，未来根据实体经济情况，应考虑综合使用利率和货币供给量的金融政策。

简特勒和伯南克（1999，2001）通过检验对货币当局采取弹性通货膨胀目标制以应对资产价格泡沫的国家，认为如果已经考虑了资产价格对通货膨胀预期的影响，那么货币政策只要做出相应的反应即可，无须对资产价格的波动做出额外的反应；资产价格泡沫是随机的，则对资产价格泡

---

[①]　姜波克：《国际金融新编》，复旦大学出版社2008年版。

沫发生的相应反应是毫无用处的。

麦金农（1999）认为20世纪90年代日本国内长期的通货紧缩并导致日本陷入流动性陷阱，是由于日元汇率长期的升值和升值预期导致的，麦金农称之为"日元升值综合征"。此外，麦金农（2005）又指出，如果人民币汇率实行浮动制度，那么中国巨额的贸易顺差和大量FDI的流入，会导致人民币持续升值，最终可能会走上日本的老路。因此他建议，如果中国要避免陷入像日本那样的流动性陷阱，就必须对国外金融资产的流入继续加以限制，同时放慢金融市场的开放进度，从而减弱来自外部的推低利率的压力。

艾芬格和安（2003）用新浪指数和虚廉指数来测度中央银行在应对汇率波动等事件时的相对独立性强弱，得到的结论认为：德意志联邦银行的独立性强于欧洲其他任何国家的中央银行甚至超过美联储。

衣川惠（2002）系统分析了日本泡沫经济发生的背景、特征，以及得到的教训。认为"广场协议"后日元大幅升值导致股票和土地等资产价格飙升，国际协调和国内宏观调控政策的双重失败等是导致泡沫经济的根本原因。"亚洲货币先生"黑田东彦（2004）认为日元升值造成日本国内通货紧缩，为应对升值和通货紧缩调控政策反而导致资产价格大幅上升，制造了泡沫，泡沫破灭后日本经济陷入长期的低迷。因此，他认为人民币升值和汇率改革问题应该吸取日本的教训：造成日本严重资产价格泡沫的，不是货币升值本身，而是当时当局的货币和财政政策不当。

四宫隆文（2005）对本币升值导致泡沫经济也进行了反思和总结，从汇率变迁出发，分析了汇率变化、政府调控政策以及日本宏观经济变动三者之间的相互关系，得出系列对中国的启示：首先，中国暂时还不能实行完全放开的浮动汇率制，人民币升值幅度亦不能太大；其次，为缓解人民币升值之后给经济带来的压力，中国政府应该先做好抑制国内投资过剩、缩小国内的收入差距、扶植掌握核心技术并具有高附加值的产业等方面的工作之后才能考虑实行完全的浮动汇率制；最后，应选择内外经济条件都良好的时机实行完全浮动汇率制。

村上和光（2009）认为，日元升值期间，过于宽松的财政和金融政策、民间投资过于活跃等是导致泡沫经济的主要原因；固定资产投资的不断增加伴随着资产价格的不断上升，在两者相互刺激下，出现"双重繁荣"的必然结果是投资过剩、泡沫崩溃、经济衰退。

而国内学者的研究则主要集中于分析和总结日本的教训和德国的经验，从而得出对人民币升值问题的借鉴意义和启示。

张斌、何帆（2004）认为面对本币升值的压力，最佳的调整方式是缓慢而渐进地升值，决不能让一国的货币政策被汇率政策牵着走，货币政策应该保持其一定的独立性和自主性。

张谊浩、陈玫（2004）对日本在不同阶段的货币政策及其运行特点进行了回顾和总结，并对中日两国的货币政策运行环境、政策绩效以及传导机制等方面进行了比较，总结日本经验对提高中国货币政策绩效提出了一些对策。国务院发展研究中心宏观经济研究部魏加宁（2006）通过对20世纪80年代日元升值到泡沫经济及其破灭这段历史的重点分析，得到结论：大国崛起不等于泡沫经济，放松银根不等于放松监管，金融稳定不等于金融机构稳定等。邝慧君、李慧（2010）在对日元升值背景、日本政府应对措施的剖析，探索升值的原因及政策的效果基础上，对我国提供一些政策建议。

盛松成、周鹏（2006）以日元和马克升值进程中的经验和教训为参照系，探讨我国如何在保持国内物价和产出稳定的前提下实现汇率制度的平稳转型，认为要通过保持汇率的小幅逐步升值趋势，为货币政策操作和经济结构转型提供空间和时间，最终实现汇率升值进程的可控性。刘宁、赵美贞（2007）认为在马克升值的过程中德国政府所采取的应对措施，除了坚持资本自由流动下的浮动汇率制度外，其经济模式、货币政策、中央银行体系以及产业调整政策、欧共体的货币联动机制等都具有极其鲜明的特点，这些措施和政策对德国成功应对升值起到了关键性的作用。

## 第三节　宏观调控的经济效应

自20世纪30年代凯恩斯主义诞生以来，关于宏观调控的作用长期以来是各个学派热衷讨论并且持久保持争论的一个主要话题之一。边际效用分析方法从边际效用决定价值的角度分析了政府在经济活动中的作用，并认为政府宏观调控对社会经济产生正的边际效用。尽管如此，主张经济自由主义、限制政府规模、减少政府宏观干预的呼声也从未停止过。与此同时，各国政府的规模在不断增长亦是不争的事实。因此，政府宏观调控的作用并不能简单地定论。正是政府规模增长的这种巨大性及其重要性促使大量学者对宏观调控和经济增长之间的关系进行了各维度的分析研究。

## 一 财政政策的经济效应

政府财政政策的经济效应究竟有多大？到目前为止，这仍仅限于经验研究的一个目标，无论是理论分析还是实证检验都没能给出统一的答案。然而 2008—2009 年由美国次贷危机引发的全球金融危机的爆发，使得全世界的经济学家和各国财政政策制定者开始重新思考与分析财政政策的宏观经济效应，政府宏观调控效应再度成为经济学界和政界研究热点。因为，长期以来无论是学术界还是政府部门，对政府增支减税的财政政策的作用一直存在争论，尤其是 20 世纪 80 年代以来，经济学家们普遍认为财政政策在经济不景气时期的反萧条作用十分有限，另外财政政策作用的大小还受社会政治环境以及社会制度的影响。

对政府宏观调控效应文献的回顾一般从凯恩斯主义谈起。在最初始的凯恩斯模型[1]中，无论是扩张性财政政策还是货币政策，都存在乘数效应，例如，政府的购买支出乘数为 KI = 1/（1 - b）（其中 b 为边际消费倾向）；税收乘数为 KT = - b/（1 - b）。凯恩斯乘数一般大于 1，并且乘数随边际消费倾向的增大而增大。挤出效应是凯恩斯经济理论中关于政府宏观调理效应的另一重要内容。挤出效应[2]包括直接挤出和引致挤出，直接挤出效应是指政府提供的商品和劳务是对私人提供的商品与劳务的一种替代，引致挤出则是指利率和汇率的变动引致的挤出效应。挤出效应的大小会影响财政乘数的大小，但是不会改变其符号。

埃文斯 1969 年发表的《政府平衡预算乘数的重建与评估》一文采用大型宏观经济模型的框架下，通过沃顿模型、克莱因—戈德伯格模型和 Brookings 模型分别讨论和比较美国政府财政支出持续增加时乘数大小。Evans 的实证分析结果得到，美国政府支出乘数无论是在短期还是在长期都是 2.0 左右。

新古典模型[3]提出，政府实施扩张性财政政策时，理性的家庭和个人

---

[1] ［美］格里高利·曼昆：《宏观经济学》，张帆、梁晓钟译，中国人民大学出版社 2005 年版。

[2] 高鸿业：《西方经济学（宏观部分）》，中国人民大学出版社 2010 年版。

[3] ［美］格里高利·曼昆：《宏观经济学》，张帆、梁晓钟译，中国人民大学出版社 2005 年版。

预期未来的税负支付将增加，即将产生负的财富效应，从而减少消费和闲暇活动，增加工作时间，最终的结果是全社会劳动供给增加，同时工资水平降低，使得企业的用工需求增加，生产规模得到扩大，最终达到刺激经济增长的目的。在新古典模型中，财政政策影响家庭经济活动的主要渠道是财富效应和跨期替代效应。艾亚格瑞、克里斯汀奥诺和艾陈保（1992）认为，在不存在税收扭曲和李嘉图等价等前提下，政府永久性支出的增加将导致下一期对资本存量需求的增加，即政府永久性支出的增加导致家庭和个人工作时间的增加；反之，若政府支出是通过扭曲性税收进行融资，则增加政府永久性财政支出对私人经济的影响则大不同。

新凯恩斯主义模型[①]的结论则提出，即便不存在"拇指规则"消费者这一假设前提，当经济处于严重衰退并且市场利率接近"零利率下限"时，政府的支出乘数会变得比较大。艾格斯通（2010）、克里斯汀奥诺、艾陈保和久罗（2011）及鲁德福德（2011）分别运用新凯恩斯模型框架分析了当经济处于衰退，市场利率"零利率下限"，并且存在螺旋式通货紧缩形势下，政府财政政策的作用效果。研究的结论认为：以政府财政赤字为代价的政府支出的增加会导致预期通货膨胀的上升；但如果此时名义利率保持不变，那么预期通货膨胀上升使得实际利率下降，从而对市场中的经济主体存在一定的刺激作用。

理性预期学派的观点[②]则认为，财政政策的效应取决于该项政策是否是持久性的。暂时的财政扩张和削减计划都不会对公众的预期产生影响，因为它没有长久的效应；只有一项持久的政策措施才会影响公众的预期。私人部门会意识到财政削减计划意味着政府未来将处于较低的债务水平，因此，未来的税收会相应的减少。假设人们的消费支出取决于其永久收入的高低，并且投资需求具有前瞻性（forward-looking），那么政府削减支出的计划会导致公众投资和消费的上升，从而在一定程度上抵消了财政削减对需求的影响，即紧缩性的财政政策可能增加私人消费和投资的需求，从而对经济产生了扩张效应。20世纪80年代的爱尔兰和丹麦，便是运用上述理论成功地进行了财政调整（吉弗兹和中百加诺，1990；艾尔森和艾德戈诺，1998）。

---

[①] ［美］戴维·罗默：《高级宏观经济学》，苏剑、罗涛译，商务印书馆1999年版。
[②] 同上。

罗伯兹和赛文（2007）的研究表明现在对家庭部门实施的税收是非累进的，无法实现税收的再分配作用。对间接税的严重依赖和税制漏洞造成猖獗的逃税行为，主要让富人得益。这与布德和米勒（1989）对牙买加的增值税豁免的研究以及弗曼、赛默斯、伯德奥夫（2007）对美国税制的研究结论一致[①]。

自布兰卡德和佩罗蒂（2002）最早应用 SVAR 模型对财政政策效应进行研究以来，大量的文献都采用克罗斯基分解的方法来识别和分析政府支出冲击。吉娃德（2011）、麦利克（2011）以及索萨（2011）运用季度数据，分别利用贝叶斯结构 VAR 方法（BSVAR）、符号约束 VAR 模型和面板 VAR 模型（PVAR）对金砖四国（巴西、俄罗斯、中国、印度）财政政策冲击的宏观经济效应进行了实证研究，研究结果认为：上述四个国家的政府支出冲击都存在较强的凯恩斯效应，尤其是中国和巴西，政府支出冲击可持续 6 个季度，而税收的增加则不利于经济增长，并且这种不利效用具有持久性。

当前，国内学者对政府财政政策的有效性亦存在争论。多数学者认为财政政策的有效性确实存在，即财政政策确实能在萧条时刺激经济复苏，在过热时遏制经济进一步膨胀。如郭庆旺、吕冰洋（2003）利用时间序列自回归动态模型对我国 1978—2001 年间财政支出水平和财政支出结构与经济增长率的关系分别进行了实证分析，研究结果显示：财政支出总水平与经济增长率呈负相关关系，但生产性财政支出与经济增长率呈正相关关系。此外，刘溶沧、马拴友（2001），张海星（2003），孙磊（2006），章和杰、陈威吏（2008）等的研究均认为，积极的财政政策对经济增长具有一定的促进作用。但亦有不少学者的观点认为财政政策不能发挥有效作用，如王玉平（2000），刘澄、杨成义（2006），李永友（2006）等。

在政府支出乘数效应的计算方面[②]，高铁梅、李晓芳（2002）利用状态空间方法估计 IS-LM 季度可变参数模型，得到的结论为：1990 年以来我国的边际消费倾向在 0.46—0.57 之间变动，政府支出乘数在 1.7—1.98

---

[①] 史官清、邓鸿丽：《财政政策影响经济增长质量的文献综述》，《经济研究参考》2013 年第 30 期。

[②] 王蓓、吕伟：《财政政策效应究竟有多大：一个文献综述》，《云南财经大学学报》2013 年第 2 期。

之间变动，而对于包含挤出效应的财政政策乘数在1.4—1.9之间变化，他们指出我国20世纪90年代以来的政府支出的挤出效应占收入应增加部分的3.1%—17.6%。郭庆旺、吕冰洋和何乘材（2004）选取1999—2003年的月度数据，利用IS-LM模型测算出积极财政政策的乘数在1.6—1.7之间，但积极财政政策乘数从1998年的1.74下降到2002年的1.56，表明积极财政政策的效果呈现下降趋势。李生祥、丛树海（2004）通过建立宏观联立方程模型，分别测算了我国的理论财政政策乘数和实际财政政策乘数，理论上，政府购买支出理论乘数围绕在4上下波动，转移支付乘数的值在3左右，税收乘数的值在 -3左右。郭庆旺、贾俊雪（2006）利用VAR分析框架，对我国1978—2004年公共资本投资对长期经济增长的影响作实证分析，发现我国政府物质资本投资和人力资本投资与经济增长之间存在着长期均衡关系，前者有显著的正影响，而后者的正影响较小且在短期内不利于经济增长。李树培、白战伟（2009）运用SVAR方法，根据IRF分析，发现政府支出增长率对经济增长率的影响在第2期达到最大，乘数约0.215个百分点，而累计乘数为0.524个百分点；政府税收增长率每下降1个百分点，对经济增长率的影响第2期最大，乘数约0.153个百分点，累计乘数为0.238个百分点。因此，得到的结论是：扩大政府支出的效率与效力都强于减税。

王立勇、刘文革（2009）对我国历年来财政政策有效性进行了较为系统全面的分析，利用MS-VAR模型、MS-VECM模型，选取1952—2008年度数据进行实证检验。研究结果发现：我国在1952—1982年、1987—1990年和1994—1995年中，财政政策对经济增长具有非凯恩斯效应，并且认为这主要由我国短缺经济和政府数量约束等原因所致；在1983—1986年和1991—1993年，特别是1996—2008年，财政政策具有凯恩斯效应，认为这主要是由于那段时间我国国内有效需求不足引起。

总的看来，在实证研究方面，国外学者主要集中于美国数据的研究，其他国家的经验研究相对较少。同时，国内学者对于我国财政政策经济效应的研究也仅限于经验分析，并且未能达成一致的结论。

## 二 货币政策的经济效应

货币政策对宏观经济的影响长期以来是货币经济学家们研究的主要问题之一。但不同学者对于研究货币政策实际产生的影响大小，由于研究各有重点，因此，对货币政策的有效性一直存在争议。

凯恩斯[①]认为，在一般情况下货币政策理论上是有效的，货币政策通过改变市场利率来影响总投资和有效需求，进而刺激总产出和就业产生；但在经济严重衰退或危机时期，当利率低至陷入"流动性陷阱"时，扩张性货币政策无法通过改变市场利率刺激产出和就业，即此时货币政策失效。

货币主义学派代表人物弗里德曼的观点认为[②]：货币需求的利率弹性很低即货币需求对利率不敏感，同时在实体经济中，价格往往是黏性的，所以，货币需求函数具有一定的稳定性，若实施货币政策导致货币供应量变化，那么将直接影响总支出，因此，弗里德曼认为货币政策理论上是有效的。

以罗伯特·卢卡斯为代表的理性预期学派的观点[③]则认为货币政策是可以识别和有规则的。家庭或个人能理性的预测对政府政策规则及未来对自己产生的影响从而对此做出相应的反应，并且这种预期不会出现系统的偏差，由于政府不能使自己的政策出人意料之外，因此，家庭或个人对政府调控政策做出的反应行为将抵消政府政策的效力，所以，货币政策和财政政策一样，是无效的。

20世纪90年代出现的新新古典综合经济学家吸收了新凯恩斯主义不完全竞争和名义黏性的观点，从厂商最优定价行为中推导出总体价格水平缓慢调整的行为方程。由于价格水平只能缓慢调整而具有明显的黏性特点，在新新古典综合模型中，货币政策对产出和就业等真实经济变量具有强大而持续的影响力，货币政策是在理论上是有效的[④]。

关于实际货币政策实施过程是否有效，国外学者亦展开了大量的经验研究。如最早的弗里德曼和施沃兹（1963），至后来的凯麦迪和麦金尔（1984）、罗默（1989）、伯南克和布兰德（1992）、卡尔夫（1992）、史蒂芬·D.奥林纳和齐治·D.鲁德布什（1996）、古德·弗拉德（2005）等。学者们实证研究得到的结论具有一般性：货币供应量的变化在短期内

---

① 高鸿业：《西方经济学（宏观部分）》，中国人民大学出版社2010年版。
② [美]格里高利·曼昆：《宏观经济学》，张帆、梁晓钟译，中国人民大学出版社2005年版。
③ [美]戴维·罗默：《高级宏观经济学》，苏剑、罗涛译，商务印书馆1999年版。
④ 李世美：《货币政策有效性研究的文献综述》，《现代经济探讨》2008年第7期。

对产出产生一定的影响，但在长期中对产出的影响甚微甚至无影响，即从长期来看，货币是中性的。

近年来，国内学者从不同角度对货币政策经济效应展开了大量实证研究。谢平（2004）利用中国1998—2002年数据建立向量自回归和误差修正模型，研究结果发现：长期内货币供应量的变化与产出的变化没有必然联系，即在长期货币是中性的。李凡、殷传陆（2007）采用时间序列分析方法和误差修正模型，对我国投资对货币供给的敏感度问题进行了定量测算，得到的结论为货币供应量对投资的影响在短期是相对显著的，即货币政策在短期内是相对有效的。孙华好（2007）应用误差纠正模型对中国实行传统盯住汇率制度时期（1998—2005年）货币政策的有效性进行了实证检验，结果显示，仅贷款利率在个别模型中对产出存在负的影响，货币数量对产出和物价的影响均不显著。卢庆杰（2007）认为中国货币政策工具的有效运用是一项系统工程，需要推进利率市场化改革及利率结构的完善、公开市场业务等市场基础的培养。李蕾、郑长德（2008）运用IS-LM模型和蒙代尔—弗莱明模型，首先对我国货币政策的作用效果进行了定性分析，然后利用1984—2006年的相关数据，通过格兰杰因果关系检验，对我国货币政策的有效性展开了实证研究，研究发现：在开放经济条件下，货币政策的产出效应和价格效应在短期内是存在的，即货币政策短期有效。

综上所述，在货币政策对一国国内经济有效性的研究方而，国内外学者具有一般共识，即认为货币政策仅能在短期内对实际产出产生一定影响，长期中只能影响市场价格而对产出几乎没有影响。

## 第四节 经济增长的主要因素

经济增长是经济学家们研究的终极目标，因此，经久不衰。经济增长理论的演变，从古典经济学的"财富增长"到马克思的"扩大再生产原理"，从哈罗德—多马的"刃锋理论"到新剑桥学派的"稳定增长模型"，从索洛的"余值分析"到菲尔普斯的"经济增长的黄金规则"，从丹尼森、库兹涅茨的"增长因素的分析"到科斯、诺斯的"制度因素论"，从麦多斯的"增长的极限"到罗默、卢卡斯的"新经济增长模型"，体现着经济增长理论不断深化的历程[①]。关于经济增长理论的研究文献非常多，并且已有不少形成了书籍和教材。影响经济增长的因素有很多，经济增长是非常复杂的过程，正确的把握关键因素在增长过程中的作用，对于理解和掌握现代经济增长及其规律是极为重要的。因此，对于经济增长因素的分析是现代经济增长理论中的非常重要的领域之一。

哈罗德—多马增长模型[②]（Harrod-Domar Model，1939—1946）被公认为是经济增长理论史上的第一次革命，是西方经济理论中最常用的一种经济增长公式，即第一次通过建立数理模型对经济增长及其影响变量进行分析。该模型假设只有劳动和资本两种生产要素，不存在技术进步，模型的结论强调，在人口稳定增长的前提下，储蓄率（资本）增加对经济增长的作用。模型采用长期的、动态的分析方法，考虑了时间因素的影响，相比凯恩斯的国民收入决定理论更符合经济现实，因而更具有实际应用价值。其关于经济增长率与储蓄、资本产出比率三者之间的相互关系的想法、投资能同时增加总需求和总供给的观点，以及经济在长期中稳定增长的条件（既无失业又无通货膨胀）等，对于一国经济实现稳定增长具有一定的指导意义。但因其结论为"经济增长是非稳定的"以及系列苛刻的假设前提，尤其是忽略技术进步在经济增长中的作用而遭到学者们的质疑，并被认为不是经济增长理论的"正统理论"。

关于经济增长模型不得不提的是柯布—道格拉斯生产函数[③]（Cobb-Douglas production function）。柯布—道格拉斯生产函数由美国数学家柯布（C. W. Cobb）和经济学家保罗·道格拉斯（Paul. H. Douglas）共同探讨1899—1922年美国的资本和劳动对生产的影响即投入和产出的关系时创造的生产函数，用来预测国家和地区的工业系统或大企业的生产和分析发展生产的途径的一种经济数学模型，简称生产函数。是当前经济学中使用最广泛的一种生产函数形式，在数理经济学与经济计量学的研究与应用中都具有重要的地位。

新古典经济增长理论是经济增长理论发展历程中的重要阶段，其中最

---

[①] 李月：《有效经济增长的理论研究——中国（1978—2007年）有效经济增长过程的理论分析》，南开大学博士学位论文，2009年。

[②] [美] 戴维·罗默：《高级宏观经济学》，苏剑、罗涛译，商务印书馆1999年版。

[③] 同上。

著名的代表人物为索洛（R. M. Solow），因此，从20世纪50年代开始，索洛增长模型[①]（Solow Growth Model，1956）成为经济增长理论的主导者。对于总产量的增长，索洛的新古典增长模型认为 $Y_t = AF（N，K）$，这里Y代表总产出，A代表经济和技术状况，N代表投入的劳动量，K是投入的资本量。产出增长可表示为：

$$\frac{\Delta Y}{Y} = a\frac{\Delta N}{N} + \beta\frac{\Delta K}{K} + \frac{\Delta A}{A}$$ 即：产出增长 =（劳动份额 X 劳动增长）+（资本份额 X 资本增长）+ 技术进步

在上述索洛增长模型中，一国经济的长期均衡增长率取决于技术变化率、劳动力增长率和资本形成率的长期增长。其中重要的一点是模型中首次提出了劳动力与技术进步决定了经济是否能保持长期增长。其中劳动力不仅指数量，还包括素质与技术能力等。因此，索洛模型打破了以往"资本积累是经济增长的最主要的因素"的理论，告诉人们，除资本外，经济长期的增长更需要依靠技术进步、劳动力素质和技能的提高。

现代经济增长理论始于20世纪50年代末，主要包括以索洛（1956）为代表的活跃于20世纪50年代末60年代初的新古典增长理论，以及20世纪80年代末90年代初的以罗默（1986）和卢卡斯（1988）为代表的内生经济增长理论或新增长理论。

美国经济学家丹尼森对经济增长因素的探究理论主要体现在1962年出版的《美国经济增长因素和面临的选择》一书中，在该书中丹尼森具体估计了各种增长因素的重要性。丹尼森把经济增长的因素分为两大类：生产要素投入量和生产要素生产率。具体而言，丹尼森把经济增长的因素归结为六个，即劳动、资本存量的规模、资源的配置状况、规模经济、知识进展和其他影响单位产量投入的因素。此外，丹尼森还用余数分析法对知识进展和应用对经济增长的作用及其教育的作用做了估算。据他的理论，由于按照当时资本主义国家的国民收入的统计方法，无法反映生产新的或更好的最终产品的质量上的改进，因此，根据国民收入的增加而计算出来的生产率的增长，不能反映研制新产品等方面的技术知识和管理知识的进展对于一个国家改善生活水平和满足国防等公共需要方面所作的贡献。所以，丹尼森把知识进展对经济增长的贡献作为"剩余"估算出来

---

① [美]戴维·罗默：《高级宏观经济学》，苏剑、罗涛译，商务印书馆1999年版。

的。所谓"剩余",也叫余数,是指国民经济中得不到明确解释的增长部分,即从经济增长率中减去所有可指出的增长因素作用后剩下的余数,如1929—1957年的经济增长率为2.93%,其中资本变动因素的作用为0.43%;劳动力因素变化的作用(调整后)为1.57%;在单位投入—产出比例变化所致的部分中,企业规模、投资方面因素的影响作用为0.34%,最后就剩下了0.59%这个不知因何因素作用而来的余数。丹尼森把这个余数归于知识的进展和应用的影响。丹尼森所采用的余数分析,尽管能使剩余的部分事出有因,得以解释,但是,知识进展和应用,与教育密切相关,在很大程度上是教育的结果,通过教育而对经济增长作出的贡献。因此,丹尼森认为这是教育的间接效益。

俄裔美国著名经济学家库兹涅茨将经济增长定义为"不断扩大的供应人们所需各种商品的生产能力长期提高,这种生产能力的长期提高以先进技术为基础,并按先进技术的要求进行制度和意识形态上的调整"。库兹涅茨在1930年出版的《生产和价格的长期运动》一书中,提出了长期动态增长过程在深化经济现象的理解中的核心地位。1971年12月,库兹涅茨在斯德哥尔摩作为诺贝尔奖获得者所作的演讲中,提出了现代经济增长的六个相互关联的方面:其中最主要的是总产量和人口的快速增加;第二个最重要的因素是生产效率的增长率。除此之外,库兹涅茨还强调了知识存量增长在经济增长中的作用,当技术知识和社会知识的存量被利用的时候,它们就成为高增长和迅速结构变动的源泉。

丹尼森和库兹涅茨对现代经济增长理论所作的研究,主要贡献在于把影响经济增长的众多因素具体化和数量化,并且加入了各自创造性的观点与分析,从而极大地丰富和发展了古典经济增长理论。

Paul. Romer在其1986年发表在《政治经济学杂志》上题为"收益递增与长期增长"一文中,首次将技术内生化,从而开启了内生经济增长研究的大门。保罗·罗默认为专业化的知识和人力资本是促进经济增长的两大主要因素,同时,知识和人力资本不仅自身能形成递增的收益,而且还能促使资本和劳动等其他生产要素也产生递增收益,从而使经济整体实现规模经济。接着保罗·罗默在其1990年发表的《内生技术变化》一文中将内生增长模型进一步完善,在新模型中,他假定技术和知识是内生的,同时,技术进步是经济增长的核心。该模型成为内生增长理论中的一个重要模型。

美国经济学家卢卡斯1988年发表在《货币经济学杂志》上的《关于经济发展机制》的一文中将人力资本内生化,确立了人力资本和人力资本投资在经济增长和发展中的重要作用。卢卡斯认为:人力资本的积累是经济长期增长的潜在动力,人力资本的外部效应使生产具有递增的收益,同时技术扩散内生化的经济增长模型也属于人力资本内生化模型,因为一项技术的扩散使它扩散到的地方的人相应地增加了"人力资本"。[①]

自卢卡斯(1988)以来,一系列经济学文献通过建立包括公共教育支出的内生经济增长模型得出教育支出与经济增长的关系,在这些模型里,公共教育支出直接影响人力资本积累,最后影响长期经济增长(戈罗蒙和瑞弗库默,1992,1997,1998;卡冈诺维奇和杰尔治,1999)。不同于上述分析逻辑,布兰肯诺和辛普森(2004)通过将私人和公共投资作为人力资本投资的投入建立内生经济增长模型,重新考察了公共教育支出与增长的关系,得出结论:当其他决定增长的因素在一般均衡分析中受到反向影响时,公共教育支出对增长的正的、直接作用会被减少,甚至为负;经济增长对公共教育支出的反应为非单调的,这种关系还依赖于政府支出的水平、税收结构以及生产的技术参数等。

内生经济增长理论通过使用更广义的资本概念,即物质和人力资本以及干中学,克服了新古典增长模型中的报酬递减趋势,通过人力资本和知识外溢达到内生的技术进步从而促进经济的长期增长[②]。内生经济增长模型一个显著特点是以要素不变或递增报酬的方式积累,经济依赖技术或人口的内生增长。新古典增长理论则认为,由于资本收益递减的作用,长期的人均产出会收敛于一个稳定状态的水平。如果没有外生技术进步,经济将趋于停滞。因此,内生增长理论的分析更逼近现实,大大丰富了经济学的研究内容,开创了宏观经济学研究的新途径。

此后,随着计量经济学的不断发展和在经济研究中的广泛应用,大大提高了关于经济增长理论中实证研究的应用与水平。学者们逐步找到了影响经济增长的其他因素,比如人力资本、规模效应、技术外溢、技术创新

---

① 康锋莉、郑一萍:《政府支出与经济增长:近期文献综述》,《财贸经济》2005年第1期,第54—57页。

② [美]格里高利·曼昆:《宏观经济学》,张帆、梁晓钟译,中国人民大学出版社2005年版。

等。学者们将这些影响因素不断纳入模型将其内生化，于是形成了更为系统、完善的内生经济增长理论。

近 30 年来，以舒尔茨（Theodore. W. Schultz）、诺斯（Douglass. C. North）、威廉姆森（Oliver. Williamson）、德姆塞茨（Harold. Demsetz）等为代表的制度经济学蓬勃发展为经济学的一个分支。

国内关于经济增长的首位研究者邹（1993）通过对 1952—1980 年数据的实证分析认为资本积累是中国经济增长的主要原因。此后，胡和汉（1997）、裴春霞（2000）、江小涓（2002）、王成岐等（2002）、娄红（2004）、赵志耘和吕冰洋（2005）、杨文举（2006）、沈桂龙（2007）以及赵娜和张少辉（2007）等分别从投资、公共投资、工业化、资本深化以及 FDI 等方面进一步拓展和证实了邹的结论。

王德文（1999）、江小薇（2002）、桁林（2003）、田成诗和盖美（2005）、杨建芳等（2006）以及郭志仪和曹建云（2007）等则通过现代定量实证研究方法，认为劳动积累、劳动生产效率、劳动力素质以及人力资本对中国经济增长的贡献率都十分明显。

朱勇和张宗益（2005）、黄智淋和俞培果（2007）等则认为创新与技术进步对中国经济增长有十分重要的影响。

## 第五节　本章小结

总体看来，国内外学者的主要观点为：

首先，汇率波动会通过影响一国的对外贸易、通过利率影响一国的资本流动等途径对一国的经济带来或好或坏的影响。国内学者的研究也已经证实人民币汇率的变动对国内的物价水平、工资水平和投资水平等都会产生一定的影响。

其次，面对本币的升值，一国政府难免进行干预，学者们广泛认为日本的干预是失败的甚至起反作用的，而德国相对是比较成功的，成功主要归功于德国较好的保持了货币政策的独立性。因此，结论是中国要吸取日本的教训，学习德国的经验。

再次，当前国内外学者对于政府实施财政政策对实际经济产生的影响无论从理论分析还是实证研究，尚未能达成一致的结论。而货币政策对一国国内经济有效性的研究方面，国内外学者的经验研究已形成一般共识，即认为货币政策仅能在短期内对实际产出产生一定影响，长期只能影响市场价格而对产出几乎没有影响。

最后，传统的经济增长理论认为资本、劳动力和技术创新是经济增长的关键因素，国内学者用实证研究证明了在中国亦是如此，笔者第九章的研究亦是基于此结论展开。

当前，面对人民币的不断升值，人们最担心的是中国经济重蹈日本覆辙，走上泡沫经济和衰退之路，因此，作为"政府主导"的经济体系，运用财政政策和货币政策对经济进行反向干预是人们的第一反应。尽管已经有不少学者总结了日本失败的教训和德国成功的经验，但是对于本币升值期间，日本和德国政府以及央行具体做出何种不同的反应，采取了什么样不同的应对手段和措施，这些宏观干预对于两国实体经济究竟带来什么样的影响等方面的深入分析少之又少，而进行实证研究和比较的更是至今未见。本书便是从这个角度入手展开研究。另一方面，对于本币汇率以及外汇市场的干预是否确实有利于经济增长，如果不是，政府应该经营的影响经济增长的关键因素又是什么，是本书试图通过日本与德国的实证分析和比较来回答的另一个问题。

# 第 二 章
# 汇率、宏观调控及经济增长的理论分析框架

## 第一节 汇率

### 一 汇率及汇率的表示

当一种商品或劳务参与国际交换时，就有一个把该商品或劳务以本国货币表示的价格折算成以外币表示的国际价格问题，这种折算是按汇率（Exchange Rate）来进行的。所谓汇率，又称汇价，是两种不同货币之间的折算比价，也就是一种货币表示的另一种货币的相对价格（姜波克，2008）。

汇率的表达方式有两种：直接标价法和间接标价法。

**直接标价法**：以本国货币表示的单位数量外国货币的价格。例如，2014年4月5日的外汇牌价为：1美元=6.2118元人民币。

**间接标价法**：以外国货币表示的单位数量本国货币的价格。例如，2014年4月5日的外汇牌价为：1元人民币=0.1610美元。

因此，可以看出直接标价法和间接标价法互为倒数，在直接标价下，汇率的数值越大，意味着一定单位的外国货币可以兑换越多的本国货币，即本币贬值。在间接标价法下，则刚好相反。

### 二 影响汇率变动的主要因素

开放经济条件下，一国汇率的变动问题一直是该国国内金融界广受关注的热门话题。一般认为，汇率的变动常常捉摸不定，受国内和国际多种因素的影响，这其中既有国际收支顺差、相对利率、通货膨胀率等经济因素，也有各国汇率政策方面的差异，甚至有时还会包含政治因素。

（1）国际收支

国际收支理论强调的是一国本币与外币之间的供求关系决定了两种货

币之间的比价。决定这种供求关系的主要因素是贸易差额和国际间资本流动。当一国的国际收支为顺差时，外汇市场上表现为外币的供应大于需求，从而使得本国货币升值，外国货币贬值。反之，当国际收支为逆差时，则本国货币贬值，外国货币升值。

实际上，很多学者的观点认为，无论是"广场协议"还是当前的人民币升值，主要都是由于美国的巨额贸易逆差导致美国的国际收支严重失衡，从而使得美元贬值，顺差国货币升值。

（2）利率

确切地说应该是相对利率。利率是使用资本的"价格"，利率水平的相对高地亦会影响到一国货币的汇率水平。当一国国内利率水平相对较高时，国外逐利资本大量流入，使得在外汇市场上本国货币的供应相对稀缺，而外国货币的供应相对增加，从而导致本国货币汇率上升。相反，当一国国内利率水平相对较低时，本国货币汇率下降。因此，当一国货币汇率发生较大幅度波动时，该国央行（尤其是汇率相对固定的国家）往往通过变动利率的货币政策来调控外汇市场。

（3）总供给与总需求

总供给与总需求的不平衡增长即产品市场非完全出清时，亦会对一国的汇率产生影响。如果总需求的增长快于总供给，则该国往往需要通过增加进口来使得产品市场出清，从而导致对外贸易部门的逆差，进而使得本国货币汇率下降。相反，当总需求的增长慢于总供给时，则该国国际贸易出现顺差，货币汇率上升。因此，一国政府通常使用财政政策通过调节总供给和总需求来对外汇市场进行间接的干预。

（4）通货膨胀率

货币价值基础首先是其在国内的购买力，如果货币在国内的购买力下降即其内在价值降低，那么其对外价值必然随之下降，即汇率贬值。而一国货币在国内的购买力是否下降，通常用该国某段时间的通货膨胀率来表示，所以，当一国国内的通货膨胀率相对高于邻国时，则其汇率也将随之发生贬值。

### 三 汇率决定经典模型

（1）超调模型

超调模型（Overshooting Model）是由美国经济学家多恩布什（Rudiger Dornbusch）于1976年发表在《政治经济学杂志》上的《预期与汇率动态》一文中提出的。该模型是20世纪70年代以来最重要的汇率决定模型之一。

多恩布什认为[1]，当市场受到外部冲击时，货币市场和商品市场的调整速度存在很大的差异。一般情况下，商品市场价格的调整速度较慢，过程较长，呈黏性状态，称之为黏性价格。而金融市场的价格调整速度较快，因此，汇率对冲击的反应较快，几乎是即刻完成的。汇率对外部冲击做出的过度调整，即汇率预期变动偏离了在价格完全弹性情况下调整到位后的购买力平价汇率，这种现象称为汇率超调。

多恩布什的汇率超调模型的显著特征是将凯恩斯主义的短期分析与货币主义的长期分析结合起来；采用价格黏性这一说法，更切合实际。同时，它具有鲜明的政策含义：表明了货币扩张（或紧缩）效应的长期最终结果是导致物价和汇率的同比例上升（或下降）。但在短期内，货币扩张（或紧缩）的确对利率、贸易条件和总需求有实际的影响。当政府采取扩张或紧缩性货币政策来调节宏观经济时，就需要警惕汇率是否会超调，以及超调多少这样的问题，以避免经济的不必要波动。

（2）资产组合模型

资产组合平衡模型[2]是由美国经济学家布朗森（W. Branson）于1975年最早提出，后来艾伦、考雷与凯南、多恩布什等也对该理论有进一步的研究。

该模型放松了货币模型对资产替代性的假设，认为各种资产之间并不具备完全的可替代性，至少存在资产收益的差别。理性投资者将根据其个人的投资偏好，按照风险—收益原则，将自己拥有的财富配置到各种可供选择的资产上，形成最佳资产组合。资产组合达到了稳定状态，国内外资产市场供求也达到了均衡，汇率也相应地被决定。当某种因素，如资产持有偏好、国内外的利差、外币未来的价值预期、国内外通胀等发生变化时，投资者会进行资产组合的调整，这样可能产生大量的本币和外币买卖，引起汇率短期的变化。

---

[1] ［美］多恩布什、费尔希、斯塔兹：《宏观经济学》，范家骧等译，中国人民大学出版社2011年版。

[2] 同上。

根据资产组合平衡模型，当资产供给既定时，通过调整不同的资产需求，实现各个资产市场的均衡，并由此决定出一个均衡汇率。当资产供给总量的变化，对汇率产生影响的结果有：

首先，如果货币管理当局在公开市场上买入债券，货币供应量增加，本币债券价格上升，外币资产需求增加，国内利率下降，汇率上升（本币贬值）。

其次，本币债券供应量增加，对汇率产生的影响不确定，因为本币债券供应量增加的财富效应使汇率上升；替代效应导致汇率下降。

最后，外币债券供应增加，将使外币债券市场出现超额供给，导致汇率下降（本币升值）由此会使国内竞争力削弱，经常账户差额由顺差变为逆差。资产存量结构变化，一般由央行的公开市场操作引起，但无论是本币债券与本国货币互换还是外币债券与本国货币互换都会导致汇率的上升。

## 第二节 汇率政策

全球经济一体化首先表现为金融一体化，开放条件下，金融市场的稳定早已经成为与经济发展、充分就业和物价稳定相并列的宏观经济政策目标。而汇率作为一个衡量金融市场稳定的重要经济变量，对一国的国际收支均衡有着举足轻重的作用。因此，汇率制度的选择、汇率水平的合理波动范围以及汇率政策的运用，长期以来一直是国际金融学界的热门议题。汇率政策是指一个国家（或地区）政府为达到一定的目的，通过金融法令的颁布、政策的规定或措施的推行，把本国货币与外国货币比价确定或控制在适度的水平而采取的政策手段。汇率政策主要包括汇率政策目标和汇率政策工具。

### 一 汇率政策目标

汇率政策作为一国宏观经济政策之一，总是具有一定的政策目标的操作规则。从理论上说，一国的汇率政策目标既可以是维持经济增长，也可以是充分就业，或者是维持币值稳定（控制通货膨胀），或者是以上几种目标的组合。在实际操作中，一国的汇率制度目标确定往往受到很多因素的制约，也可能会根据实际情况而进行调整，但无论如何，在某一阶段，一国的汇率制度的目标总会相对固定。

## 二 汇率政策工具

汇率政策中最主要的是汇率制度的选择，汇率制度是指一个国家政府对本国货币汇率水平的确定、汇率的变动方式等问题所作的一系列安排和规定（姜波克，2008）。经济结构决定论认为，一国选择哪种汇率制度，应从该国的经济结构特征去考虑。

海勒（1978）认为，国家整体规模、经济开放程度、国际金融一体化程度、相对的通货膨胀率水平以及贸易格局是决定发展中国家汇率制度选择的主要因素。

波尔森（Poirson，2001）以93个国家1990—1998年的数据为样本，提出了衡量汇率制度灵活性的指标体系。波尔森认为，影响汇率制度选择的决定性因素主要包括：通货膨胀率、资本流动、外汇储备水平、经济规模、生产和产品多样化、贸易冲击脆弱性、政治稳定性、失业率以及外币定值债务等。

（1）固定汇率制度

固定汇率制度（Fixed Exchange Rate System）是货币当局把本国国币兑换其他货币的汇率加以固定，并把两国货币比价的波动幅度控制在一定的范围之内。金本位制度下，参考物为黄金，各国货币规定含金量，铸币平价是汇率决定的基础，汇率围绕铸币平价汇率上下波动，并受黄金输送点的制约。

"第二次世界大战"至1973年间，纸币本位制度下，参考物为黄金、美元，此间的固定汇率制度是通过国际间的协议人为建立起来的。各国货币当局通过虚设的金平价（固定比价）来制定中心汇率，而现实汇率则是通过外汇干预或国内经济政策等措施被维持在狭小范围内波动。1973年以后，参考物多为各种主要货币，如美元、欧元、特别提款权等。

固定汇率体系的主要优点是减少了经济活动的不确定性，一个想稳定其物价的高通货膨胀国家可以选择加入固定汇率体系来恢复央行的信誉。但其最大的缺陷是缺乏灵活性。由于每个国家所面临的经济环境和背景不同，实施统一的货币政策对各个国家来说必定存在不妥之处。

（2）浮动汇率制度

国际货币基金组织于1978年4月1日修改"国际货币基金组织"条文并正式生效，废止以美元为中心的国际货币体系，至此，浮动汇率制度在世界范围取得了合法的地位。1976年1月,国际货币基金组织正式承认浮动汇率制度。西方各国普遍实行浮动汇率制。

浮动汇率制度(Floating Exchange Rates)是指汇率完全由市场的供求决定,政府不加任何干预的汇率制度。实际上,完全任凭市场供求自发地形成汇率,而不采取任何干预措施的国家很少或几乎没有。各国政府往往都要根据本国的具体情况,或明或暗地对外汇市场进行不同程度的干预,只是不同国家对浮动汇率的管理方式和宽松程度不一样而已。所以各国实行的汇率制度多种多样,有单独浮动、钉住浮动、弹性浮动、联合浮动等。

浮动汇率制度包括三个方面的内容:一是以市场供求为基础的汇率浮动,发挥汇率的价格信号作用;二是根据经常项目主要是贸易平衡状况动态调节汇率浮动幅度,发挥"有管理"的优势;三是参考一篮子货币,即从一篮子货币的角度看汇率,不片面地关注本币与某个单一货币的双边汇率。

自2005年7月21日起,我国开始实行以市场供求为基础,参考一篮子货币进行调节,有管理的浮动汇率制度。人民币汇率不再盯住单一美元,而是参照一篮子货币、根据市场供求关系来进行浮动。参考一篮子表明外币之间的汇率变化会影响人民币汇率,但参考一篮子货币不等于盯住一篮子货币,它还需要将市场供求关系作为另一重要依据,据此形成有管理的浮动汇率。这将有利于增加汇率弹性,抑制单边投机,维护多边汇率。2014年3月15日,央行宣布扩大人民币兑美元交易价浮动幅度至2%。

### 三 本币升值的影响

本币升值是本国货币相对于其他货币而言价值升高的过程。即相较于其他货币,本币的购买力提高了。本国货币升值,首先直接影响到一国的国际收支从而导致[1]:

①过热的国内经济形势会被抑制;

②与温和通胀的斗争会简单;

③劳动力市场压力会减轻;

④外贸劳动生产率提高;

---

[1] 周弘、彼得、朱民主编:《德国马克与经济增长》,社会科学文献出版社2012年版。

⑤国内供应形势得到改善；
⑥黄金和外汇流入被阻止；
⑦国家财富增加；
⑧在外国看来，该国不再富裕；
⑨资本市场的整顿会简单；
⑩外国货币的地位得到改善。

## 第三节　宏观调控

宏观调控是政府为调节市场经济运行而实施的经济政策。西方经济学者认为，经济政策是指国家或政府为了增进社会经济福利而制定的解决经济问题的指导原则和措施，是政府为了达到一定的经济目的而对经济活动有意识的干预①。因此，一般认为政府宏观调控的目标主要有四个：经济增长、充分就业、物价稳定以及国际收支平衡。

在市场经济中，商品和服务的供应及需求是受价格规律及自由市场机制所影响。市场经济带来经济增长，但会引发通货膨胀，而高潮后所跟随的衰退却使经济停滞甚至倒退，因而，国民收入或总体经济活动总是在扩张与紧缩的交替或周期性的波动变化着，这种周期波动对社会资源及生产力都构成严重影响。所以宏观调控是着重以整体社会的经济运作，透过人为调节供应与需求。

### 一　政府宏观调控的主要工具

国家干预经济的思想源于凯恩斯的经济主张，凯恩斯的观点②认为，在一国经济处于萧条期时，国家应采用扩张性的经济政策，通过增加需求促进经济增长，即扩大政府开支，实行财政赤字，刺激经济，复苏繁荣；相反，当一国经济处于过热时期，政府应采用紧缩性宏观调控政策，即缩减政府开支，实行财政盈余，以免经济过热而出现泡沫。宏观调控的主要手段为财政政策和货币政策。

---

① 高鸿业：《西方经济学（宏观部分）》，中国人民大学出版社2010年版。
② 同上。

(1) 财政政策

财政政策是国家干预经济的主要政策之一。财政政策的一般定义是：为促进就业水平提高，减轻经济波动，防止通货膨胀，实现稳定增长而对政府支出、税收和借债水平所进行的选择，或对政府收入和支出水平所作的决策。自20世纪20年代末30年代初经济大萧条时期凯恩斯主义诞生以来，在西方国家中，政府参与经济活动的规模有了显著增长。如发达国家中的德国和法国，近年来，其政府财政支出将近GDP的一半。国家财政由政府收入和支出两个方面构成。

政府支出是指整个国家中各级政府支出的总和，由具体的支出项目构成，主要可以分为政府购买和政府转移支付两类。政府购买是指政府对商品和劳务的购买，如购买军需品、机关公用品、政府雇员报酬、公共项目工程所需的支出等都属于政府购买。政府购买支出是决定国民收入大小的主要因素之一，其规模直接关系到社会总需求的增减。购买支出对整个社会总支出水平具有十分重要的调节作用。政府转移支付是指政府在社会福利保险、贫困救济和补助等方面的支出。转移支付不能算作国民收入的组成部分，它所做的仅仅是通过政府将收入在不同社会成员之间进行转移和重新分配。

政府收入。税收是政府收入中最主要的部分，它是国家为了实现其职能按照法律预先规定的标准，强制的、无偿的取得财政收入的一种手段。当政府税收不足以弥补政府支出时，就会发行公债，使公债成为政府财政收入的又一组成部分。公债是政府对公众的债务，或公众对政府的债务。它不同于税收，是政府运用信用形式筹集财政资金的特殊形式，包括中央政府的债务和地方政府的债务。

政府购买支出、转移支付与税收都具有乘数效应，即三者无论哪项的变动都对国民收入的变动具有倍增作用。

根据财政政策调节经济周期的作用来划分，财政政策可以分为自动稳定财政政策和相机抉择财政政策。

自动稳定的财政政策，是指经济系统本身存在一种内在的、不需要政府采取其他干预行为就会减少各种干扰，自动调节经济的运行机制，这种机制在经济衰退时减轻萧条，经济繁荣时抑制通胀。首先是税收的自动变化，在经济萧条时，个人收入下降，企业利润降低，符合纳税条件的个人和企业数量减少，税收自动减少，于是对经济便会产生一种推力，减少个人消费和企业投资的下降程度，从而起到抑制经济衰退的作用。经济过热时，其作用机理正好相反。其次是政府福利性支出的自动变化。经济衰退时期，符合领取失业救济和各种福利标准的人数增加，政府各种福利性支出自动增加，从而可以在一定程度上抑制消费支出的下降，以防经济的进一步衰退。繁荣时期，其作用机理则反之。

相机决策的财政政策，是指政府根据一定时期的经济社会状况，主动灵活选择不同类型的反经济周期的财政政策工具，干预经济运行行为，实现财政政策目标。在经济萧条时期，为缓解经济衰退，政府通过增加支出、减少收入以增加投资和消费需求，从而刺激经济增长；反之，经济繁荣时期，为抑制过热导致通胀，政府通过财政增加收入、减少支出以减少社会需求，从而达到稳定经济的目的。

（2）货币政策

凯恩斯提出，政府或中央银行通过控制货币供应量以及调控利率进而影响投资和整个经济以达到一定经济目标的行为即为货币政策。西方主流学者的观点认为，货币政策和财政政策一样，可以通过调节国民收入从而实现经济增长、物价稳定、充分就业以及国际收支平衡的目标。而两者的主要区别在于财政政策通过变动政府收入和支出对直接影响社会总需求的大小，而货币政策则要通过利率变动以及经济社会中的信贷供应量间接的影响总需求。

货币政策实施工具的具体方式各国家往往不尽相同，但基本原则和主要思想大体上是一致的，当前以美国为例，货币政策实施最流行的四大工具为：调整再贴现率、公开市场业务操作、调整法定准备金率以及直接调整利率的政策。货币政策与财政政策一样，也分为扩张性的政策和紧缩性的货币政策。在经济萧条时政府或央行一般多采用扩张性的货币政策，增加货币供应量，降低利率，使取得信贷更为容易，从而达到刺激经济的目的；相反，在经济繁荣，通胀严重时，政府或央行往往采用减少货币供应量，提高利率的紧缩性货币政策以维持经济平稳增长。

## 二 政府对外汇市场的干预

当一个国家的汇率发生剧烈波动时，国家可以采取相应的利息、税收和财政来对外汇市场进行干预，从而达到稳定经济增长的目的。干预外汇市场即一国货币当局基于本国宏观经济政策和外汇政策的要求，为控制本币与外币的汇率变动，而对外汇市场实施直接的或间接的干预活动，以使汇率的变动符合本国的汇率政策目标。

干预外汇市场的主要目的：

①阻止短期汇率发生波动，避免外汇市场混乱；

②减缓汇率的中长期变动，实行反方向干预，调整汇率的发展趋势；

③使市场汇率波动情况不致偏离一定时期的汇率目标区；

④促进国内货币政策与外汇政策的协调推行。

干预外汇市场的主要方式：

（1）按干预手段的不同可以划分为直接干预和间接干预

直接干预是指一国货币当局直接参与外汇市场的买卖，通过外汇的买进和卖出来影响货币的汇率；官方或准官方机构还可以通过进行外币借贷活动或采取多种措施控制对外交易和收付，从而直接影响外汇市场的供求状况。间接干预是指政府通过货币财政政策影响短期资本流动，从而间接影响外汇市场的供求状况和行情；政府还可以通过新闻媒介表达对汇率走势的看法，或者发表有利于中央银行政策意图的经济指标，从而影响市场参与者的心理预期，达到影响外汇供求的目的。

（2）按干预的结果不同可以划分为冲销式干预和非冲销式干预

冲销式干预是指货币当局在进行外汇市场干预的同时，通过公开市场活动将外汇市场干预而导致的国内基础货币变动的情况加以抵消，使货币供应量维持不变的外汇市场干预行为。非冲销式干预是指不存在相应冲销措施的外汇市场干预，它会引起一国货币供应量的变动。

（3）按干预的动机不同可以划分为积极干预和消极干预

积极干预是指货币当局为导致汇率改变，使汇率接近于货币当局所设计的目标汇率而主动在外汇市场上进行的操作。消极干预是指货币当局为阻止汇率的某种变动，或者为熨平汇率的剧烈变动而在外汇市场上所进行的操作。

（4）按参加干预的国家不同可以划分为单边干预和联合干预

单边干预是指一国对本国货币与外国货币之间的汇率变动，在没有相关的其他国家的配合下，独自进行的干预。联合干预是指两国甚至多国联合协调行动，对汇率进行干预。单边干预主要出现在封闭和半封闭的国内外汇市场。在国际金融市场，关键货币之间的汇率往往要通过联合干预才能奏效。

干预外汇市场的主要手段：

(1) 调整利率政策

通过中央银行利率调整改变国内和国际资本流动方向从而达到干预外汇市场的目的。如当一国货币面临升值压力时，通过降低央行利率，从而降低商业银行的存贷款利率，使得外汇市场上本币供应量增加，外资流入减少，从而降低本币升值压力。

(2) 税收政策

例如，降低个人或公司税率。这种措施和降息一样会促进公司投资和个人消费，从而增加整个经济体中的流动性，以达到干预外汇市场的目的。

(3) 控制财政开支

例如，增加财政支出这一措施，在增加流动性的同时，将会创造就业机会、需求、有时会吸引投资。这一政策相对于利息政策来说还具有如下优势：加息的时候人们会把多余的钱用于存款而不用于消费或者投资；而在增加财政支出的时候，我们确信增加的收入会大部分转变成消费以满足从业者的基本需求。

## 第四节  经济增长

经济增长（Economic Growth）：较早的文献中是指一个国家或地区在一定时期内的总产出与前期相比实现的增长。现在通常是指在一个较长的时间跨度上，一个国家人均产出（或人均收入）水平的持续增加。更一般地来探讨，经济增长的含义是指，在一定时间内，一个经济体系生产内部成员生活所需要商品与劳务潜在生产力之扩大（亦即生产可能曲线向外扩张）。生产力的成长主要决定于一个国家自然资源禀赋、资本数量累积与质量提升、人力资本累积、技术水平提升以及制度环境改善。美国经济学家库兹涅茨给经济增长下了一个经典的定义[1]："一个国家的经济增长，可以定义为给居民提供种类日益繁多的经济产品的能力长期上升，这种不断增长的能力是建立在先进技术以及所需要的制度和思想意识之相应调整的基础上的。"

---

[1] 朱勇：《新增长理论》，中国人民大学博士学位论文，1998 年。

## 一 增长的度量

支持经济增长的人认为它可以增加一个国家的财富并且增加就业机会。经济正增长一般被认为是整体经济景气的表现。如果一个国家的国内生产总值增长为负数，即当年国内生产总值比往年减少，则被称为该国经济衰退。

经济增长的核算通常依靠 GDP、GNP 等统计数据。在实际中，对一国经济增长速度的度量，最常用的是用该国国内生产总值（GDP）的增长率来表示。设 $\Delta Y_t$ 为本年度经济总量的增量，$Y_{t-1}$ 为上年所实现的经济总量，则经济增长率（G）就可以表示为：

$$G = \Delta Y_t / Y_{t-1}$$

由于 GDP 中包含了产品或服务的价格因素，所以在计算 GDP 时，就可以分为，用现价计算的 GDP 和用不变价格计算的 GDP。用现价计算的 GDP，可以反映一个国家或地区的经济发展规模，用不变价计算的 GDP 可以用来计算经济增长的速度。

事实上，度量经济增长除了测算增长总量和总量增长率之外，还应计算人均占有量，即按人口平均的国内生产总值或国民生产总值及其增长率。

## 二 增长的源泉[①]

自亚当·斯密（Adam Smith）以来，整个经济学界围绕着驱动经济增长的因素争论了长达200多年，最终形成比较一致的观点是：一个相当长的时期里，一国的经济增长主要取决于下列三个要素（泰兹和徐，1997）：

①生产性资源的积累；
②资源存量的使用效率；
③技术进步。

但是，60年代以来最流行的新古典经济增长理论，依据以劳动投入量和物质资本投入量为自变量的柯布—道格拉斯生产函数建立的增长模型，把技术进步等作为外生因素来解释经济增长，得到了当要素收益出现

---

① 赵亚明新浪博客，http://blog.sina.com.cn/s/articlelist_1233121255_0_1.html。

递减时长期经济增长停止的结论。

90年代初期形成的"新经济学"即内生增长理论则认为，长期增长率是由内生因素解释的，也就是说，在劳动投入过程中包含着因正规教育、培训、在职学习等而形成的人力资本，在物质资本积累过程中包含着因研究与开发、发明、创新等活动而形成的技术进步，从而把技术进步等要素内生化，得到因技术进步的存在要素收益会递增而长期增长率是正的结论。当然，许多经济学家早已看到了人力资本和技术进步对经济增长的作用（熊彼特，1934；舒尔兹，1990；贝克尔，1989），但是，他们都是把它们看作外生因素。

尽管财政经济学家一直认为财政政策能够影响经济增长（因为财政政策与经济增长间的内在联系表现在许多方面，诸如扭曲性税收的负效应、累进税对储蓄倾向的不利影响以及增加税收动用额外资源以提高公共投资水平等），但是新古典增长理论却认为，长期经济增长完全是由理论本身的外生因素决定的，因此无论采取什么政策，长期增长都不变，或者说，财政政策对经济增长充其量只有短期效应，而不能影响长期增长；而内生增长论则认为，一国的长期增长是由一系列内生变量决定的，这些内生变量对政策（特别是财政政策）是敏感的，并受政策的影响。

罗默（Romer）模型、卢卡斯（Lucas）模型和格鲁斯曼—赫普曼（SWAN）模型只是最著名的内生增长模型，还有很多其他模型侧重不同的增长方面，诸如金和罗伯森（King and Robson，1993）的知识传播内生增长模型、阿格赫恩和豪威特（Aghion and Howitt，1992）的模仿与创造性消化内生增长模型以及杨（Young，1991）的国际贸易内生增长模型。所有这些模型表达出来的一个重要思想是：企业是经济增长的最终推动力，特别是这些模型试图说明企业如何积累知识，这种知识广义地包括人力资本和技术变化（罗格斯，1997）。这种知识积累表示为增加人力资本、生产新产品和提高产品质量。这些模型表明，知识和积累过程会出现外部性或知识外溢效应，需要政府政策的干预：各种政策旨在扶持研究与开发、革新、人力资本形成甚至关键性产业部门。

进入20世纪90年代以后，经济学家对于内生增长理论的研究不断深入，并取得了新的进展。这些进展主要体现在对原有的内生增长模型的精致化方面。如自罗默（1986）提出内生性以后，经济学家对经济增长的内生渊源进行了更深入的研究。如罗默（1990）将技术进步视为一种中间产品的扩大化，并且假定这种扩大来源于个体最优化决策。杨（1991）提出了一个有限的干中学模型，在这个模型中，干中学是有限的，因此，增长可能受到发明约束。

随着理论的进展，不少经济学家已经意识到，内生增长理论面临的最大问题就是如何进行实证分析。无论是沿着罗默的独立研究与开发部门研究路线进行的研究，还是沿着卢卡斯的人力资本溢出研究路线进行的研究，都面临着如何进行实证分析的问题。从目前的研究来看，这种实证研究事实上是沿着两条技术路线进行的，一条是进行国别间的研究，寻找内生增长证据；另一条是沿一国的长时段数据，研究一国的经济增长因素；或者单独讨论某个具体因素，如对外开放、税收、平等、金融进步、长周期、教育支出、创新等，对于经济增长的作用。

笔者认为，无论从哪条路径，经济增长的源泉归根到底取决于两个方面：一是要素投入量的增加，二是要素效率的提高。

# 第三章
# 日元兑美元汇率升值对日本经济的影响

一般的观点认为，正是由于1985年"广场协议"日元兑美元的大幅升值，才导致日本的泡沫经济以及泡沫破灭后日本经济的持续低迷，称为"失去的十年"、"失去的二十年"，并以此为警戒，反对人民币升值，甚至"谈升值色变"。"广场协议"后日本经济确实发生很大的波动吗？日元升值对日本经济的影响真有如此严重？笔者带着这两个问题对"广场协议"前后日本的经济概况进行了考察。

## 第一节 "广场协议"前后日元汇率变动与日本经济概况

从图3-1可以看出，早在20世纪70年代伊始，日本出口导向型经济战略，巨额的贸易顺差使得日元汇率已经进入升值通道。受第一次石油危机等影响，70年代末至"广场协议"前，日元汇率经历了较为平稳的一段时间。1985年"广场协议"后，日元大幅升值，至1988年底，升值幅度达100%。进入90年代后日元又经历一次小幅的升值，之后，日元汇率进入相对平稳期。因此，"广场协议"后，日元汇率的确经历了史上波动最为剧烈的一段时期。

用2000年不变美元价格衡量日本国内人均GDP，图3-1显示，自20世纪70年代至90年代，日本的人均GDP一直保持较好的增长态势，尤其是"广场协议"经历的一段泡沫经济时期，人均GDP增幅更为明显。进入90年代，泡沫破灭后，日本的人均GDP往日"风采"不再，进入一个增长十分缓慢的状态，个别年份甚至陷入衰退。因此，单从图3-1来看，日元汇率的波动对于日本的实体经济确实存在一定影响的，不禁令人联想：这是否就是所谓的"失去"？有待于下文的进一步分析。

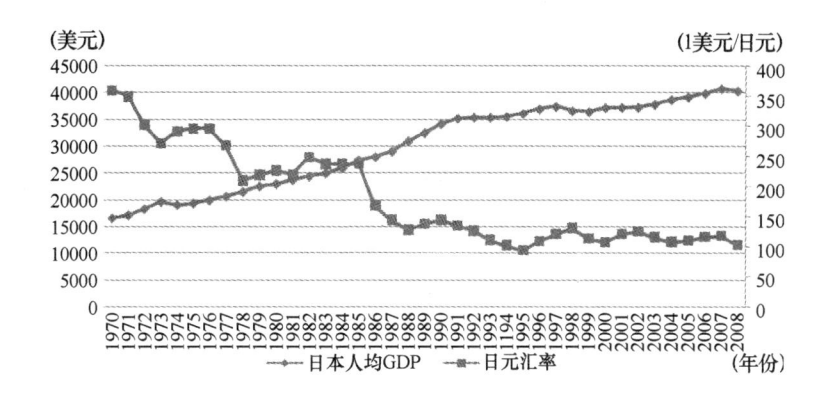

**图 3-1 日本经济增长及日元汇率走势**

说明：次坐标（右）为日元汇率（直接标价法，1 美元/日元，下同）。

数据来源：Word Bank-databank。此外，由于 2009 年由美国次贷危机引起了全球性的经济不景气，2011 年日本海啸对日本经济造成重大打击，导致宏观指标的剧烈波动，并且上述两个事件的短期影响效应在当前尚未消失，因此，本书所选择的研究范围为 2008 年之前（下同）。

## 第二节 "广场协议"前后日本的货币政策与通货膨胀

当前，有不少学者的观点认为[①]：日本泡沫出现的主要原因不是"广场协议"和日元升值，而是日本高估了"广场协议"后日元升值所带来的影响并采取了过于宽松的货币政策。

**表 3-1 1970—2008 年日本货币发行量、金融市场利率及通货膨胀情况**

| 年份 | 3个月金融市场利率 | $M_2$（十亿日元） | CPI 指数 | 年份 | 3个月金融市场利率 | $M_2$（十亿日元） | CPI 指数 |
|---|---|---|---|---|---|---|---|
| 1970 |  | 77668 | 7.67 | 1990 | 7.61 | 842001 | 3.03 |
| 1971 |  | 96452 | 6.35 | 1991 | 5.71 | 888721 | 3.30 |
| 1972 | 5.10 | 120535 | 4.84 | 1992 | 3.42 | 917964 | 1.71 |

---

① 日本的启示，金融 40 人论坛（http://www.cf40.org.cn），CF40 要报。

续表

| 年份 | 3个月金融市场利率 | M₂（十亿日元） | CPI指数 | 年份 | 3个月金融市场利率 | M₂（十亿日元） | CPI指数 |
|---|---|---|---|---|---|---|---|
| 1973 | 13.85 | 143398 | 11.62 | 1993 | 1.70 | 958532 | 1.27 |
| 1973 | 13.30 | 163561 | 23.18 | 1994 | 2.05 | 998667 | 0.69 |
| 1975 | 8.50 | 191309 | 11.78 | 1995 | 0.23 | 1039341 | -0.12 |
| 1976 | 7.00 | 220972 | 9.39 | 1996 | 0.25 | 1078877 | 0.13 |
| 1977 | 6.02 | 251302 | 8.14 | 1997 | 0.23 | 1141561 | 1.76 |
| 1978 | 4.73 | 287519 | 4.21 | 1998 | 0.14 | 1177364 | 0.66 |
| 1979 | 8.01 | 319584 | 3.69 | 1999 | 0.07 | 1210357 | -0.33 |
| 1980 | 9.43 | 350418 | 7.81 | 2000 | 0.32 | 1226522 | -0.65 |
| 1981 | 6.52 | 391677 | 4.91 | 2001 | 0.01 | 1016331 | -0.80 |
| 1982 | 6.80 | 428079 | 2.72 | 2002 | 0.00 | 1025489 | -0.90 |
| 1983 | 6.42 | 464412 | 1.87 | 2003 | 0.00 | 1030846 | -0.25 |
| 1984 | 6.29 | 500947 | 2.29 | 2004 | 0.00 | 1037304 | -0.01 |
| 1985 | 7.04 | 544753 | 2.04 | 2005 | 0.00 | 1042305 | -0.27 |
| 1986 | 4.40 | 594777 | 0.60 | 2006 | 0.21 | 1034924 | 0.24 |
| 1987 | 3.90 | 650850 | 0.14 | 2007 | 0.45 | 1042202 | 0.06 |
| 1988 | 4.17 | 709958 | 0.66 | 2008 | 0.20 | 1050083 | 1.37 |
| 1989 | 5.85 | 788005 | 2.28 | | | | |

进入20世纪70年代后，随着世界金融形势进一步变化，日本等主要发达国家都将货币政策的中介目标转向货币供应量；而至20世纪80年代末90年代初，由金融创新的加快，不断产生新的货币，市场利率逐渐成为货币政策调节的主要手段。因此，这里选取短期（3个月）金融市场利率和广义货币供应量（$M_2$）作为日本货币政策手段。通货膨胀率则用CPI指数表示。表3-1显示，在签订"广场协议"后的两年里，日本短期金融市场利率迅速下降，广义货币增加幅度亦较大。说明日本央行确实采用了所谓宽松的货币政策，为后来的"泡沫经济"埋下隐患。

图3-2显示，1985年，"广场协议"后，随着日元汇率的大幅升值，日本政府为避免升值给国内经济带来的负面影响，采取宽松的汇率政策来振兴经济。日本政府在1986年下调了4次贴现率，并进一步将其下调至

1987年2月的2.25%，其货币供应量平均余额增长率创出高达两位数的记录，最高达到13%（见表3-2）。银行隔夜拆借利率变动幅度为-27%，日本短期金融市场利率也迅速下降。在低利率和高货币供应量的条件下，过剩的货币被推入资本市场，同期日经指数上扬30%以上。

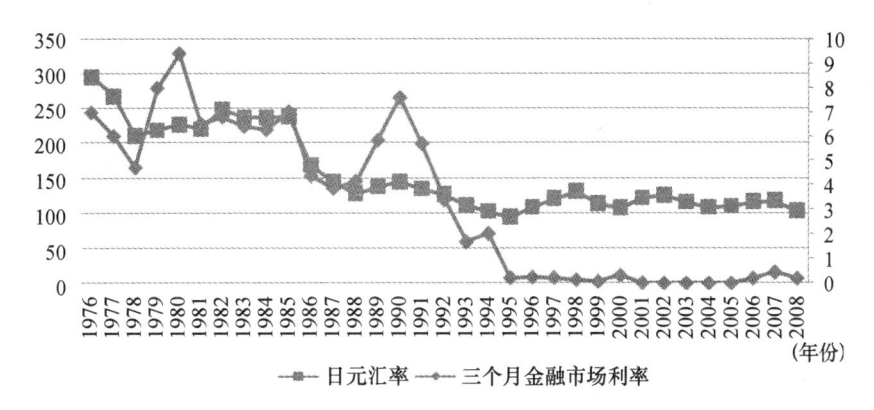

**图3-2 日本短期金融市场利率及日元汇率走势**

说明：次坐标（右）为短期金融市场利率。

1987年，日本经济稳步复苏，此时，日本国内物价还是相当稳定的，甚至在1986年末至1987年初出现下滑（见图3-3），这也反映了日元升值带来的通货紧缩效应。

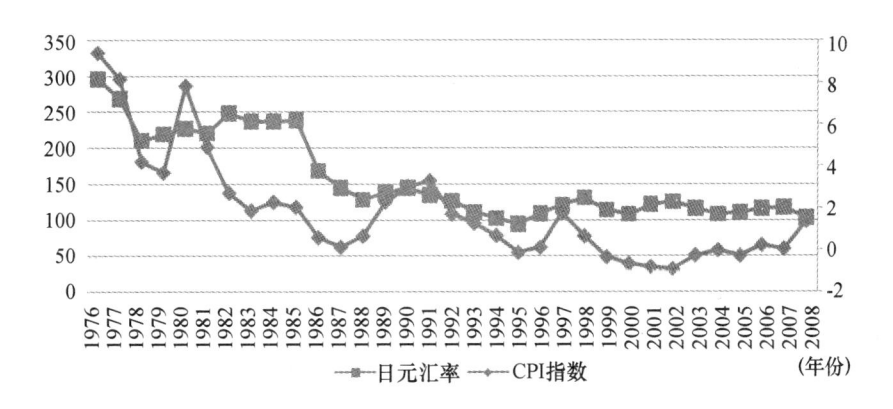

**图3-3 日本CPI指数及日元汇率走势**

说明：次坐标（右）为CPI指数。

到1987年下半年，日本经济进入过分繁荣期，资产价格，如股票和土地价格飞涨，但此时，日本政府的财政政策与货币政策并未同步趋紧。直到1989年，由美国的"黑色星期二"以及日本国内出现投资过剩迹象，日本央行开始收缩银根，初次提高贴现率，短期金融市场利率回调，1990年达到最高值，但为时已晚，泡沫经济已经破灭了。

股票市场价格在1990年开始暴跌，之后一年土地价格也开始下跌，日本经济自1991年开始进入萧条期。随着经济进入萧条和严重的资产缩水，银行业引发大量呆账、坏账，从而导致日本经济步入长达十几年的不景气。

日本政府试图消除日元1985—1989年升值引发的通货紧缩冲击，过分宽松的货币政策导致了一个巨大的泡沫。既然是泡沫，总有破灭的一天。

## 第三节 "广场协议"前后日本的对外贸易

一国货币汇率变动国内对外经济部门首当其冲受到影响。尤其是对日本这样一个"两头在外"外贸依存度很高的国家来说，日本经济增长的动力是出口和投资，因此，日元汇率变动对其进出口的影响要大于一般的国家。

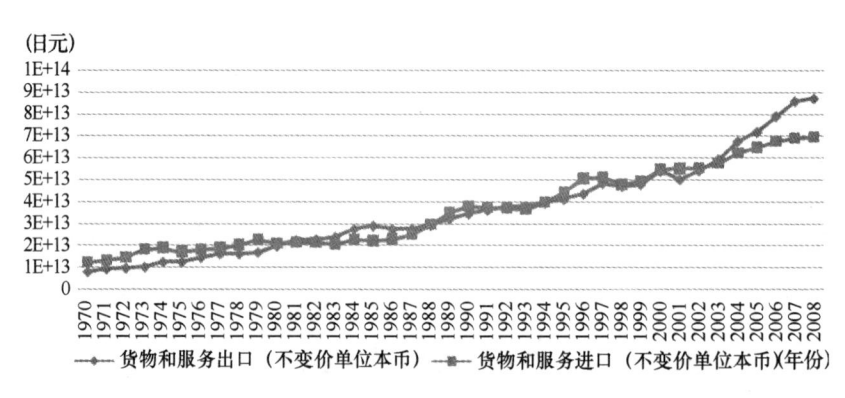

图3-4 日本以不变价单位本币计价的货物与服务进出口总额

McKinnon（1997）的检验结果表明，在1985年2月至1988年2月，日元名义有效汇率相对贸易伙伴坚挺的货币升值了40%。同期，价格指数下降了31%，批发价格指数下降了17%，但消费价格指数上涨了2%，就这次看来，日元升值导致日本国内价格结构的大规模重组。

但图3-4显示，"广场协议"前后，日本的货物与服务无论是进口还是出口，受日元大幅升值的影响几乎不明显，自20世纪70年代以来，长期保持了较为稳定的增长趋势。陈志昂等（2005）根据格兰杰因果检验、向量自回归和协整分析对汇率变动和进出口贸易额变动之间的内生关系进行了实证检验。为了检验日元汇率变动和日本进出口变动的内在关系如何随着时间发生变化，陈志昂等把格兰杰因果检验的时间序列以1996年1月为分界点，对1996年1月之前和之后两段分别进行检验。其研究结论显示，在所有的格兰杰检验中，日本进出口的变动对日元汇率的变动不存在引导关系，这说明日元汇率变动在短期内主要受虚拟经济而不是实体经济的影响。

实际上，图3-4亦显示，日元汇率变动对日本货物与服务进出口的影响很小。笔者认为，这与"贸易立国"导向下，日本政府相关政策有关，如日本历来对进口实施战略性保护政策。虽然从数据上看，与同类发达国家相比，日本的关税和直接的非关税壁垒措施似乎并不是很高，但事实上日本对其国内市场的保护程度却非常高，这些保护主要通过间接的非关税壁垒措施，其中比较典型的便是技术性贸易壁垒，其他还有如商品标准、产业政策、政府采购等以限制进口。

## 第四节 "广场协议"前后日本的资产价格变动与经济泡沫

"广场协议"后，日元汇率升值幅度达100%，大量境外资本流入日本以规避汇率风险，同时日本国内投资者对国内经济盲目乐观，投资热情十分高涨。但日本境内外巨额的资金并没有流向实体经济而是涌向了资本市场，致使国内资产价格大幅上涨，最终导致了泡沫的堆积。图3-5显示，1985—1989年，日本东京证券交易所指数（TSE，2005=100）从78.5上涨至202.4，涨幅达258%。日经指数收盘价从12756点上涨至38916点，升幅达200%以上。东京证券交易所总市值是日本GDP的1.3倍，成为全球最大市值的股票交易所。

另一方面，"广场协议"之后，日本的房地产泡沫也形成巨大堆积。

图 3-5 亦显示，1985—1989 年，日本六大都市平均地价指数上涨幅度亦不亚于日经指数，涨幅达 246%。1985 年，东京的商业用地价格指数为 120.1，1988 年就暴涨到了 334.2，三年间暴涨了近两倍。1990 年末，日本土地资产总额约相当于美国的 4 倍，形成了世界上空前的房地产泡沫。

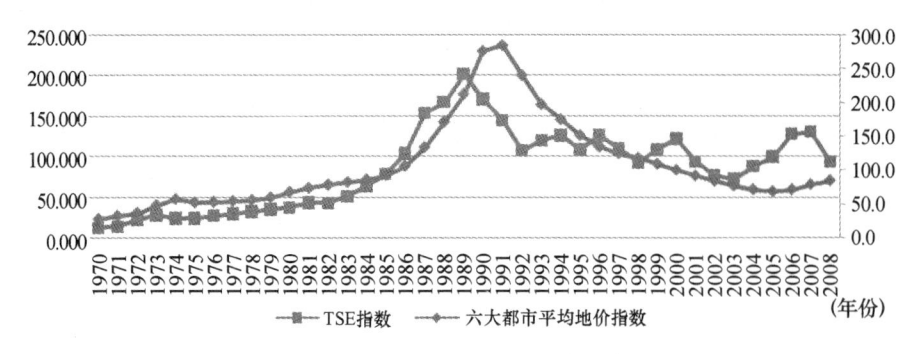

**图 3-5 日本资产价格指数变动**

说明：次坐标（右）为六大都市平均地价指数。

1989 年 5 月开始急剧收紧的货币政策刺破了资产泡沫，致使日本股票市场一路下滑，银行不良资产持续攀升，大量企业出现亏损甚至倒闭。

土地价格的泡沫在 1991 年开始破灭，东京、大阪等大城市的地价回落，当年三大城市商业用地地价的平均跌幅达到 10.1%，随后逐年下跌，房地产连续 14 年下跌，地价在随后十年间一直跌落至 1988 年左右的水平。

泡沫破灭，最终的后果是日本经济往日雄姿不再，进入增长十分缓慢并且十分漫长时期，甚至被称为日本经济"失去的二十年"。日本的泡沫经济常被很多学者当作"反面教材"，认为本币大幅升值往往会成为一个国家资产泡沫膨胀的最直接诱因，因此，各国政府和央行对待本币升值都十分慎重，生怕掉入"日本式陷阱"。但日元升值是否是导致日本国内资产价格暴涨的直接原因，学界存在较大的争议，很多学者的观点认为是由于日本政府宏观经济政策失误所致（关于这点，笔者将在后面的章节中进行讨论）。

## 第五节 "广场协议"前后日本的制造业

"第二次世界大战"后，日本经济飞速发展，尤其是1956—1973年，日本经济年均增长率达9.3%。这个阶段中，日本通过引进美国先进技术，发展工业制造业，尤其是日本的电子类产品，曾经席卷全球，成为支撑日本经济的主要力量。

"广场协议"日元升值并没有影响日本制造业的生产总额，但是影响了制造业的出口，图3-6显示，1985年以后日本制造业出口占比开始下滑；进入90年代泡沫破灭后，不光制造业出口占比下降更为明显，制造业生产总额增幅明显不如之前，甚至出现下降。

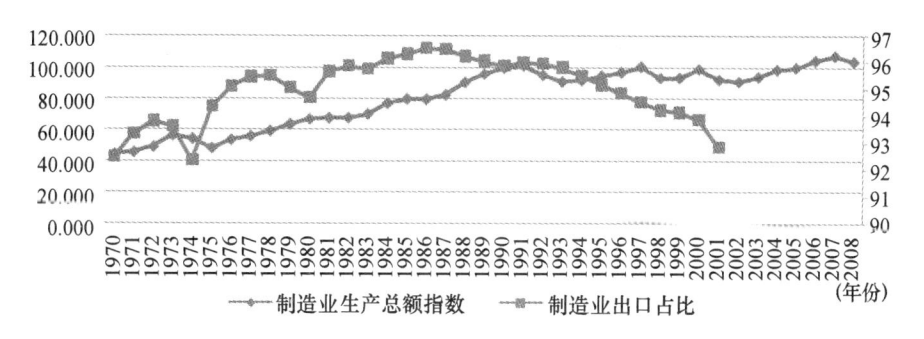

**图3-6 日本制造业概况**

说明：次坐标（右）为制造业出口占日本出口总额的比重。

笔者认为，这与日本制造业没有拥有真正属于自己的核心技术有关，即日本制造是可替代的。据统计①，战后日本为迅速发展经济，国内的科学技术90%是从外国引进的，因为"引进"比"研发"费用低、见效快。日本研制一项成果的成功率为70%以上，而美国的成功率仅为1%，因此，日本制造业的技术不是"独创"而是"改进"，这便很容易被后来者取代。进入80年代以后，亚洲四小龙、中国、印度等东南亚国家的经济纷纷崛起，以其低廉的劳动力成本与日本竞争市场，这对于日本国内制造业本身就造成冲击。加之日本历来是一个"大进大出"的岛国，即原

---

① 战后日本经济高速发展的历史轨迹，金融界网（http://www.takungpao.com）。

材料靠进口,产品靠出口,国内资源匮乏,内需市场小。因此,汇率波动对于日本的影响要远大于其他国家,此时日元的大幅升值对日本制造业可谓雪上加霜。

## 第六节 "广场协议"前后日本的国际资本流动

理论上,汇率可通过相对生产成本和财富效应两个渠道影响对外直接投资。对外直接投资国的货币升值使得本国出口导向型企业的成本相对于出口对象国上升。而以本国货币表示的在出口对象国生产的成本下降。当因汇率上升导致的本国生产成本与出口对象国本地生产成本的差额大于在出口对象国直接投资的沉淀成本时,就可能发生对外直接投资,提高对外直接投资国出口导向型企业的利润。在汇率持续上升的预期下,对外直接投资国会进一步提高对外直接投资的流出以规避汇率上升带来的比较成本劣势,获得必要的市场占有率和利润。

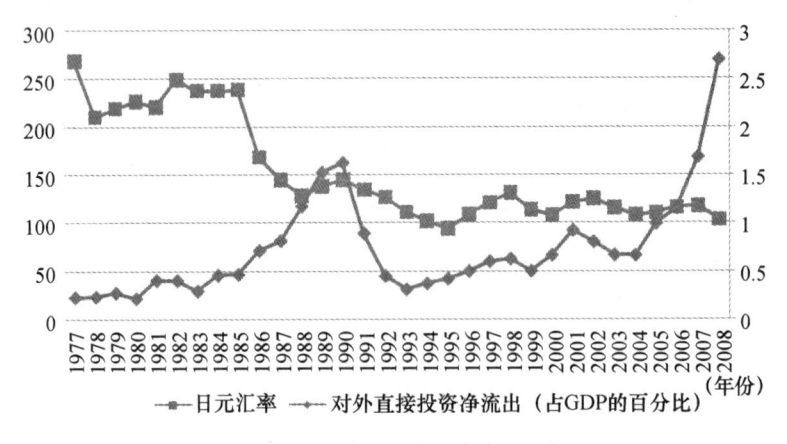

图 3-7 日本对外直接投资净流出情况

注:次坐标(右)为日本对外投资占日本 GDP 的百分比

图 3-7 显示,在 1985 年"广场协议"后的十年中,日本对外直接投资净流出占 GDP 比重上升十分显著,说明随着日元的升值,日本国内很多企业确实纷纷增加对外直接投资,将部分产品转移至国外生产。例如,1985 年以后,日本将家电、电子、汽车的零部件和组装转移至韩国。同时,由于日本产业转移至东亚地区,由此引发了日本国内关于"产业

空心化"的担心。

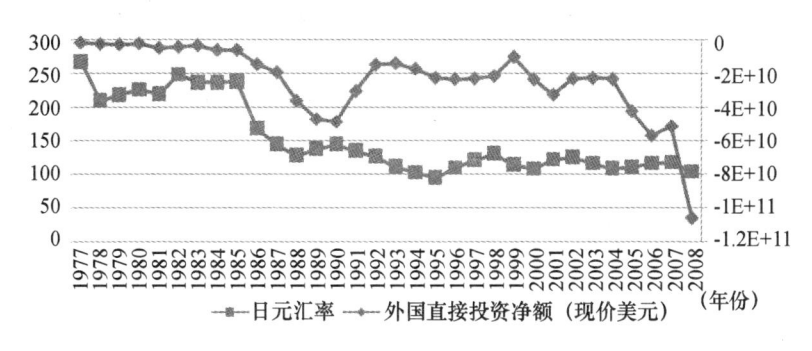

**图 3-8 日本对外直接投资净额**

说明：次坐标（右）为外国直接投资净额。

对外直接投资具备一定的周期性特征，与国内经济景气度有关，特别是本币升值、外汇储备增加以及贸易自由化可能是推动对外直接投资大规模启动的第一推动力。图 3-8 显示，长期以来，日本的对外直接投资净额均为负值，说明日本一直是对外投资流出国。1985 年"广场协议"后，随着日元的大幅升值，日本对外投资净额大幅增加。Kawai & Urata 认为日元升值从两个方面刺激了日本对东亚发展中经济体的直接投资。首先，为了保持在国际市场上的价格优势，许多日本公司将制造基地由日本转移到制造成本更低的经济体。其次，日元升值通过资产流动和财富效应的影响，引起了日本对外直接投资的增加。

我国学者罗忠洲（2006）提供了一个日元汇率波动对对外直接投资影响的实证模型。他认为，汇率波动主要通过改变相对生产成本和带来财富效应进而影响 FDI。通过实证分析，罗忠洲得到的结论是：日元汇率的升值、日本实质 GDP 的增长与日本制造业 FDI 呈正相关关系；日本水平型 FDI 行业如机电、机械、化学、纤维和其他行业的 FDI 受汇率波动的影响较为明显，汇率上升促使了这些行业的对外直接投资，这些行业在出口方面也具有比较优势；因日元升值导致的 FDI 可能会对日本国内同行业带来负面的影响，造成这些行业利润的减少和失业的增加；垂直型 FDI 行业如木材、纸和食品等不受汇率波动和 GDP 的影响，这种以获得资源为目的的 FDI 有利于扩大国内的生产，对国内制造业基本没有负面影响。

## 第七节 "广场协议"前后日本的就业

日本的终身雇佣制以及日本企业内工会力量的强大，使得日本的失业率长期处于较低水平，在发达国家中，日本的失业率一直是最低的。此外日本政府的劳动就业保障政策也为稳定国内就业率起到了非常积极的作用，是推动日本"充分就业"的主体。日本政府曾颁布《就业保险法》、《职业训练法》、《失业保险法》、《就业对策法》、《零短工劳动法》等众多法律以保障劳动者的利益。

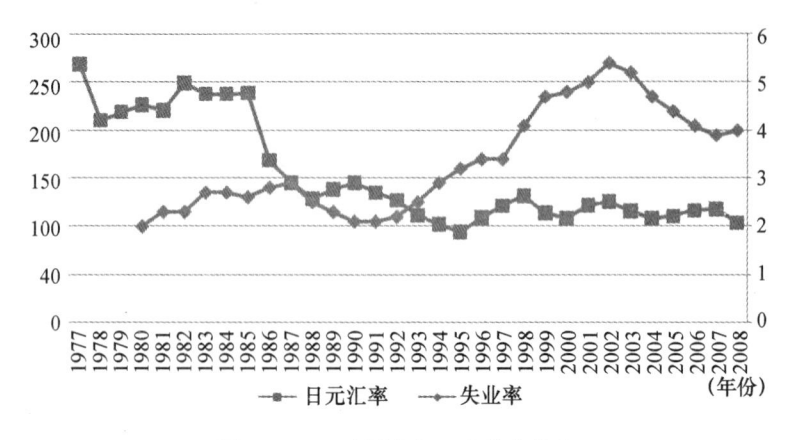

**图 3 - 9　日元汇率与日本的失业率**

说明：次坐标（右）为失业率。

图 3 - 9 显示，1985 年"广场协议"后，随着日元升值，日本的失业率明显下降。理论上，一国货币的升值对其国内出口企业影响最大，作为日本这样一个出口导向型国家，日元的大幅升值，必将对其国内的大多企业造成危害，因此，从这个角度考虑，此时的失业率应该上升。但当时日本国内正处于全民投资热潮、经济欣欣向荣的景象，人们对日本的经济预期十分乐观，失业率不升反降也情有可原了。但即使在日本政府强大后盾的前提下，泡沫经济破灭后，日本的失业率仍然持续上升，可见当时其国内的经济萧条景象。

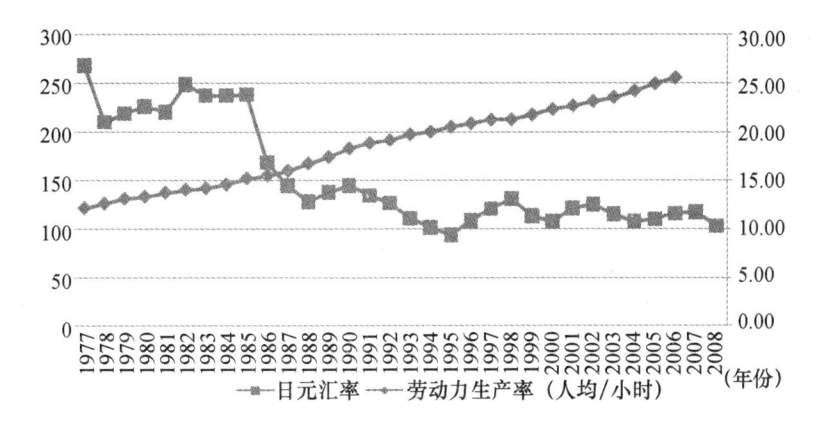

图 3-10 日元汇率与日本的劳动生产率

说明：次坐标（右）为劳动生产率。

深尾京司（2008）认为，日本经济增长的根本源泉是劳动投资的增加和全要素生产率（TFP）的提升。按照深尾京司等的推算，全要素生产率的提升在 20 世纪 70—80 年代达到 1.5% 左右，但进入 90 年代却下降到 0.25%。同时，深尾京司认为，日本劳动力正在不断减少，虽然有提高劳动生产率即劳动质量这一选择，但这个方法非常有限，因此，随着日本劳动力的减少，全要素生产率的变化情况几乎完全诠释了日本潜在产出的变化特征。

图 3-10 显示，日本的劳动生产率似乎受汇率波动的影响很小，长期处于上升趋势，但其增长率却在不断下降。经济学家过去认为，生产效率增长率的下降是由于技术进步率下降所致，但最近日本学者开始认为从产业层面上看到的生产力下降的因素是"产业缺乏活力"。由于劳动力即资本并不向生产力高的产业转移，生产率低下的产业及企业停留在市场中，于是就导致了生产率停滞不前，最终的结果是经济的长期停滞。

## 第八节 本章小结

"广场协议"后，日元大幅升值，国内外投资者对于日本经济过于乐观，日本政府过度宽松的货币政策，导致市场上的资本迅速增加，但资本并没有流向实体经济而纷纷涌入资本市场，导致日本在短时间内曾出现股市、楼市一片繁荣，经济欣欣向荣的景象，但最终这些仅仅是虚幻的泡沫而已。泡沫终究会被挤破，泡沫破灭之后，日本经济增长率下滑甚至出现负增长，制造业出口下滑，跟着制造业生产总额下滑。此时的日本，大有江河日下之势。

日元升值对日本货物和服务进出口的影响并没有想象中那样严重，而相反，日本的货物和服务进出口长期以来保持了较为稳定的增长过程。说明通过一定的政策导向，本币升值并不会对一国的对外贸易产生致命的危害，因此，面对人民币的升值，相关部门可稍微"淡定"些，而不必整日忧心忡忡。

日元升值，使得日本对外直接投资增加，大量产业转移至东南亚国家，导致日本国内出现"产业空心化"，以及缺乏自有的核心技术，产品不具有独创性，容易被替代，是日本制造业受日元汇率波动影响较大的主要原因。当前，中国制造几乎完全依靠廉价的劳动力成本优势，同样缺乏核心技术，在人民币升值期间，是中国制造业面临的最大问题。

# 第四章
# 马克兑美元汇率升值对德国经济的影响

与日元同时升值的还有德国马克,20世纪70—90年代,德国的对外贸易无论是总额,还是进口、出口都保持着较高的增长,同时德国国内也始终维持着较低的通货膨胀和稳定的物价,丝毫没有出现经济泡沫,另外,德国经济也始终保持着较为稳定的增长。因此,日本作为"反面教材"的同时,学者们总是乐于拿德国经济的成功作为正面案例加以对比。

## 第一节 "广场协议"前后马克汇率变动与经济概况

在签订"广场协议"前5年(即1980—1984年),由于受第二次石油危机,国际油价在1979年开始暴涨的影响,以及其后持续8年的两伊战争,使得石油价格更是一路飙升,导致了石油的对外依存度近100%的德国石油进口费用大增,国际收支恶化,失业率增加。为改善这种状况,德国马克汇率连续5年贬值(详见图4-1)。直到20世纪80年代中期以后,德国经济逐渐改善并日益增强,马克汇率才又出现了持续升值。尤其是1985年达成"广场协议"后,马克汇率兑美元更是持续走高。此外,按年平均汇率来看,1987年与1984年相比,德国马克兑美元汇率上升超过100%。此后,马克汇率波动幅度较小,进入相对平稳状态。

另一方面,笔者用年度人均GDP(单位:国际元)数据表示德国在"广场协议"前后经济增长变动情况,有意思的是(详见图4-1),在马克贬值的开始几年(1978—1983年)中,德国经济不增反略有下降,笔者认为这可能是由于油价飙升,使得工业成本大幅上升从而影响了实体经济发展所致;但自1984—1998年,德国经济呈现出非常好的增长态势(1990年GDP数据下降,笔者认为可能与柏林墙倒塌、东联邦德国合并事件有关），似乎丝毫不受"广场协议"汇率大幅升值的影响。

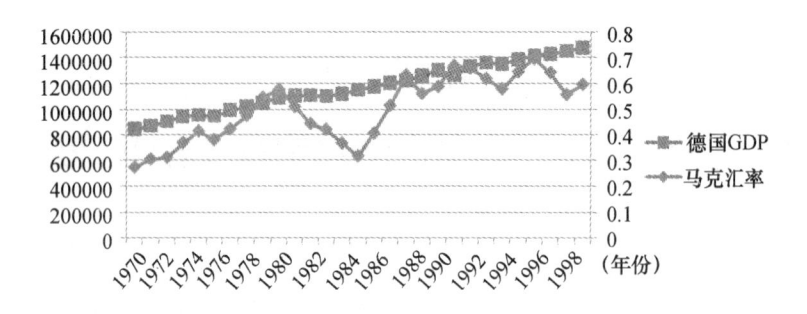

**图 4-1　德国经济增长及马克汇率走势**

说明：次坐标（右）为马克汇率（直接标价法，下同）。

数据来源：Word Bank-databank, Historical Statistics of the World Economy：1-2006 AD；自 1999 年 1 月 1 日欧元启动，马克退出市场，因此，本节选取的数据为 1970—1998 年（下同）。

总体来说，图 4-1 结果显示，德国整体经济的发展似乎与马克汇率变动不存在相关性，这与传统国际经济理论的观点认为本币升值必定不利于国内经济的发展以及日本的"惨痛经验教训"相悖。那么德国到底采用了那些政策来应对马克的大幅升值？效果又如何？促使德国经济持续增长的主要因素又有哪些？笔者将在下文中对此做进一步分析。

## 第二节　"广场协议"前后德国的货币政策与通货膨胀

很多学者将"广场协议"后日本泡沫经济归咎于日本政府失误的货币政策，而德国联邦银行的货币政策则常被用作成功的经典案例和经验。德国政府早在 1957 年的《德意志联邦银行法》就规定："德国货币政策的首要目标是捍卫马克，即要求德国每年的通货膨胀率保持在 2% 以内。"自"第二次世界大战"后，德国似乎形成这样一种传统：一旦通货膨胀率超过 5%，当局者面临倒台风险的可能性就会很大。因此，德国政府始终把控制通货膨胀作为首要的经济政策之一。此外，迄今为止，在西方主要工业国家的中央银行中，只有德国中央银行坚持以 $M_3$ 作为货币政策首要的中间目标。

表4-1 1970—1998年德国货币发行量、货币市场利率及通货膨胀情况

| 年份 | $M_2$（亿马克） | $M_3$（亿马克） | 货币市场利率 | CPI指数 | PPI指数 |
| --- | --- | --- | --- | --- | --- |
| 1970 | 158.792 | 271.300 | 8.647 | 47.085 | 49.315 |
| 1971 | 180.333 | 305.075 | 6.163 | 49.550 | 51.403 |
| 1972 | 206.125 | 345.192 | 4.302 | 52.273 | 52.764 |
| 1973 | 243.067 | 386.800 | 10.183 | 55.930 | 56.271 |
| 1974 | 262.242 | 420.558 | 8.866 | 59.825 | 63.804 |
| 1975 | 260.908 | 452.058 | 4.404 | 63.378 | 66.766 |
| 1976 | 275.100 | 497.142 | 3.885 | 66.101 | 69.224 |
| 1977 | 298.258 | 543.550 | 4.139 | 68.541 | 71.139 |
| 1978 | 333.450 | 601.500 | 3.360 | 70.382 | 71.955 |
| 1979 | 369.233 | 655.267 | 5.872 | 73.279 | 75.404 |
| 1980 | 403.833 | 689.758 | 9.061 | 77.251 | 81.106 |
| 1981 | 446.075 | 734.108 | 11.263 | 82.137 | 87.459 |
| 1982 | 476.075 | 782.075 | 8.666 | 86.463 | 92.591 |
| 1983 | 489.867 | 833.858 | 5.363 | 89.296 | 93.944 |
| 1984 | 506.633 | 865.783 | 5.545 | 91.446 | 96.658 |
| 1985 | 529.283 | 909.108 | 5.193 | 93.442 | 99.018 |
| 1986 | 568.483 | 973.333 | 4.573 | 93.325 | 96.518 |
| 1987 | 606.500 | 1047.280 | 3.722 | 93.551 | 94.117 |
| 1988 | 644.733 | 1114.180 | 4.009 | 94.742 | 95.297 |
| 1989 | 703.233 | 1177.810 | 6.589 | 97.374 | 98.309 |
| 1990 | 837.150 | 1321.100 | 7.923 | 100.000 | 100.000 |
| 1991 | 991.492 | 1476.480 | 8.840 | 103.636 | 102.376 |
| 1992 | 1108.930 | 1596.540 | 9.416 | 108.548 | 103.771 |
| 1993 | 1204.350 | 1720.830 | 7.489 | 114.059 | 103.723 |
| 1994 | 1279.200 | 1875.080 | 5.347 | 119.117 | 104.594 |
| 1995 | 1206.530 | 1885.580 | 4.503 | 122.387 | 106.411 |
| 1996 | 1224.640 | 2026.100 | 3.273 | 124.496 | 105.116 |
| 1997 | 1265.700 | 2151.330 | 3.184 | 126.297 | 106.350 |
| 1998 | 1322.100 | 2245.180 | 3.414 | 128.671 | 105.923 |

表4-1结果显示，德国一直保持较为稳健的货币政策，除个别特殊

年份外，M₂、M₃的增长量一直维持在较为稳定的水平，同时 CPI 指数、PPI 指数一直保持较为稳定的小幅增长。其中，在"广场协议"前，由于受石油危机的影响，德国的货币发行量虽仍保持相对稳定，但 PPI 指数出现了一定的波动，增长幅度相对较大；而 1986 年以后货币发行量增长加快就是因为"广场协议"后马克汇率兑美元的大幅升值，德国联邦银行为防止马克进一步升值而选择牺牲对货币供应量的控制；但由于升值大大降低了德国产品的国际竞争力，影响出口，从而使德国国内物价相应下行；因此，在这段非常时期内，虽然货币增发水平较高，通货膨胀率却相当低（详见图 4-2），无论是 CPI 指数还是 PPI 指数，都趋于平坦，甚至 1986 年的 CPI 指数出现负增长。

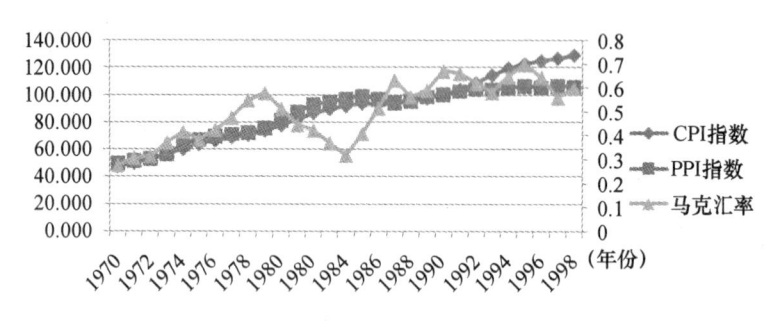

**图 4-2 德国通货膨胀与汇率变动**

注：次坐标（右）为马克汇率（间接标价法，下同）；CPI 指数、PPI 指数以 1990 年为基年（100）；1990 年以前皆为联邦德国数据。

数据来源：IMF 数据库以及《国际金融统计年鉴》（1980—2009）计算整理。

此外，表 4-1 数据显示：1990—1994 年货币增发再创新高，笔者认为这与当时东欧剧变、苏联解体以及柏林墙倒塌、东联邦德国合并等历史事件有关。一方面，柏林墙倒塌后，民主德国居民对马克的需求量增加，以及当时东欧国家纷纷向市场经济体制转轨，而德国作为欧洲经济最大国。无论是地理上还是经济上都与这些国家"距离最近"，使得这些国家对马克的需求量迅速增加；另一方面，1992—1993 年，欧洲货币市场汇率机制出现两次危机，作为平衡货币，德国联邦银行抛售大量马克进行干预。以上因素都在短期内增加了马克的需求量，从而也导致了 1991—1994 年德国的 CPI 指数出现较高增长，但 PPI 指数始终维持在较为平稳的水平（详见图 4-2），说明德国短期的通货膨胀并非成本推动型，因

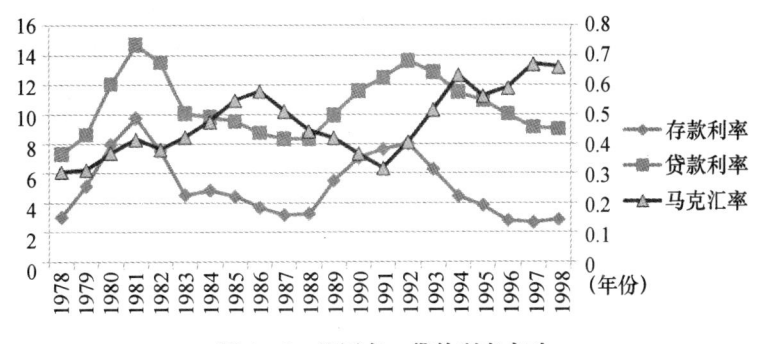

此，也并没有给德国的生产企业造成较为明显的影响。

**图 4-3　德国存、贷款利率变动**

说明：次坐标（右）为马克汇率。

数据来源：CEIC 数据库。

众所周知，存贷款利率是货币政策所有调控手段中最直接、对市场影响最大的举措，各国央行都非常谨慎的运用利率工具来调控市场。图4-3显示，德国的存贷款利率总体上保持了非常一致的走势，并且基本与马克汇率走势相反，这符合正常经济运行的一般逻辑：本币升值，下调存、贷款利率，以增加外汇市场上本币供应，防止进一步升值；反之，则上调利率，减少货币供应。因此，德国存贷款利率存在两个十分明显的下行阶段：第一阶段是20世纪80年代，受石油危机以及后来"广场协议"的连续影响，德国联邦银行较大幅度下调存贷款利率以冲销国际油价上升以及其后马克又大幅升值的影响，刺激国内经济；第二个阶段出现在1992年欧洲货币市场汇率危机发生后。但无论哪个阶段，从图4-3可以十分明显地看出：马克汇率下降，则联邦银行存、贷款利率随之上行，并且联邦银行货币政策存款利率调整幅度总是大于贷款利率，这有别于其他国家央行的一般做法。说明即使在马克大幅度升值可能导致经济不景气的情况下，德国联邦银行也不愿意较大幅度地下调贷款利率以避免企业盲目扩张投资，而更愿意用下调存款利率，通过刺激消费来促进生产和投资；同理，在马克贬值时，联邦银行也更愿意通过较大幅度的上调存款利率以减少消费，而非大动贷款利率以免对广大厂商尤其是贷款企业造成直接影响，进而对实体经济造成危害；这进一步体现了联邦银行实施货币政策的保守和稳健性。

## 第三节 "广场协议"前后德国的对外贸易

表 4-2 列示了 1971—1998 年德国对外贸易的进、出口价格指数、总额、净出口额以及进、出口年均增长率，结果显示，20 世纪 70 年代以来，德国的对外贸易长期保持顺差。1980 年由于受石油危机的影响，使得德国的净出口额有所下降，但很快又恢复增长。尽管 1985 年"广场协议"后马克再次大幅度升值但德国的对外贸易不但仍保持顺差，而且净出口额进一步增长，这与传统的国际经济理论相悖，也使得马克升值并没有达到美国原先预期的效果。

表 4-2　　　　　　1971—1998 年德国服务和商品进出口情况

| 年份 | 出口价格指数<br>(2005=100) | 进口价格指数<br>(2005=100) | 出口总额<br>(10 亿，current US $) | 进口总额<br>(10 亿，current US $) | 净出口额<br>(10 亿，current US $) |
| --- | --- | --- | --- | --- | --- |
| 1971 | 46.900 | 47.023 | 38.389 | 33.863 | 4.525 |
| 1972 | 47.925 | 46.777 | 46.180 | 40.193 | 5.987 |
| 1973 | 51.007 | 52.766 | 66.592 | 54.179 | 12.413 |
| 1974 | 59.644 | 67.823 | 89.041 | 70.515 | 18.526 |
| 1975 | 61.929 | 66.677 | 90.034 | 76.373 | 13.661 |
| 1976 | 64.385 | 70.754 | 101.665 | 86.401 | 15.264 |
| 1977 | 65.496 | 71.855 | 117.238 | 98.780 | 18.458 |
| 1978 | 66.529 | 69.147 | 141.033 | 117.852 | 23.181 |
| 1979 | 69.658 | 77.196 | 170.260 | 155.123 | 15.137 |
| 1980 | 74.000 | 88.808 | 191.593 | 184.149 | 7.444 |
| 1981 | 78.303 | 100.912 | 175.190 | 160.190 | 15.000 |
| 1982 | 81.706 | 103.218 | 175.794 | 151.682 | 24.112 |
| 1983 | 83.130 | 102.876 | 168.564 | 149.113 | 19.450 |
| 1984 | 85.993 | 109.043 | 170.767 | 149.431 | 21.336 |
| 1985 | 88.340 | 110.575 | 183.483 | 155.017 | 28.465 |
| 1986 | 86.713 | 93.257 | 241.373 | 186.590 | 54.782 |
| 1987 | 85.907 | 88.206 | 290.656 | 222.896 | 67.761 |
| 1988 | 87.730 | 89.277 | 322.220 | 245.870 | 76.350 |

第四章 马克兑美元汇率升值对德国经济的影响

续表

| 年份 | 出口价格指数<br>(2005=100) | 进口价格指数<br>(2005=100) | 出口总额<br>(10亿,<br>current US $) | 进口总额<br>(10亿,<br>current US $) | 净出口额<br>(10亿,<br>current US $) |
|---|---|---|---|---|---|
| 1989 | 90.155 | 93.264 | 340.194 | 265.216 | 74.979 |
| 1990 | 90.186 | 91.181 | 411.159 | 342.645 | 68.513 |
| 1991 | 91.164 | 91.896 | 404.174 | 384.735 | 19.439 |
| 1992 | 91.766 | 89.664 | 430.703 | 402.501 | 28.202 |
| 1993 | 91.798 | 88.273 | 379.601 | 338.543 | 41.058 |
| 1994 | 92.604 | 89.046 | 426.933 | 376.038 | 50.895 |
| 1995 | 93.894 | 89.262 | 520.115 | 455.906 | 64.210 |
| 1996 | 93.910 | 89.641 | 520.125 | 450.528 | 69.596 |
| 1997 | 95.287 | 92.818 | 507.650 | 437.830 | 69.821 |
| 1998 | 95.232 | 89.932 | 538.075 | 462.873 | 75.202 |

数据来源：IMF, Word Bank-databank。

1990年以后，进、出口总额继续保持增长，但净出口额下降，笔者认为，这并非"广场协议"的后遗症或者说汇率升值后的时滞效应带来的后果，而是两德合并后，民主德国物资相对短缺，对联邦德国及进口的需求量较大引起的。此后，德国对外贸易又恢复一贯顺差并不断增长态势。

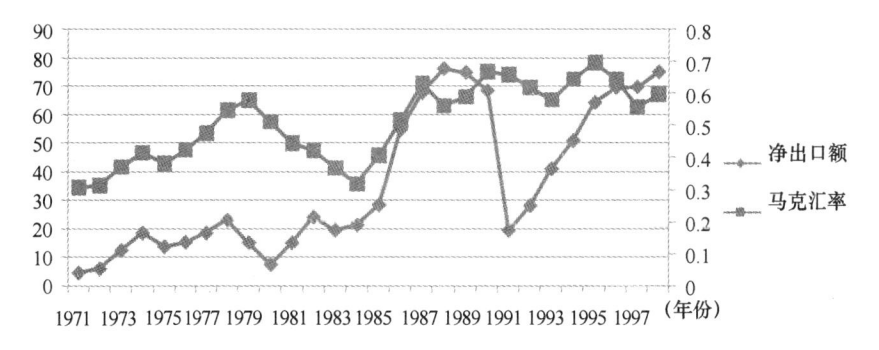

图4-4 德国净出口额与汇率变动

说明：次坐标（右）为马克汇率。

数据来源：IMF, Word Bank-databank。

按照传统的国际经济理论，本币升值时，进口会增加，而出口应减少，净出口额下降，从而可能导致贸易逆差，即净出口额与本币汇率反向变动。图4-4呈现了德国对外贸易净出口额与汇率的变动，德国的对外贸易始终保持顺差，并且明显与传统的经济理论相悖，尤其是在1985年"广场协议"后，净出口额随着马克升值反而进一步上升，这是德国国内发达的制造业以及一贯坚持的贸易促进政策体系作用的效果。

德国政府一贯号召德国经济要"走向世界"，并且强调："对外贸易始终是政府考虑发展问题中的重点"，同时主张政府的职能重点在于进行宏观上的调控和适当的扶持。因此，德国政府一直运用包括免税、优惠税率、出口信贷、出口津贴，以及给遭遇汇率变动等风险的出口商予补偿等财政、金融调控手段以鼓励、帮助企业出口。

针对"广场协议"汇率波动带来的风险，政府一方面通过给予财政补贴等方式鼓励大型的德国企业直接在海外设厂，以通过当地化生产来规避出口汇率风险；另一方面委托一些大型的信贷保险公司（如赫尔梅斯）为出口企业的中长期合同办理汇率保险业务。若汇率波动幅度在3%以内，则汇率风险由出口商自己承担；若汇率损失超过3%，由联邦政府通过信贷保险公司给予出口商全额损失赔偿补助；若汇率升值超过3%，则出口商也必须将超过3%的获利部分全额上交给联邦政府。因此，尽管"广场协议"前后，马克汇率波动厉害，德国的出口商品价格指数依旧保持平稳（详见图4-5），仅进口商品价格受汇率波动影响在短期内出现了一定幅度的上涨，但很快又恢复到平稳水平。

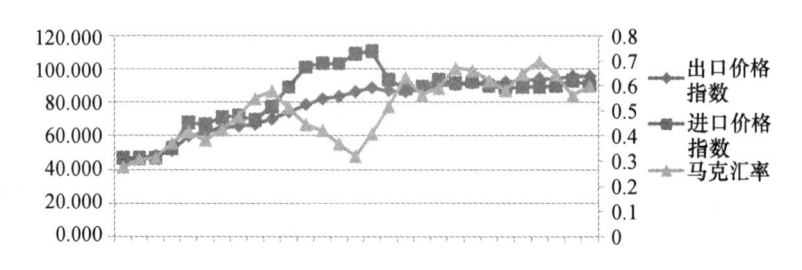

**图4-5 德国进出口价格指数与汇率变动**

注：次坐标（右）为马克汇率。

数据来源：IMF, Word Bank-databank。

此外，政府还通过优惠税率、财政扶持以及建立各类行业协会等方式，鼓励国内企业不断创新、研发，以掌握先进技术，拥有先进装备，开发先进产品以及领先产品质量。正是因为这些政策和手段，培植了德国以机器设备出口为基本特征的强大的制造业，通过其拥有的独特竞争优势，取得超额利润来抵消汇率升值可能带来的损失，从而不但使得"德国制造"在激烈的国际竞争中长期立于不败之地，而且即使在马克汇率不断升值的时期，还能保持对外贸易的持续顺差。

## 第四节 "广场协议"前后德国资产价格变动

"广场协议"后，1985—1989年，日经指数收盘价从12756点上涨至38916点，升幅达205.1%，东京证券交易所总市值是日本GDP的1.3倍，成为全球最大市值的股票交易所。协议之后，日本的房地产泡沫也形成巨大堆积。日本的泡沫经济常被很多学者当做"反面教材"，认为本币大幅升值往往会成为一个国家资产泡沫膨胀的最直接诱因，因此，各国政府和央行应慎重对待本币升值，警惕"日本式陷阱"。

但同样面临本币大幅度升值的德国，其资本市场则相对稳定得多，尤其是几十年来保持住房价格的稳定（详见图4-6），被多数学者认为是德国在汇率大幅波动时期仍能保持经济稳定的重要因素之一。

图4-6显示，德国历年的名义住宅价格丝毫不受汇率波动影响并且保持了相当平稳的小幅增长，扣除通货膨胀率后，1970—1998年，住宅实际价格增长为负。此外，从图4-6可以看出，德国的住宅价格随着建筑成本的上升而上升，这说明德国的房地产市场不存在投机性的泡沫，这是德国政府对房地产的严格调控和管制的结果。

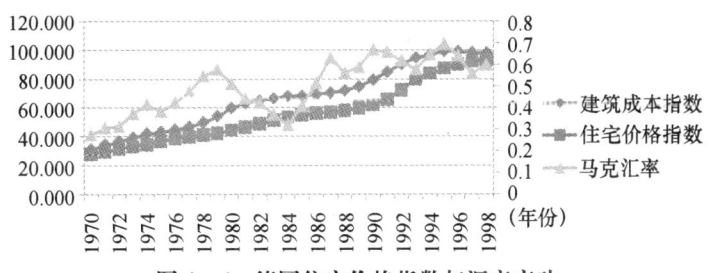

图4-6 德国住宅价格指数与汇率变动

说明：次坐标（右）为马克汇率。

数据来源：CEIC数据库。

在德国，房地产业被看做是属于政府社会福利体系的一个组成部门，而并非推动经济发展的"支柱产业"。德国的《宪法》、《住宅建设法》、《租房法》和《经济犯罪法》等多部法律对居民住房予以明确保护，以遏制住房投资投机性需求并以此牟取暴利的行为。例如，房东房租涨幅不能超过政府公布合理租金的20%，若超过50%，则构成犯罪，房东甚至要被判刑，因此，德国房屋租赁市场十分发达，这有效地分流了购房的需求；若已购住房在十年内出售，则向出售屋主征收资本收益的25%；开发商制定的房价若超过市场合理房价的20%，购房者就可以向法庭起诉，若超过50%，便可定性为"牟取暴利"，开发商将面临高额罚款和最高三年徒刑的严厉惩罚。此外，德国政府每年都会制定住房建设规划，按照人口增长规模和对住房的实际需求，对高、中、低各档房屋的数量做出明确指导，各地方政府每年也会根据当地的人口结构，对政府提供的保障房比例做出明确规定，以满足不同收入阶层居民的住房需求。

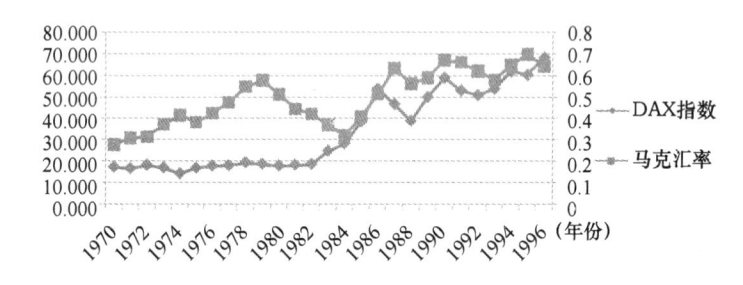

**图4-7　德国法兰克福股票价格指数与汇率变动**

说明：次坐标（右）为马克汇率。

数据来源：CEIC数据库。

另一方面，德国的虚拟资本市场在马克汇率大幅波动期间表现的也相对平稳，图4-7显示，"广场协议"后（1985—1986年）法兰克福股票指数虽然相对其他年份出现较为明显的上升，但上升的绝对幅度并不大，在35%左右，此后尽管马克汇率继续明显上升，股指却又迅速回落并继续维持在较为平稳的水平，说明德国的虚拟资本市场也没有出现日本式的泡沫。

众所周知，股票市场的兴衰往往与该国的通货膨胀率以及货币政策紧密相关，因此，笔者认为，德国股票市场能保持相对稳定，受到外界汇率波动冲击的影响较小,应该归功于德国长期保持相对较低的通货膨胀率以及联邦银行稳健的货币政策。

## 第五节 "广场协议"前后德国的制造业

上文中已提到,德国政府始终没有将国内房地产业作为推动经济发展的"支柱产业",而是重视发展高附加值和技术密集型的产业,如汽车、电子、机械制造和化工等,尤其是德国的制造业被称为"众厂之厂",享誉全球。在当前机械制造业的所有部门中,德国有一半以上占据世界领先地位,德国制造业出口更是贡献了国家经济增长的2/3。

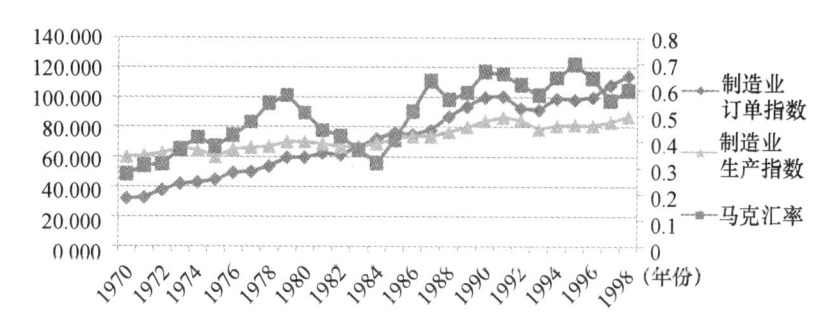

**图4-8 德国制造业订单指数与马克汇率**

说明:次坐标(右)为马克汇率。

数据来源:OECD数据库。

图4-8显示,1970年以后,德国制造业产值指数一直维持良好平稳势态,在"广场协议"前后也几乎不受汇率波动影响,订单指数也持续增长。因此,也有学者的观点认为,正是由于德国制造业的稳定增长和发展使得德国经济不受马克升值影响,更没有出现日本式的衰退,成为经济成功的典范。

图4-9显示,德国制造业不但出口总量逐年攀升,其占商品出口总量的比重更是长期维持在85%以上,进一步证实了德国制造业在国内经济中的地位。并且"广场协议"后,制造业无论是出口总额还是出口比重,都出现更大幅的增长,说明世界市场对德国制造业产品需求的价格弹性非常小,因此,制造业的出口丝毫不受马克汇率升值的影响,在一定程

度上也显示了德国制造业在世界市场的不可替代性。

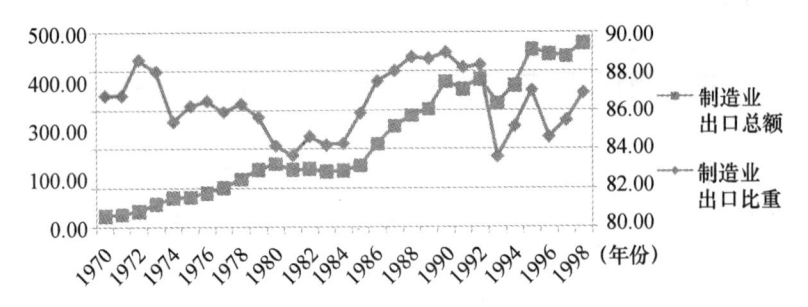

**图4-9　德国制造业出口总额及占商品出口总额比重**

说明：次坐标（右）为制造业出口比重。

数据来源：World bank-databank。

德国制造业的发展与德国政府长期的重视以及相关扶持保护政策密不可分。例如，从20世纪60年代起，为了保护国内相关产业，提高其国际竞争力，应付其他发达国家对相同产业进行补贴，德国政府对造船业的银行贷款给予利息补贴，并对相关生产成本也给予一定的补贴；直接资助航天航空企业的技术研发；对制造业支柱产业如机械制造业、汽车制造业和电子产业等给予税收上的优惠政策等。

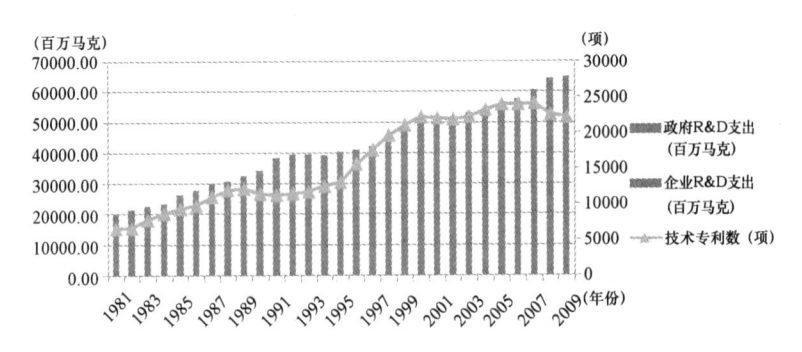

**图4-10　德国政府与企业R&D支出（百万德国马克）和技术专利数**

说明：次坐标（右）为技术专利数。

数据来源：OECD数据库。

此外，技术创新是德国制造业成功的另一武器。尤其是在20世纪80

年代后，为了促进产业科技进步，联邦政府还制定了系列支持科研发展的政策，除政府财政拨款直接支持和促进研究发展活动的开展外，还通过系列税收优惠和直接补贴等间接地促进研发和技术创新。图 4-10 是德国自 20 世纪 80 年代以来政府和企业的 R&D 支出以及德国国内向 EPO（European Patent Office）申报的专利总数。图中显示，无论是政府还是企业的 R&D 支出都呈现稳中有升，逐年递增的态势；从专利申报数来看，除了在 20 世纪 90 年代初略有下降外，其余亦是年年攀升。可见，德国自政府至企业都十分重视技术创新对产业尤其是制造业发展的推动和促进。

## 第六节 "广场协议"前后德国的国际资本流动

按传统的国际经济理论，汇率升值对国内经济带来的另两大影响分别是：首先会导致国外投机性资本的涌入，从而可能进一步引发本币的恶性循环性升值；其次，大型跨国公司为减小货币升值对出口的不利影响，往往会直接在消费国投资设厂，即对外直接投资。无论是哪种结果都对国内的经济和就业十分不利。

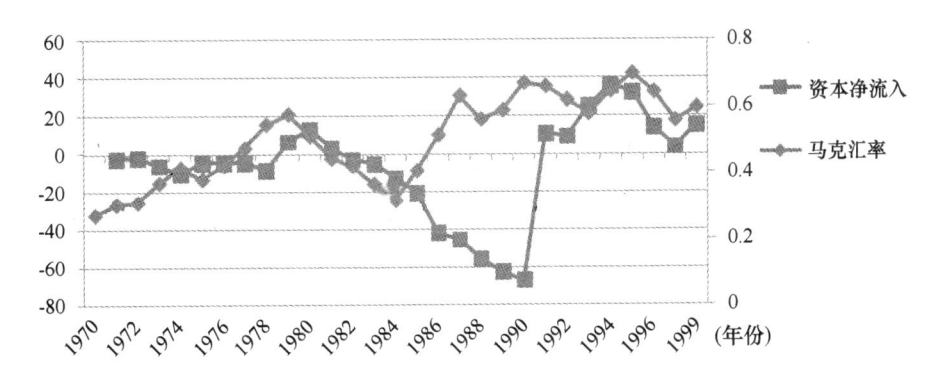

**图 4-11 德国金融和资本账户净值与马克汇率**

说明：次坐标（右）为马克汇率。

数据来源：OECD 数据库。

图 4-11 显示，德国的金融与资本账户净流量或正或负绝对值都不是特别大，值得注意的是，进入 20 世纪 80 年代后，德国的资本净流入量逐年下降，尤其是"广场协议"前后的几年中，资本都呈现为净流出，直

至进入90年代，才有所改观。

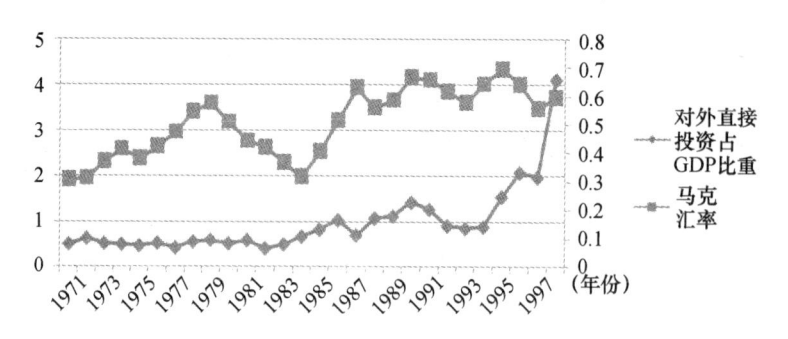

**图4-12 德国对外直接投资占GDP比重与马克汇率**

说明：次坐标（右）为马克汇率。

数据来源：World bank-databank。

本币升值的另一影响是导致大型跨国公司对外直接投资，在消费国或劳动力成本较低的发展中国家直接设立工厂或子公司，以降低成本，减小汇率升值带来的影响。图4-12为德国自20世纪70年代至欧元启动期间德国对外直接投资占GDP的比重情况，折线图显示，在"广场协议"前后，德国的对外直接投资一直保持较为平稳的水平，并没有跟随汇率波动而出现较大波动。

因此，德国的制造业并没有因马克升值而将发生转移，仍然保持了标准的"德国制造"，从而没有导致德国国内的产业空心化的同时也保证了国内工人就业和收入的稳定。

## 第七节 "广场协议"前后德国的就业

众所周知，较高的失业率会影响国民生活，减少居民消费，从而影响经济发展甚至稳定，因此，各国政府都将控制失业率作为工作重点之一。但是根据"奥肯定律"，经济（即GDP）每增长2%，则失业率大约下降1%，虽然这种经验关系并不十分严格，但它证明了经济增长和失业率之间的一种反向关系。若经济体已达到充分就业状态，则只能依靠工人加班，或者增加第二职业就业人数来扩大生产，而对于生活水平已经达到较高水准的发达国家工人来说，"加班加业"的意愿是非常低的，因此，对某一经济体尤其是发达国家来说，如同促进经济需要有必要的通货膨胀率一样，适度的失业率的存在能在一定程度上为经济增长提供劳动力保障。

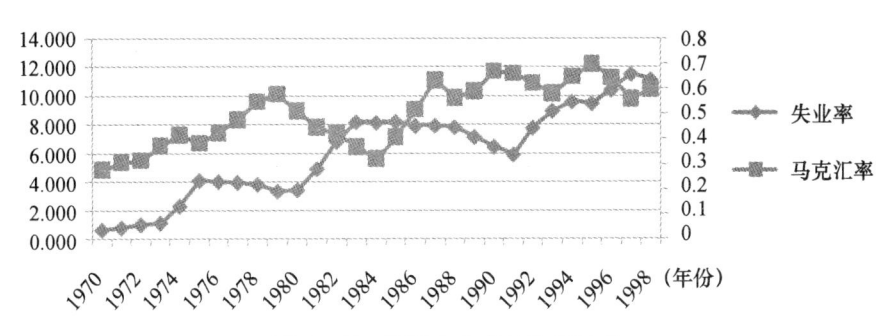

**图 4-13　德国失业率与马克汇率**

说明：次坐标（右）为马克汇率。

数据来源：International Labour Organization。

图 4-13 显示，德国的失业率似乎有自己的波动趋势，与汇率波动并不存在明显的相关关系，并且在进入 20 世纪 80 年代后，德国的失业率维持在 4%—8%。笔者认为这样的失业率恰到好处地给德国尤其是在"广场协议"后马克升值期间的经济增长提供了必要的"剩余"劳动力。

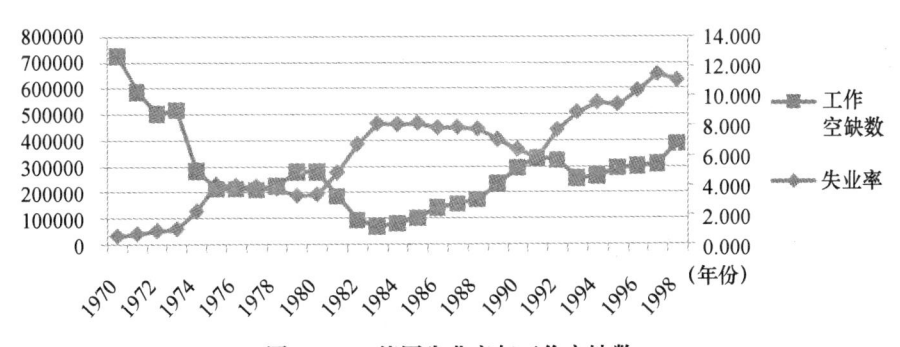

**图 4-14　德国失业率与工作空缺数**

说明：次坐标（右）为失业率。

数据来源：International Labour Organization。

从图 4-14 可以看出，德国的失业率与工作空缺数刚好呈现完全相反的两种趋势，这也说明了德国的失业率多为非自愿性失业，"主动"失业即有劳动能力而没有劳动意愿的失业者较少，因此，这部分失业人群从一定意义上可以说是为德国经济增长储备的"劳动大军"。

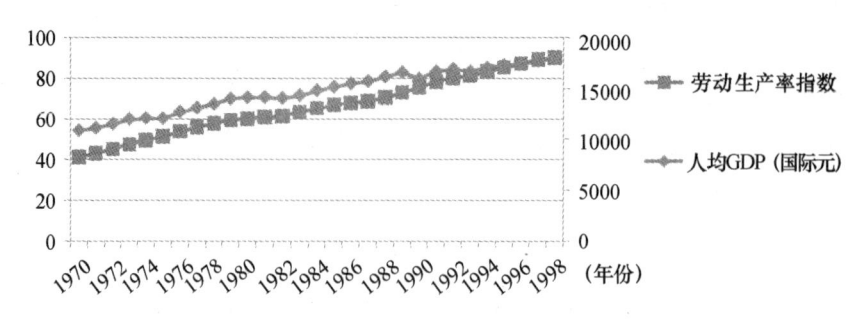

**图 4-15 德国劳动生产率指数与人均 GDP**

注：次坐标（右）为人均 GDP。

数据来源：International Labour Organization。

德国工人的劳动生产率指数（2005 = 100）和人均 GDP 持续保持稳定的增长态势，也并没有因汇率波动而对其产生影响（详见图 4-15）。

德国失业率的稳定和工人劳动生产效率的长期增长，德国政府所采取的相关政策可谓功不可没。为刺激就业政府降低失业补贴，为减少失业政府法定缩短工人的总工时，通过"短工计划"保障工作岗位，此外，政府还要求工会降低薪金，减少部分由政府出资给予补贴。另一方面，劳动生产效率的不断提高为"德国制造"在世界市场的竞争力保持提供了必要保障；而"德国制造"在世界市场享有的盛誉亦为国内就业市场提供了大量工作岗位，因此两者之间达成了互相促进、良性循环的"双赢"局面。

## 第八节 本章小结

同样签署了"广场协议"，同样的货币升值，德国却没有发生日本式的泡沫，其成功的经验对于当前同样面对升值压力的人民币来说非常宝贵。

首先，稳健的货币政策是德国经济在马克汇率大幅波动期间保持稳定的首要因素。对 $M_3$ 的严格控制，使德国的 PPI、CPI 一直保持在较低水平，从而保证了德国国内较为稳定的物价水平，生产、生活都没有因汇率升值受到的较大的影响。2011 年中国国内出现了较为严重的通货膨胀，很多学者的观点认为正是2008年政府为刺激不景气经济而投放的4万亿逐渐向市场释放所引起,因此,德国联邦银行将$M_3$作为货币政策首要的中间目标,而把控制通货膨胀作为政府首要的经济政策之一,在一定程度上还是十分值得国内相关部门的借鉴和参考的。

其次,德国的外贸促进政策以及贸易顺差保持是促进德国经济平稳增长的重要因素之一。中国亦是长期贸易顺差国,人民币升值使得众多学者及相关部门领导担心会对外贸出口企业造成重大打击,从而影响国内经济。因此,德国政府长期运用包括免税、优惠税率,出口信贷、出口津贴,以及给遭遇汇率变动等风险的出口商予补偿等以鼓励、帮助企业出口的财政、金融等调控手段,使得在马克大幅升值期间德国亦能保持贸易顺差,这方面的相关政策、经验亦值得模仿借鉴。

再次,无可替代的"德国制造"是德国经济的平稳增长的内在动力。上文已述,德国制造业出口占商品出口总量的比重长期维持在85%以上,并且在马克大幅升值即"德国制造"涨价期间,德国的制造业无论是出口总额还是出口比重不减反增,说明世界市场对德国制造业产品需求的价格弹性非常小,"德国制造"在整个世界市场具有一定的不可替代性,这与德国政府及广大德国企业重视技术创新,鼓励研发新产品、新技术,保持核心技术的领先地位以及本土化等方面密不可分。与德国制造业相比,缺乏创新能力是"中国制造"最致命的软肋,因此,面对当前的困境,政府除了给予制造业税收优惠或直接补贴等出口鼓励政策,更应该将重点放在财政补贴和鼓励支持企业研发和技术创新上。只有技术提高了,才能像"德国制造"一样,在世界市场具有无可替代的地位。

最后,稳定股市、楼市以及较低的失业率和稳定增长的劳动生产率是德国经济平稳增长的另一重要保证。德国的楼市是世界上调控最严格的国家之一,房价几十年保持平稳的奇迹,给我们提供了很好的借鉴模式,因此,面对当前国内楼市汹涌的泡沫,我国必须在完善住房市场体系和完善住房保障机制方面多做文章。此外,德国劳动生产效率与制造业生产、出口的相互促进,以及其他就业保障等方面的相关政策也十分值得我们借鉴。

# 第 五 章
# "广场协议"前后日德宏观经济比较

很多学者的观点（三木谷良一，1998；麦金农，1999；衣川惠，2002；黑田东彦，2004；盛松成、周鹏，2006；李众敏，2008；张见、刘力臻，2010等）认为，正是由于1985年"广场协议"日元的大幅升值，才导致了此后日本的泡沫经济以及泡沫破灭后的持续低迷，称为"失去的十年"，甚至"失去的二十年"。当前也有学者（薛涌，2012）认为，日本经济并没有"失去"，进入20世纪90年代后，经济发展减缓是所有西方发达国家的整体趋势，日本并非个案。

是否真如上述学者的观点认为的那样，同样的签署"广场协议"，同样的本币升值（见图5-1），泡沫破灭继而引发日本经济的不稳定，而马克升值后德国经济却保持了较好的发展？还是日本并没有真的"失去了十年、二十年"，所谓"失去"只是被夸大了而已？笔者试图通过本章的研究回答上述问题。

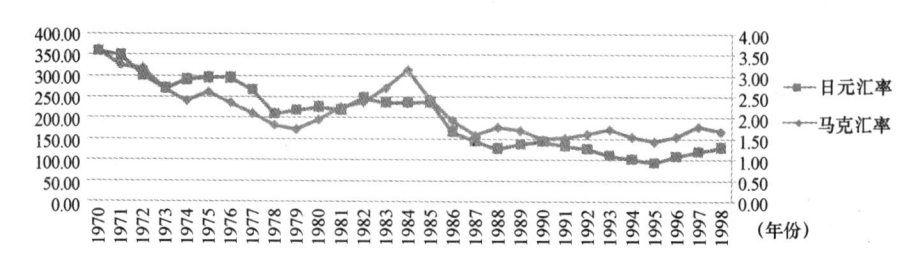

**图 5-1　日元与马克兑美元的汇率走势（直接标价法）**

注：次坐标（右）为马克汇率。

数据来源：Historical Statistics of the World Economy：1-2006 AD。

## 第一节 基于 GDP 层面的比较

由于受第一次石油危机等的影响，在经历由工业化和出口导向带来的高速增长后，日本和德国的经济增速不约而同地放缓。因此，单从人均GDP年均增长率来看（详见图5-2），在20世纪80年代，尤其是"广场协议"后，日本的增长率明显高于德国，但进入90年代后，两国人均GDP年均增长率的差别并不是十分直观和明显。

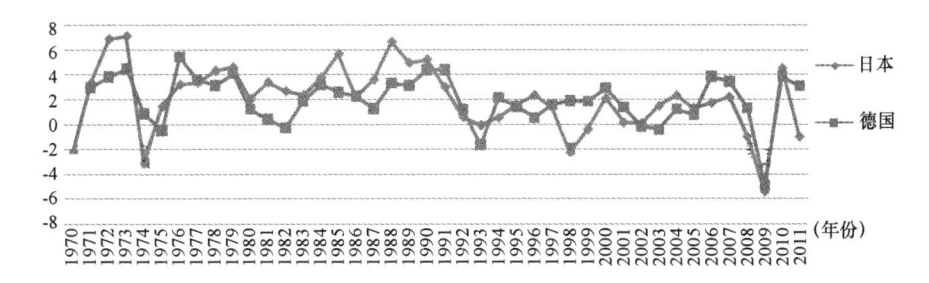

**图 5-2 日本和德国人均 GDP 年均增长率（%）**

数据来源：World Bank-databank。

事实上，进入20世纪90年代，发达国家经济增长速度整体放慢，GDP增长率达到2%以上的年份已是相当罕见，尤其是进入21世纪以来，日本人均GDP的增长率为0.851%，而同期的美国为0.859%，英国为1.416%，德国为1.343%，法国则为0.684%，因此，在大家都处于如此低的增长水平时，单从GDP增长的角度很难较出高下。

## 第二节 基于四大宏观经济政策目标的比较

在实际经济运行中，各国政府并非单纯地追求经济增长，一般认为，宏观经济政策的主要目标有4个：经济增长、物价稳定、充分就业以及国际收支平衡。因此，笔者考虑用逼近理想解的排序法（TOPSIS法，即Technique for Order Preference by Similarity to Ideal Solution），将德日两国的四大宏观经济政策目标进行归一化处理，以衡量和比较两国经济平稳和增长程度。

TOPSIS 法是多目标决策分析中一种常用的有效方法，又称为优劣解距离法。具体步骤如下：

1. 建立指标矩阵并将数据标准化：

设方案集 $A_i$（i=1，2，…，m）在指标 $S_j$（j=1，2，…，n）下取值为 $a_{ij}$，得到指标矩阵 $A = (x_{ij})_{m \times n}$。

2. 趋同化数据的归一化：$Z_{ij} = \dfrac{x_{ij}}{\sqrt{\sum_{i=1}^{n} x_{ij}^2}}$ 后，得到 Z 矩阵。

3. 确定最优方案和最劣方案：

最优方案理想解 $Z_i^+$：$Z_i^+ = (\max_i Z_{ij})$，$(\min_i Z_{ij})$，i=1，2，…，m，j=1，2，…，n，其中高优指标取最大值，低优指标取最小值；

最劣方案解 $Z_{ip}^-$：$Z_{ip}^- = (\min_i Z_{ij})$，$(\max_i Z_{ij})$，i=1，2，…，m，j=1，2，…，n，其中低优指标取最大值，高优指标取最小值。

4. 计算每一个评价对象与 $Z_i^+$ 和 $Z_i^-$ 的距离 $D_i^+$ 和 $D_i^-$。

5. 计算各评价对象与最优方案的接近程度 $C_i$：

$C_i = D_i^- / (D_i^+ + D_i^-)$，其中，以 $C_i$ 的大小作为决策准则，当 $C_i = 1$ 时，最接近最优点。

在实际计算中，为避免数据因不同单位下绝对数值的大小对结果产生不同的影响，笔者将第 2 步数据的归一化处理用 z-score 标准化替代进行处理。其中，物价稳定以 CPI 指数（这里学术界有两种观点：一种认为 CPI=2 为最优通胀率；另一种观点认为 CPI 指数应该和一国的经济增长保持同步；经计算后德、日两国在 1977—2008 年的 GDP 平均增长率皆为 2% 左右，因此，这里以 CPI=2 为最优值）衡量，国际收支平衡以国际储备可支付进口月份数（以可以支付 3 个月为最优）衡量。

图 5-3 和图 5-4 显示了通过 TOPSIS 法计算得到的反映日本和德国自 20 世纪 70 年代以来宏观经济的 $C_i$ 值，笔者认为可以得到以下结果。

从波动幅度看，自"广场协议"至 90 年代初期，两国的 $C_i$ 值波动都十分明显，这可以认为本币升值确实会在一定时期内给国内经济造成一定的影响。但从 20 世纪 90 年代中期以后，日本 $C_i$ 值几乎趋于平稳，波动很小；而德国 $C_i$ 值的波动幅度相对大一些。笔者认为这是两国不同经济发展模式所导致，日本属于政府主导型经济，而德国相对为市场自由型经济模式，关于这点，笔者将在下一章详细讨论。

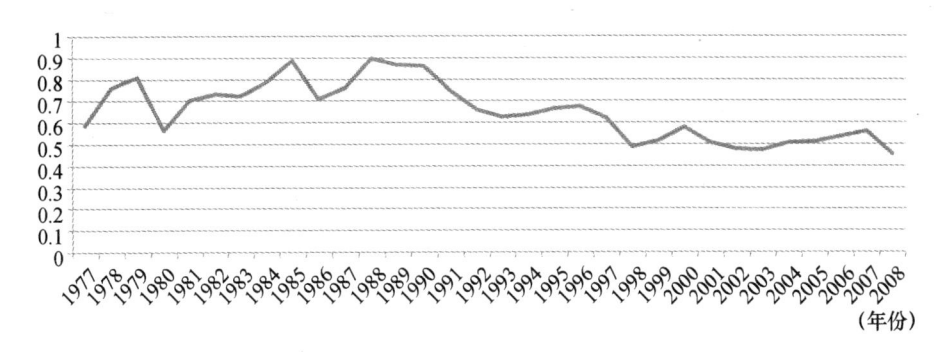

**图 5-3　日本宏观经济政策四大目标 $C_i$ 值**

数据来源：World Bank-databank，OECD，CEIC（下同）。

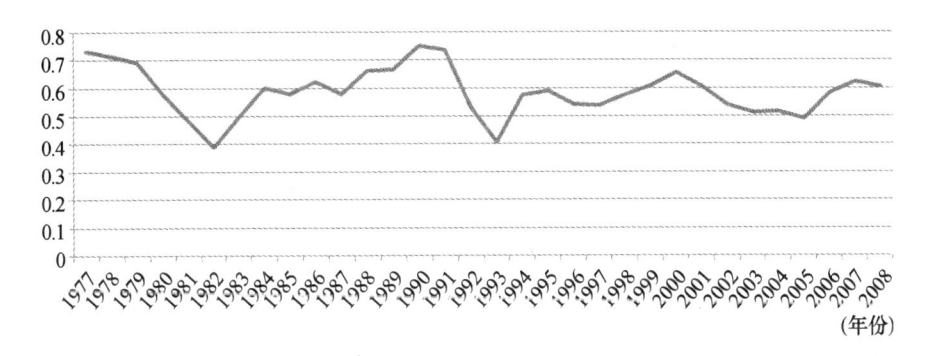

**图 5-4　德国宏观经济政策四大目标 $C_i$ 值**

此外，从 $C_i$ 值大小来看，德国尽管波动幅度较大，但从20世纪70年代末以来，$C_i$ 值几乎保持在同一水平线上；而日本在进入20世纪90年代后，$C_i$ 值出现明显下降，在此后一直处于较低并且远低于20世纪70—80年代的水平，这便是日本泡沫破灭后，很多学者认为的所谓日本"失去的十年"甚至"失去的二十年"。

因此，笔者认为，从纵向的宏观经济四大指标数据看，日本经济在进入20世纪90年代后与20世纪70—80年代的高增长相比，确实"失去"了，而德国的 C 值曲线显示德国经济相对保持较好。但是若将两国数据放入同一方案矩阵，横向相比，日本经济是否也失去了呢？图5-5给出了答案。

这里，笔者将德国和日本的数据放入同一个方案集 $A_i$，建立方案矩阵 A，然后在矩阵 A 中进行相应计算得到德国和日本的 $C_i$ 值序列。结果显示，日本在20世纪90年代之前的宏观经济状态要明显优于德国，并且受"广场协议"的影响，两国宏观经济在其后一段时间都出现了较大的波动，但进入90年代中期后，两国宏观经济状况基本相近，但由于日本 $C_i$ 值的下降，德国相对的平稳而使德国逐渐显现优势。

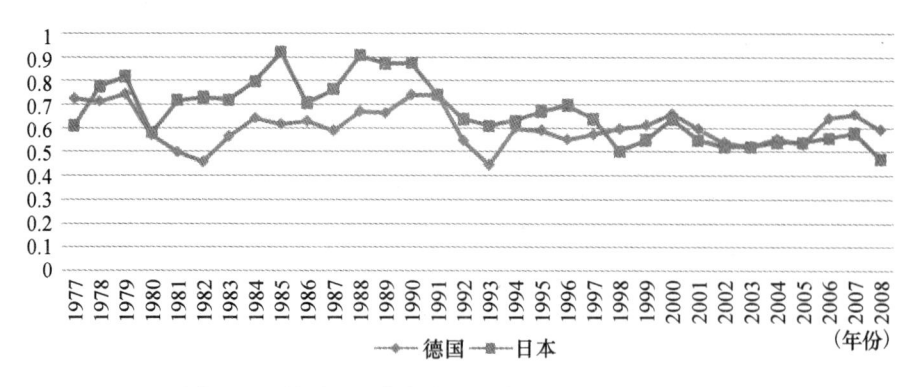

图5-5　德国、日本宏观经济政策四大目标 $C_i$ 值比较

因此，笔者认为，从宏观经济的四大指标数据计算的结果看，日本与自己的历史相比，确实"失去"了；与德国横向相比，在20世纪90年代以后，日本整体宏观经济状况并没有和德国有较为明显的差距，这也是当前有学者（薛涌，2012）的观点认为日本并没有"失去"的主要依据之一，但相对德国的平稳，日本经济每况愈下却是不争的事实。

## 第三节　基于国家竞争力的比较

为进一步比较日本和德国发展道路上的差异，以及日本的"失去"问题，笔者将借用美国著名的战略管理学家迈克尔·波特（Michael E. Porter）的"钻石模型"。

波特的钻石模型用于分析一个国家某种产业在国际上的竞争力。波特认为，决定一个国家的某种产业竞争力有四个因素：

①生产要素：包括天然资源、基础设施、知识资源、人力资源、资本资源等；

②需求条件，主要是一国国内市场的需求；

③相关产业的表现——即是否具有国际竞争力；

④企业的结构、战略以及企业竞争对手的表现。

在此，笔者将主要因素稍作变换后，将该模型从分析某种产业扩展到分析某个国家，从而用于分析德国和日本两个国家的竞争力。

日本历来是一个天然资源十分匮乏的国家，不以自然资源取得竞争优势，因此，生产要素笔者（详见附表5、附表6）用15—64岁的人口占总人口的百分比、人口增长（年度百分比）代表人力资源，用高等院校入学率（占总人数的百分比）、居民和非居民专利申请量代表知识资源，资本形成总额（年增长率）表示资本资源，基础设施分别用每100人所拥有的电话线路数量和每100人中互联网用户表示；需求条件用居民最终消费支出（年增长率）和居民最终消费支出（占GDP的百分比）表示国内市场的需求，用货物和服务出口（年增长率）表示国际市场的需求；由于德、日两国都已发达的制造业闻名世界市场，因此，用制造业出口年均增长和制造业产值指数表示相关产业和支持产业的表现；用出口商品价格指数表示企业竞争对手的表现。

基于以上指标，同样运用上文中的TOPSIS法，分别计算代表两国竞争力的$C_i$值，得到结果见图5-6、图5-7。

图5-6显示，日本国际竞争力$C_i$值的曲线较为平坦，即自20世纪70年代以来日本的国际竞争力上升幅度不明显；相对而言，德国的国际竞争力$C_i$值曲线上升较为明显（见图5-7），德国的国际竞争力长期处于平稳增强的过程。

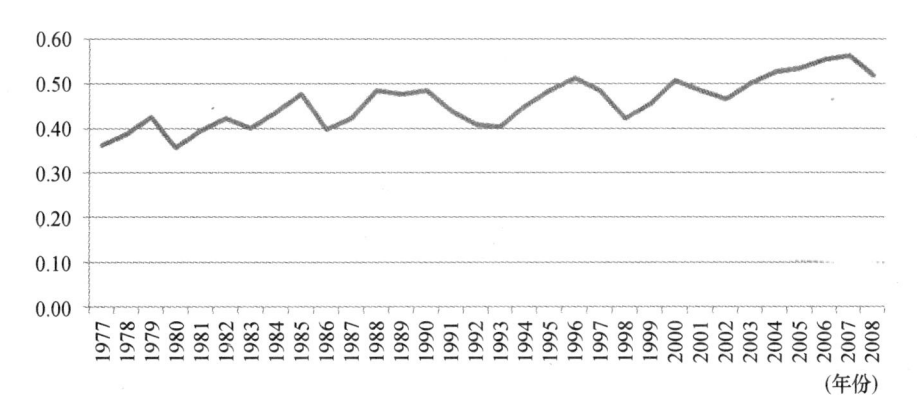

图5-6 日本国家竞争力$C_i$值

数据来源：World Bank-databank，OECD，CEIC，IMF，日本统计局网站www.stat.go.jp。

同样将德国和日本的竞争力数据放入同一个方案集 $A_i$，建立方案矩阵 A，得到两国竞争力比较结果。

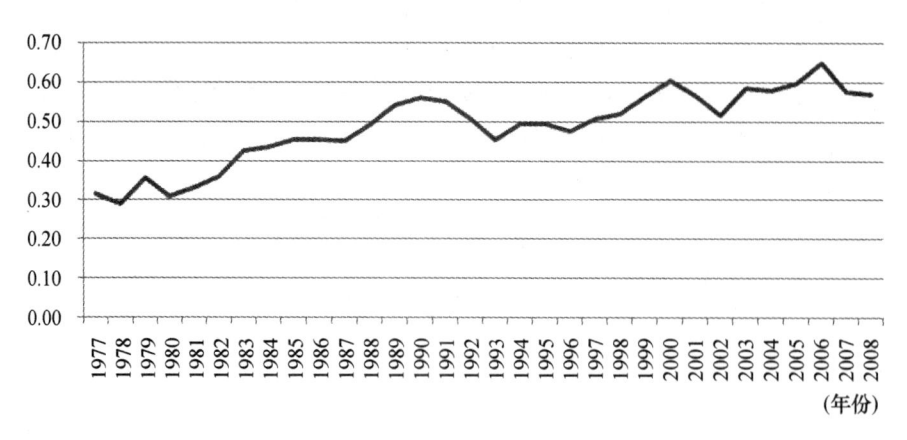

**图 5-7 德国国家竞争力 $C_i$ 值**

数据来源：World Bank-databank，OECD，CEIC，IMF，德国统计局网站 www.destatis.de，德国联邦教育与研究网站 www.bmbf.de。

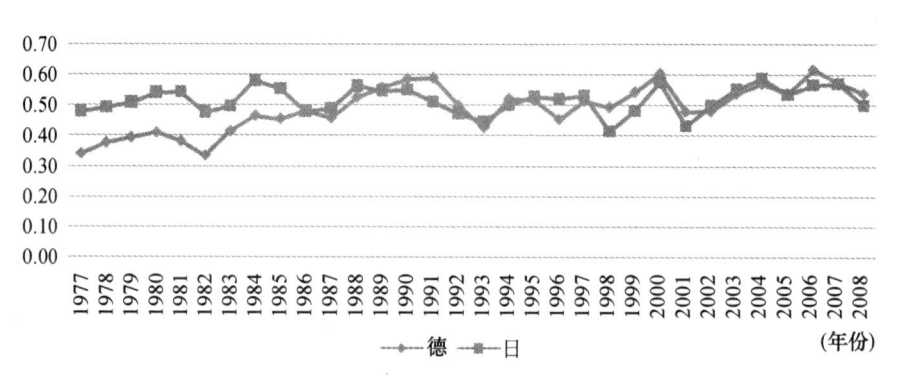

**图 5-8 日本和德国两国国家竞争力 $C_i$ 值比较**

数据来源：World Bank-databank，OECD，CEIC，IMF，德国统计局网站 www.destatis.de，德国联邦教育与研究网站 www.bmbf.de。

图 5-8 和图 5-5 显示的结果很相近，从两国国际竞争力的 $C_i$ 值大小来看，在"广场协议"前，日本的国际竞争力 $C_i$ 值一直高于德国，进入 20 世纪 90 年代后，两国 $C_i$ 值几乎在相同水平，但德国仍然保持稳中有升的势态，而日本除了波动幅度较大外，难见上升，大概这就是大多数学者所说的"失去"。即自 20 世纪 70 年代以来，日本长期处于"原地踏步"，

而与此同时德国的国际竞争力却在不断提升，因此，笔者认为，从国际竞争力的角度看，相对于德国，日本确实有所"失去"。

## 第四节　基于增长方式的比较

有学者（辜朝明，2008）的观点认为，日本的GDP在经济泡沫破灭后依然保持增长主要是靠私人净储蓄的减少（即依靠动用以前的储蓄来弥补眼前的亏空）和政府财政刺激，而并非生产能力提高或者技术进步。因此，笔者试图进一步比较德日在"广场协议"后经济增长的方式。姜波克、刘沁清[①]（2010）从经济增长来源的角度对外延式经济增长和内涵式经济增长进行了区分，在对现有常用统计指标加以评述和扬弃的基础上，通过采用劳动收入动态分析的方法，提出了以"人均收入/人均产出"比例指标作为经济增长方式新的判断指标。并且通过对中国经济增长数据的实证分析，他们认为这一指标不仅具有经济理论上的普遍意义，也有统计分析和业绩考核上的普遍意义。因此，笔者借用这一指标，对德国和日本在"广场协议"后经济的增长方式进行比较。

分别计算德国和日本1972—2010年人均收入/人均GDP的指标值得到结果见图5-9。

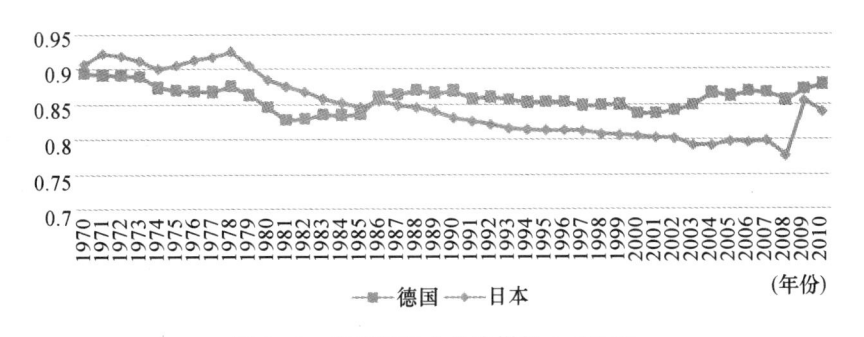

**图5-9　德国和日本经济增长方式比较**

数据来源：World Bank-databank，OECD，CEIC，IMF，德国统计局网站www.destatis.de，德国联邦教育与研究网站www.bmbf.de。

---

① 《经济增长方式的判断指标研究》，《复旦学报》（社会科学版）2010年第4期，第64—71页。

图 5-9 显示德国人均收入/人均 GDP 的值仅在 20 世纪 80 年代前后出现明显下降，其余年份几乎保持在相同水平上，进入 21 世纪后更是呈现良好的上升势态；相比日本人均收入/人均 GDP 的值在 20 世纪 70 年代远高于德国并且维持在较高水平，进入 80 年代，尤其是"广场协议"后直至 2008 年长期呈现明显的下降态势并且远低于德国。说明德国经济长期以来依靠技术进步、生产效率提高的内涵式增长为主，而日本的表现，似乎验证了辜朝明等学者的观点，经济增长主要依靠个人储蓄的不断亏空以及政府刺激等外部因素。

## 第五节　本章小结

通过上述从各个角度的比较，可以认为：

首先，无论是单从 GDP 的增长率，还是宏观经济的四大主要政策目标；从传统的制造业到高科技新兴产业，日本和自己的历史相比，经济状况确实难见很好的增长甚至有所下降，国家竞争力亦没有大幅度的提升，即日本经济在"广场协议"后，尤其是泡沫破灭以后，确实大不如前，所以，从纵向角度来说，日本确实"失去"了十年，甚至二十年。

其次，通过与德国的系列横向比较，笔者发现：虽然日本经济的增长态势不如德国，但近二十年来的数据显示也并没有和德国有十分明显的差距，但从横向看日本经济的增长，还不至于像传闻中那样悲观，未到"失去二十年"的程度。

最后，从经济增长方式看（下文中笔者将其作为衡量经济发展的指标），日本不仅每况愈下，并且从 70—80 年代优于德国到逐渐失去优势落后于德国，差距还越来越大。因此，从发展的角度看，日本是严重"失去"了。

总之，笔者得到的结论是：且不论"失去"与否，在经历"广场协议"、泡沫经济之后，日本经济不再如往日那样高速发展。那么导致这一现象的政策原因到底是什么？是否如大多数学者的观点那样，是由于"广场协议"日元大幅升值期间日本货币政策失误引起的？同样大幅升值的马克为何没有给德国经济带来同样的负面影响，是德国的宏观调控更加有效？如果不是，那么为保持经济的可持续增长政府是否应该"无为而治"？下文中，笔者将围绕这系列问题展开分析和讨论。

# 第 六 章
# "广场协议"前后日德政府应对汇率波动调控比较

很多学者的观点认为,"广场协议"之后,日本政府为了减小本币升值对国内出口企业造成的负面影响,自己执行扩张性财政政策的同时,要求日本银行实行扩张性的货币政策,降低利率。国际上,日本的中央银行即日本银行是相对缺乏独立执行货币政策的权力的央行之一,因此,日本银行常常要听命于日本政府。从1986年1月开始到1987年2月,日本银行连续5次下调央行再贴现率,利率水平亦从起初的5%降至2.5%,以避免日元汇率升值给国内经济带来的负面影响。

王允贵(2004)的研究认为,为克服日元升值的负效应,日本央行大力度地实施扩张性货币政策是日本泡沫经济形成和扩大的重要因素。袁钢明(2007)认为"广场协议"日元升值后,日本政府和日本央行反萧条的扩张性政策力度过大是日本泡沫经济发生的主要原因之一。陈江生(1996)研究认为,日本泡沫经济的主要原因之一是当局的宏观经济政策失当。李晓西等(2000)认为货币政策失误与金融监管不力是日本产生泡沫经济的体制性因素。

相比较而言,德国政府更加注重监管而非直接参与具体的经济活动。在德国各级政府长期流行一种说法,"政府更小的干预,企业更好的运行",因此,德国经济的核心是市场自由竞争,政府的任务是建立维护市场经济的秩序,制定影响与约束企业和个人经济行为的政策。另外,德国联邦储备银行则非常重视其货币政策的独立性,并且德国联邦储备银行是发达国家独立性最强的央行,仅对国会负责,可以不接受政府的干预。"广场协议"后,面对马克的持续升值,德国货币当局毅然坚持货币政策的独立性,并且旗帜鲜明的表示:央行货币政策的重心是国内,维持国内物价和产出的稳定是货币政策的首要目标,而马克汇率只处于相对次要的地位。

因此，本章的重点是比较在同样面临本币大幅升值，以市场为主导的德国和以政府为主导的日本，两国政府以及央行所采取的应对措施有何不同。

## 第一节　日本央行应对汇率波动的货币政策

### 一　日本央行货币政策中介目标演变

2012年7月，中国金融40人论坛（CF40）与野村综合研究所（NRI）联合举办的主题为"日本经济长期停滞的原因与教训"的中日金融圆桌内部研讨会上，与会专家认为[①]：在过去二十年，日本名义GDP停滞不前，但实际GDP有所上升，人均GDP稳居最发达国家之列，日本经济的低迷程度不能夸大；除了人口老龄化，泡沫破灭是日本经济低迷的另一个重要原因，但是泡沫出现的主要原因不是"广场协议"和日元升值，而是日本高估了日元升值影响并采取了过于宽松的货币政策；日本的利率市场化迫使银行将贷款对象转向中小企业和个人，对于资产泡沫起到了推波助澜的作用。

各国的中央银行在执行货币政策时，往往通过类似的货币政策工具如存款准备金率、贴现率、再贴现率以及公开市场业务操作等，通过影响利率或货币供给量间接地影响产出、就业、物价和国际收支等最终目标变量，因此，各国通常将利率或货币供给量作为货币政策的中介目标。在20世纪70年代以前，日本和德国分别以银行同业拆放市场利率和银行银根即自由流动储备作为货币政策中介目标；进入70年代后，世界金融形式进一步发生变化，日本和德国等主要发达国家都将货币政策的中介目标从利率转向货币供应量；至20世纪80年代末90年代初，金融创新加快，不断产生新的货币，市场利率逐渐成为货币政策调节的主要手段。

### 二　变量的选取及描述

上文中已提到，在20世纪70年代至今，日本央行货币政策中介目标选择从利率到货币供应量再到同时选择市场利率和广义货币供应量 $M_2$，

---

① 日本的启示，金融40人论坛（http://www.cf40.org.cn），CF40要报。

因此,笔者将分别日本的短期(3个月)金融市场利率(单位:%;下文中用 R 表示)和广义货币供给 $M_2$(单位:亿日元;下文中用 $M_2$ 表示)作为日本央行应对日元汇率(直接标价法,下文中用 E 表示)波动做出的货币政策反应。

与第五章一样,由于2009年美国次贷危机引起了全球性的经济不景气,2011年日本海啸对日本经济造成重大打击,导致宏观经济的剧烈波动,并且上述两个事件的短期影响效应在当前尚未消失,又考虑到数据的可得性,本节所选择的研究范围为1970—2008年。同时,为避免时间序列数据可能产生的异方差问题,在实证分析之间分别对 $M_2$ 和 E 取对数处理,取对数后的数据分别用 $lnM_2$ 和 lnE 表示。

表6-1　　　　　日本 R、$lnM_2$ 以及 lnE 统计特征描述

| 变量 | 均值 | 中值 | 最大值 | 最小值 | 标准差 | 偏度 | 峰度 | JB统计量 | P值 |
|---|---|---|---|---|---|---|---|---|---|
| R | 4.052 | 4.166 | 13.850 | 0.001 | 3.855 | 0.668 | 2.820 | 2.802 | 0.246 |
| $lnM_2$ | 5.838 | 5.56 | 6.089 | 5.282 | 0239 | -0.907 | 2.525 | 4.978 | 0.083 |
| lnE | 2.180 | 2.112 | 2.472 | 1.973 | 0.156 | 0.594 | 1.824 | 3.956 | 0.138 |

数据来源:World Bank-databank,OECD,ECIE 和日本统计局,下同。

表6-1各数据统计特征结果显示,日本的短期货币市场利率、广义货币供应量以及日元汇率样本数据较为稳定,波动幅度以及偏度、峰度均在正常值范围内,从 JB 统计量结果,可以认为样本都接近于正态分布。

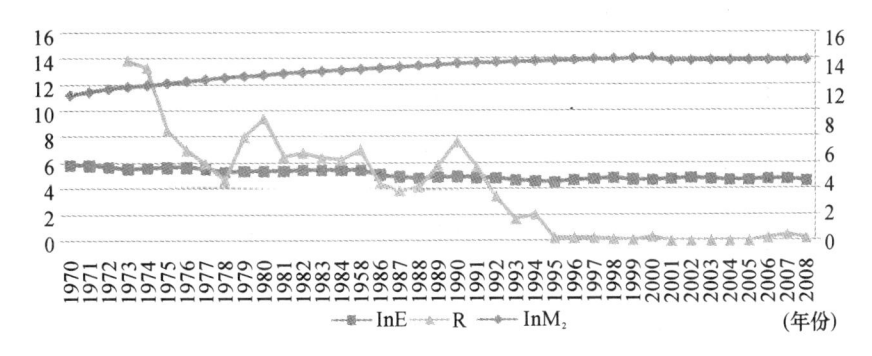

图6-1　日本 R、$lnM_2$ 以及 lnE 的历史走势

注:$lnM_2$ 为次坐标(右)。

图 6-1 显示，取对数后的 $M_2$ 和 E 相对比较平稳，并且在进入 20 世纪 90 年代以后，$M_2$ 和 E 都相对趋于稳定，变动甚小；而短期市场利率则相对波动较大，尤其是至 20 世纪 90 年代中期以后，货币利率一直处于比较低的水平，这便是很多学者认为的日本陷入"流动性陷阱"低利率阶段，关于这点，笔者也将在下文的实证分析中予以求证。此外，直观上很难直接看出三者之间是否存在一定的相关关系，有待于下文中进一步的实证分析与检验。

### 三 实证检验

（1）单位根检验

首先，对以上 3 个变量的平稳性进行单位根检验。时间序列只有在平稳即没有单位根时，才能避免可能会出现的"伪回归"问题。在此，笔者采用增强的迪基—福勒方法（ADF）对 3 个变量进行单位根检验。结果如下。

表 6-2　　　　日本 R、$lnM_2$ 以及 E 的单位根检验结果

| 变量 | ADF 值 | t 值 | P 值 | 是否拒绝零假设 | 一阶差分 ADF 值 | 一阶差分 t 值 | 一阶差分 P 值 | 是否拒绝零假设 |
| --- | --- | --- | --- | --- | --- | --- | --- | --- |
| $lnM_2$ | -6.464 | -2.954** | 0.000 | 拒绝零假设 | | | | |
| R | -1.942 | -2.954** | 0.525 | 接受零假设 | -7.943 | -2.957** | 0.000 | 拒绝零假设 |
| lnE | -1.621 | -2.954** | 0.461 | 接受零假设 | -4.387 | -2.957** | 0.002 | 拒绝零假设 |

其中，"*"表示 10% 显著性水平，"**"表示 5% 显著性水平，"***"表示 1% 显著性水平，下同。

表 6-2 单位根检验结果显示：$lnM_2$ 是平稳的时间序列，而 R 和 lnE 是非平稳序列并且一阶差分后都是平稳的，即都只存在一个单位根，皆为一阶单整序列，因此，下面笔者将对 R 和 lnE 之间是否存在长期稳定关系进行协整检验。

(2) 协整检验

在目前宏观经济计量分析中，Granger（1987）所提出的协整方法已成为了分析非平稳经济变量之间数量关系的最主要工具之一，上文的 ADF 检验显示短期市场利率 R 和日元汇率 lnE 都是 I（1）的，因此可检验变量之间的协整关系。首先运用 Eviews 软件 Lag Length Criteria 功能，确定模型的滞后长度，最终得到变量之间的协整检验结果（见表 6-3）：

表 6-3　　日本 R 和 lnE 的协整关系的 Johensan 检验

| 变量 | F 迹检验统计量 | 临界值 | P 值 | 检验结果 |
| --- | --- | --- | --- | --- |
| R、lnE | 21.838 | 15.494** | 0.005 | 存在1个协整关系 |

协整检验结果显示，日本短期金融市场利率与日元汇率之间确实存在长期的相关关系。

下面将进一步检验 R 与 lnE 以及 lnE 与 $lnM_2$ 之间的相互关系。

(3) 向量自回归（VAR）检验

传统的 VAR 理论要求模型中每一个变量都是平稳的，对于非平稳时间序列需要经过差分，得到平稳序列再建立 VAR 模型，这样通常会损失水平序列所包含的信息，而随着协整理论的发展，对于非平稳时间序列，只要各变量之间存在协整关系也可以直接建立 VAR 模型。[①]

而 $lnM_2$ 是平稳的时间序列，为讨论日本广义货币供应量与日元汇率变动之间的相互关系，考虑一阶差分后的 $\Delta lnE$ 亦是平稳的，因此，笔者将分别以以上3个时间序列作为内生变量，用非约束 VAR 模型对 $\Delta lnE$ 和 $lnM_2$ 以及 R 与 lnE 之间的动态关系进行检验。同样，利用 Eviews 软件 Lag Length Criteria 功能，使用赤池信息（AIC）准则和施瓦茨（SC）准则确定模型的最佳滞后期分别为1期和2期。VAR 回归结果见表 6-4。

---

① 引自高铁梅《计量经济分析方法与建模》第3卷，清华大学出版社2009年版。

表 6-4　　　　　日本 R、lnM$_2$ 以及 lnE 的 VAR 检验结果

| 变量 | lnM$_2$ | | | 变量 | R | | |
| --- | --- | --- | --- | --- | --- | --- | --- |
| | 参数值 | t 检验值 | 标准误差 | | 参数值 | t 检验值 | 标准误差 |
| ΔlnE (-1) | -0.008 | -1.091* | 0.070 | lnE (-1) | -1.884 | -0.821 | 2.295 |
| | | | | lnE (-2) | 0.923 | 1.802* | 0.623 |
| lnM$_2$ (-1) | 0.916 | 62.388*** | 0.015 | R (-1) | 0.881 | 7.134*** | 0.123 |
| | | | | R (-2) | -0.261 | -2.218** | 0.118 |
| Adj. R-squared | | | 0.874 | | | | 0.994 |
| white heterosketasticity | | | 0.862 | | | | 0.169 |
| LM test | | | 0.742 | | | | 0.544 |

表 6-4 残差分析结果显示,两个模型均不存在异方差和序列自相关。另外,AR 根的图表显示所有根的模的倒数小于 1,即在单位圆内,因此,认为上述模型是稳定的。

前一期的日元汇率波动对日本本期的广义货币量存在一定的影响,但影响系数很小,仅为 -0.8%,笔者认为这与汇率已经做了取对数处理有关,导致汇率波动的变化率就变得更小了,但在 10% 的水平能通过显著性检验,并且系数为负,说明日本央行确实会因汇率波动而运用货币政策做出相应的反向操作,日元升值,即 lnE 下降,则广义货币供应量增加即 lnM$_2$ 上升;而日元汇率波动对滞后两期的短期金融市场利率存在正相关(10% 显著性水平下),即日元升值,lnE 下降,滞后两期的利率亦下降,说明在本币升值一段时间后,日本央行确实会采取相关应对措施对经济和市场进行干预,以减小升值带来的负面影响。

(4) 格兰杰因果检验

在经济学上确定一个变量的变化是否是另一个变量变化的原因,一般用格兰杰因果关系 (Granger Test of Causality) 检验。由于 Granger 检验首先必须要求变量是平稳序列,而 R 和 lnE 是 I(1) 的,因此,笔者用一阶差分后的序列即 ΔR 与 ΔlnE 之间以及 ΔlnE 与 lnM$_2$ 之间的相互作用进行格兰杰因果检验,得到格兰杰因果检验

的结果（见表6-5）。

表6-5 日本 ΔR 与 ΔlnE 以及 lnM$_2$ 与 ΔlnE 之间的格兰杰因果检验结果

| 零假设 | F 值 | P 值 | 结论（5%水平） |
| --- | --- | --- | --- |
| ΔlnE 的变化没有格兰杰导致 lnM$_2$ 的变化 | 0.111 | 0.896 | 不能拒绝零假设 |
| lnM$_2$ 的变化没有格兰杰导致 ΔlnE 的变化 | 0.339 | 0.715 | 不能拒绝零假设 |
| ΔlnE 的变化没有格兰杰导致 ΔR 的变化 | 6.372 | 0.041 | 拒绝零假设 |
| ΔR 的变化没有格兰杰导致 ΔlnE 的变化 | 1.439 | 0.487 | 不能拒绝零假设 |

表6-5显示，日元汇率的变化并不是导致日本广义货币量变化的格兰杰因果，这与上文影响系数仅为-0.8%是结论相吻合。另外，汇率 ΔlnE 变化是利率 ΔR 变化的格兰杰原因，与上文中 VAR 检验结果相一致。再次证明日本央行对日元汇率波动的反应比较灵敏，即汇率波动会影响日本央行的决策而直接干预市场利率。此外，格兰杰因果检验的结果显示，日元汇率波动是日本短期金融市场利率波动的原因；但反之，日元利率变动倒没有进一步导致日元汇率的波动，笔者认为可能与日本国内利率已经较低（尤其是进入1990年以后），甚至陷入凯恩斯流动性陷阱，因此，市场对利率变动已经不敏感有关（关于这点，笔者将在第七章进一步进行证实）。

（5）脉冲响应函数（IRF）

脉冲响应函数描述的是 VAR 模型中的一个变量的冲击给其他变量所带来的影响，并且随着时间的推移，观察模型中各变量对于冲击是如何反应的，以此描述变量间的相互影响关系。因此，笔者将检验汇率 lnE（或 ΔlnE）的变动即单位冲击对 R 和 lnM$_2$ 的影响，即 R 和 lnM$_2$ 的脉冲响应，结果见图6-2。横轴表示脉冲响应的滞后期数（单位：年），纵轴表示 lnM$_2$（或 R）波动的变化。

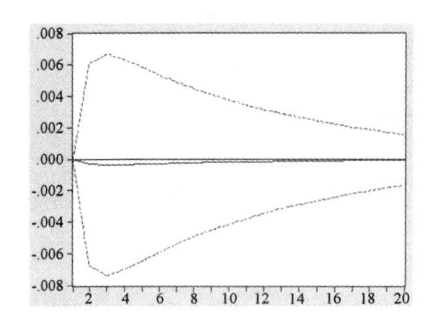

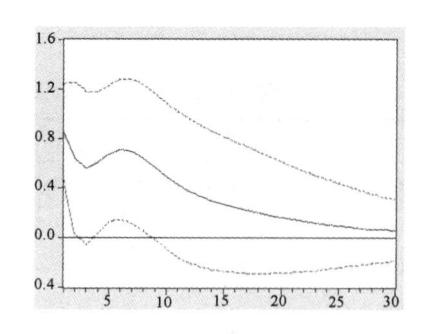

图 6 – 2a　$\Delta\ln E$ 冲击引起的
$\ln M_2$ 的响应函数

图 6 – 2b　$\ln E$ 冲击引起的
$R$ 的响应函数

图 6 – 2　日本货币政策中介目标对日元汇率变动的脉冲响应

从图 6 – 2a 可以看出给日元汇率变动率一个正的冲击即日元贬值（直接标价法），会造成日本广义货币供应量的下降，但影响非常小，这与上文的结果相一致，但总的来说，日元升值会在一定时期内增加日本国内的广义货币，这点也很符合"广场协议"后日本的真实情况。图 6 – 2b 显示，日元贬值会给日本的短期市场利率带来一个较大的正冲击，此后较为缓慢地趋于 0，说明汇率变动对市场利率的影响时间比较久。反之，日元升值，当局者会担忧升值给国内经济带来负面影响而很快做出反应，即降低贷款利率，这与"广场协议"后日本的实际情况十分吻合。

### 四　小结

通过上述的实证分析，笔者认为，为了应对日元升值，日本央行确实会采取增加国内货币供给量、降低利率等扩张性的货币政策对市场进行直接干预，目的当然是企图减小或防止本币升值给国内经济带来的负面影响。至于这些政策是否真正能起到冲销本作用，给实体经济带来正面影响，笔者将在下一章进行实证检验和分析。

## 第二节　德国央行应对汇率波动的货币政策

### 一　德国货币政策中介目标演变

"第二次世界大战"结束以来，德国央行即德国联邦储备银行的货币政策历来被大多国家和经济学家们奉为成功的典范。

首先，从中央银行对政府独立性强弱来看，德国央行的独立性在西方13国央行名列第一，其仅对德国国会负责，可以不受政府指令限制。另外，坚持币值稳定是德国货币政策的基石，德国央行坚决反对以通货膨胀刺激就业和经济增长的观点。德国政府早在1957年的《德意志联邦银行法》就规定："德国货币政策的首要目标是捍卫马克，即要求德国每年的通货膨胀率保持在2%以内。"自"第二次世界大战"后，德国似乎形成这样一种传统：一旦通货膨胀率超过5%，当局者面临倒台风险的可能性就会很大。因此，德国政府始终把控制通货膨胀作为首要的经济政策之一。

德国央行关于货币政策的另一主要观点是：央行必须严格控制市场中的货币供应量，以达到币值稳定和经济增长之目的。一国的中央银行只有在有能力控制自己创造的货币量的前提下，才能有效地控制实际货币供应量的增长。因此，中央银行不应因政府为达到某种目的而被迫从事某些贷款业务，如军备等贷款。央行应不断排除各种干预，来实施自己的货币政策，有效地控制市场的货币供应量。因此，迄今为止，在西方主要工业国家的中央银行中，只有德国中央银行坚持以 $M_3$ 作为货币政策首要的中间目标。

## 二 变量的选取及描述

上文中已提到，德国中央银行坚持以 $M_3$ 作为货币政策首要的中间目标，另外，自20世纪80年代以来，市场利率成为发达国家货币政策的又一中介目标。因此，笔者用货币供应总量 $M_3$ 和货币市场利率（单位:%；下文中用 r 表示）作为德国货币政策中介目标，来考察德国货币政策应对马克汇率波动（下文中用 E 表示）做出的反应。此外，1999年1月1日欧元的正式启动意味着欧元区各国（包括德国）放弃了本币以及独立的央行和货币政策，所以，本节讨论货币政策选取的时间序列数据限于1970—1998年。在实证检验之前，同样将马克汇率 E 和 $M_3$ 取自然对数处理，取对数后的时间序列分别用 lnE 和 $lnM_3$ 表示。

表 6-6　　　　　　　德国 r、lnM$_3$ 以及 lnE 统计特征描述

| 变量 | 均值 | 中值 | 最大值 | 最小值 | 标准差 | 偏度 | 峰度 | JB 统计量 | P 值 |
|---|---|---|---|---|---|---|---|---|---|
| r | 6.110 | 5.363 | 11.263 | 3.184 | 2.391 | 0.529 | 1.991 | 2.580 | 0.275 |
| lnM$_3$ | 6.762 | 6.763 | 7.717 | 5.603 | 0.623 | -0.141 | 1.957 | 1.409 | 0.494 |
| lnE | 0.753 | 0.697 | 1.297 | 0.360 | 0.264 | 0.426 | 2.096 | 1.866 | 0.393 |

数据来源：World Bank-databank，OECD，ECIE 和德国统计局，下同。

表 6-6 的统计特征描述结果显示，德国的货币市场利率、广义货币供应量和马克汇率的样本数据序列亦较为稳定，其波动幅度、偏度和峰度均在正常值范围之类，JB 统计量的结果亦显示，r、lnM$_3$ 以及 lnE 都能通过统计检验，即可以认为 3 个样本序列都能近似服从正态分布，适于下文的进一步实证分析。

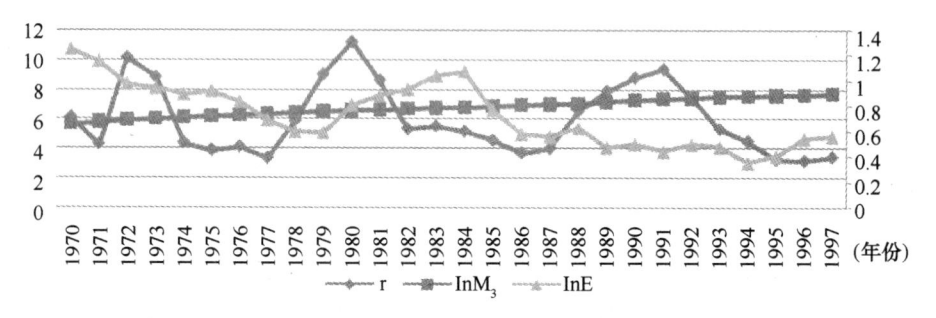

**图 6-3　德国 r、lnM$_3$ 以及 lnE 的历史走势**

注：马克汇率 lnE 为次坐标（右）。

从图 6-3 看，取对数后货币供应总量 lnM$_3$ 历年来呈平稳上升态势，这与德国一贯奉行严格控制货币供应量为首要目标的货币政策相吻合；而货币市场利率 r 和马克汇率 lnE 相对波动较大，尤其是在"广场协议"前后，并且从图 6-3 中很难直接看出这两者之间波动的相关性，这是否就可以说德国联邦储备银行的货币政策与马克汇率波动的相关性较小，以及货币供应总量与马克汇率之间的相互关系，有待于下文进一步实证分析。

### 三　实证检验

(1) 单位根检验

同样，用增强的迪基—福勒（ADF）方法对德国的货币市场利率、广义货币供应量和马克汇率3个时间序列变量的平稳性进行单位根检验，结果如下。

表6-7　　　　　　德国 r、$\ln M_3$ 与 $\ln E$ 的单位根检验结果

| 变量 | ADF值 | t值 | P值 | 是否拒绝零假设 | 一阶差分 ADF值 | 一阶差分 t值 | 一阶差分 P值 | 是否拒绝零假设 |
|---|---|---|---|---|---|---|---|---|
| r | -5.420 | -2.986** | 0.000 | 拒绝零假设 | | | | |
| $\ln M_3$ | -3.127 | -2.976** | 0.036 | 拒绝零假设 | | | | |
| $\ln E$ | -2.342 | -2.976 | 0.167 | 接受零假设 | -3.739 | -2.761** | 0.009 | 拒绝零假设 |

表6-7单位根检验结果显示：德国货币市场利率 r 和取对数后的货币供应总量 $\ln M_3$ 是平稳的时间序列，而取对数后马克汇率 $\ln E$ 存在一个单位根，是一阶单整序列，即经一阶差分后的马克汇率 $\Delta \ln E$ 是平稳的。下面将对这三个变量之间的相关关系进一步展开实证检验。

(2) 向量自回归（VAR）检验和脉冲响应函数（IRF）

同样，用非约束 VAR 模型考，同时，虑到上述三个时间序列变量的平稳性，分别对 $\Delta \ln E$ 与 r 和 $\Delta \ln E$ 与 $\ln M_3$ 之间的动态关系进行检验。利用 Eviews 软件 Lag Length Criteria 功能，使用赤池信息（AIC）准则和施瓦茨（SC）准则确定模型的最佳滞后期为2期。VAR 回归结果（仅保留 $\Delta \ln E$ 分别对 r 和 $\ln M_3$ 的作用）见表6-8。

表6-8　　　　德国 $\Delta \ln E$ 与 r 和 $\Delta \ln E$ 与 $\ln M_3$ 的 VAR 检验结果

| 变量 | r 参数值 | r t检验值 | r 标准误差 | $\ln M_3$ 参数值 | $\ln M_3$ t检验值 | $\ln M_3$ 标准误差 |
|---|---|---|---|---|---|---|
| $\Delta \ln E$ (-1) | -0.435 | -0.124 | 3.507 | -0.041 | -0.977 | 0.042 |
| $\Delta \ln E$ (-2) | -2.183 | -0.587 | 3.719 | | | |
| Adj. R-squared | | | 0.027 | Adj. R-squared | | 0.998 |

续表

| 变量 | r ||| lnM₃ |||
|---|---|---|---|---|---|---|
|  | 参数值 | t检验值 | 标准误差 | 参数值 | t检验值 | 标准误差 |
| LM test |  |  | 0.617 |  |  | 0.524 |
| White heterosketasticity |  |  | 0.768 |  |  | 0.487 |

表6-8残差分析结果显示，两个模型均不存在异方差和序列自相关，且AR根的图表显示所有根的模的倒数小于1，即在单位圆内，因此，认为模型是稳定的。

VAR结果显示，马克汇率变动对德国货币市场利率的影响十分的不显著，参数也不能通过显著性检验，即德国的货币市场利率对于马克汇率变动并不敏感；另外，汇率变动对德国货币供应量的影响亦不是十分显著，说明德国的货币供应量对于马克汇率变动同样不十分敏感。

接着，笔者进行脉冲响应分析以检验汇率 lnE 的变动即单位冲击对 r 和 lnM₃ 的影响，即 r 和 lnM₃ 的脉冲响应，结果见图6-4。横轴表示脉冲响应的滞后期数（单位：年），纵轴表示 r（lnM₃）波动的变化。

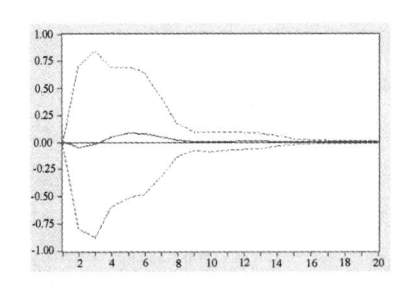

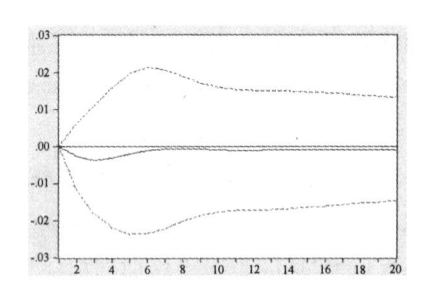

6-4a　lnE 冲击引起的 r 的响应函数　　　6-4b　lnE 冲击引起的 lnM₃ 的响应函数
图6-4　德国货币政策中介目标对马克汇率变动的脉冲响应

图6-4结果显示，无论是货币市场利率还是广义货币供应量，对汇率变动单位冲击的脉冲响应都十分的微弱，并且都以较快的速度趋于0。这与上文VAR的结果相一致。

表6-8中显示，汇率波动对货币市场利率的影响参数检验值都不能通过显著性检验，笔者尝试直接建立以 r 为因变量，ΔlnE 为自变量的回

归方程，试图进一步证实上述结论。由 VAR 模型得到变量的滞后期为 2 期，构建如下方程：

$$r = \beta_0 + \beta_1 \Delta \ln E_t + \beta_2 r_{t-1} + \beta_3 \Delta \ln E_{t-1} + \beta_4 \Delta \ln E_{t-2} + \beta_5 r_{t-2} + \mu$$

经多次试错，去除参数检验不显著的变量，最终得到回归方程如下：

$$r = 3.63 + 0.86 r_{t-1} - 0.46 r_{t-2} \quad (6—2)$$
$$(4.68)\ (-2.40)$$
$$\overline{R}^2 = 0.447 \quad F = 11.10$$

方程（6—2）残差检验不存在自相关，F 检验值和各参数检验值十分显著，因此，可以认为方程是合理的。但（6—2）显示德国的货币市场利率与马克汇率之间不存在相关性，进一步证实了脉冲响应函数的结果。

另外对广义货币量进行同样的检验，得到的结果也与上文结论相一致，在此不再赘述。

### 四　小结

通过上述的实证分析，可以认为，与日本相比，德国央行确实较好地保持了货币政策的独立性，无论是货币供应量 $M_3$ 还是货币市场利率 r，其对马克汇率变动的敏感度都十分微弱，甚至可以说与马克汇率变动基本保持相对独立，即德国的货币政策受外汇市场的影响很小，德国央行并不会因为马克汇率波动而过多的采取相应的货币政策手段，对外汇市场和国内经济进行直接的干预。这也验证了德国央行一贯坚持以币值稳定和经济增长为主要目标的货币政策，并且对金融外汇市场的干预非常小。

## 第三节　日本政府应对汇率波动的财政政策

一般认为，财政政策指政府变动税收和支出以便影响总需求进而影响就业和国民收入的政策。尤其是 20 世纪 30 年代凯恩斯经济学的诞生，财政政策成为调节经济、挽救经济危机的重要手段：常常在经济萧条时期实行扩张性财政政策，以刺激社会总需求，加快经济复苏；在经济高涨时期，则实行紧缩性财政政策，以减少社会总需求，延缓经济危机的来临。对于"政府主导"的日本经济来说，"广场协议"尤其是泡沫经济破灭后，财政政策一直是日本政府调控经济的重要手段。

## 一 变量的选取及描述

上文中已提到，财政政策是政府通过变动税收和支出以影响宏观经济，根据世界银行的统计口径，一般政府最终消费支出（以前称为一般政府消费）包括政府为购买货物和服务（包括雇员薪酬）而发生的所有经常性支出；还包括国防和国家安全方面的大部分支出（但不包括政府军费支出）。而税收对宏观经济存在较为有效的自动调节作用，再者，自凯恩斯主义诞生以来，相机抉择的税收政策作为宏观调控的主要手段之一，得到十分普遍和广泛的运用。因此，本节中笔者将分别选用政府最终消费支出（单位：十亿日元；下文中用 Gc 表示）和税收占 GDP 的比率（单位：%；下文中直接用 tgdp 表示）作为日本政府应对日元汇率（直接标价法，仍用 E 表示）波动做出的财政政策反应。同时考虑到数据的可得性，本节所选择的研究范围同样为 1970—2008 年。实证分析前，同样将政府最终消费支出与日元汇率取自然对数处理，取对数后的序列分别用 lnGc 和 lnE 表示。

表6－9　　　　　　　　日本 lnGc 和 tgdp 统计特征描述

| 变量 | 均值 | 中值 | 最大值 | 最小值 | 标准差 | 偏度 | 峰度 | JB 统计量 | P 值 |
|---|---|---|---|---|---|---|---|---|---|
| lnGc | 10.938 | 10.989 | 11.456 | 10.152 | 0.396 | -0.382 | 1.958 | 2.716 | 0.257 |
| tgdp | 6.801 | 6.893 | 8.081 | 5.218 | 0.637 | -0.589 | 3.469 | 2.280 | 0.320 |

数据来源：World Bank-databank，OECD，ECIE 和日本统计局，下同。

表6－9是日本政府支出和税收比重样本序列的统计描述结果显示，lnGc 和 tgdp 两个样本序列都较为稳定，波动幅度、偏度以及峰度都在正常值范围内，并且都可以认为接近正态分布，JB 统计量的值较为显著，适于下文的进一步实证分析。

图6－5显示，取自然对数后的政府消费支出显得较为平稳，呈现稳中有升的态势；相对而言，税收占 GDP 比率 tgdp 的波动较大，尤其是在"广场协议"之后几年，随着 lnE 的下降，tgdp 有明显的上升，这与日本当时经济由房地产和股市引发的虚假繁荣，甚至出现泡沫经济的实际情况相符合。但从图中很难直接看出日本的财政政策与日元汇率的相互关系，

有待于下文进一步实证分析。

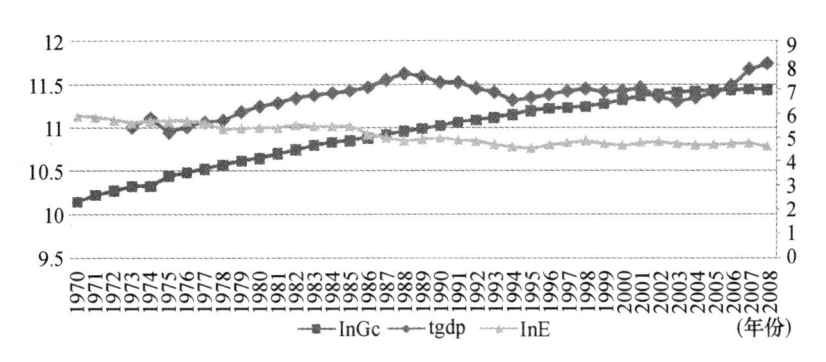

**图 6-5　日本财政政策手段与日元汇率历史走势**

注：tgdp 为次坐标（右）。

### 二　实证检验

（1）单位根检验

上文中已知日元汇率 lnE 是一阶单整序列，ΔlnE 是平稳的时间序列，仍采用增强的迪基—福勒（ADF）方法对代表日本财政政策的两个变量的平稳性进行单位根检验，结果如下。

表 6-10　　　　　　　日本 tgdp 和 lnGc 的单位根检验结果

| 变量 | ADF 值 | t 值 | P 值 | 是否拒绝零假设 | 一阶差分 ADF 值 | 一阶差分 t 值 | 一阶差分 P 值 | 是否拒绝零假设 |
|---|---|---|---|---|---|---|---|---|
| tgdp | -0.889 | -2.951** | 0.780 | 接受零假设 | -4.682 | -2.951** | 0.001 | 拒绝零假设 |
| lnGc | -4.1487 | -2.943** | 0.003 | 拒绝零假设 | | | | |

表 6-10 单位根检验结果显示：tgdp 是非平稳序列并且存在一个单位根，是一阶单整序列，即经一阶差分后为平稳序列；而 lnGc 不存在单位根是平稳的时间序列。

（2）协整检验

单位根检验结果显示，lnE 和 tgdp 都是单整序列，因此可以进行变量之间长期均衡关系的协整检验。同上文一样，首先运用 Eviews 软件 Lag Length Criteria 功能，确定模型的滞后长度，然后得到变量之间的协整检验结果（见表6-11）。

表6-11　　　　日本 tgdp 与 lnE 的协整关系的 Johensan 检验

| 变量 | 迹检验统计量 | 5%水平下临界值 | P值 | 检验结果 |
| --- | --- | --- | --- | --- |
| tgdp、lnE | 17.056 | 15.494 | 0.029 | 存在1个协整关系 |

表6-11结果显示 tgdp 和 lnE 之间存在1个协整关系，即日本的税收占GDP的比重与日元汇率之间存在一定长期的相关关系，说明从长期看，日元汇率变动会对日本政府的税收产生一定的影响。下面笔者将进一步对这些相互关系进行分析。

（3）向量自回归（VAR）检验

在此，笔者将以这3个时间序列作为内生变量，同样，考虑到数据的平稳性，用非约束 VAR 模型分别对 $\Delta lnE$ 和 lnGc 以及 lnE 和 tgdp 之间的动态关系进行检验。仍利用 Eviews 软件 Lag Length Criteria 功能，使用赤池信息（AIC）准则和施瓦茨（SC）准则确定模型的最佳滞后期分别为1期。VAR 回归结果（同样，仅保留 lnE 及其变动对 lnGc 和 tgdp 的影响）见表6-12。

表6-12残差分析结果显示，两个模型均不存在异方差和序列自相关，AR 根的图表显示所有根的模的倒数小于1，即在单位圆内，因此，认为模型是稳定的。

VAR 检验结果显示，日元汇率波动对日本政府的最终消费支出存在一定的影响，尽管影响系数都很小，但标准误差值都较小，上一期汇率的波动导致本期政府消费支出的反向变动，即日元升值，则政府消费支出增加。说明日本政府确实会因汇率波动而运用财政政策做出相应反应。此外，汇率波动对税负占 GDP 比率首先将产生一个负面的影响，但影响的参数值不能通过显著性检验，说明日本的税收政策对日元汇率波动不是十分敏感。

表6-12　　　　日本 T、lnGc 以及 lnE 的 VAR 检验结果

| 变量 | lnGc | | | 变量 | tgdp | | |
|---|---|---|---|---|---|---|---|
| | 参数值 | t 检验值 | 标准误差 | | 参数值 | t 检验值 | 标准误差 |
| ΔlnE (-1) | -0.011 | -0.573 | 0.020 | lnE (-1) | -0.567 | -1.444 | 0.393 |
| ΔlnE (-2) | 0.015 | 0.780 | 0.020 | lnE (-2) | 0.524 | 0.962 | 0.545 |
| | | | | lnE (-3) | -0.093 | -0.265 | 0.350 |
| Adj. R-squared | | | 0.227 | Adj. R-squared | | | 0.838 |
| white heterosketasticity | | | 0.663 | white heterosketasticity | | | 0.739 |
| LM test | | | 0.496 | LM test | | | 0.493 |

（4）格兰杰因果检验

同样，由于格兰杰检验对序列平稳性的要求，笔者用一阶差分后的序列 Δtgdp 与 ΔlnE，以及 lnGc 与 ΔlnE 的相互作用进行格兰杰因果检验，得到格兰杰因果检验的结果（见表6-13）。

表6-13　　　日本 lnGc、Δtgdp 与 ΔlnE 之间的格兰杰因果检验结果

| 零假设 | F 值 | P 值 | 结论 |
|---|---|---|---|
| ΔlnE 的变化没有格兰杰导致 lnGc 的变化 | 0.413 | 0.666 | 不能拒绝零假设 |
| lnGc 的变化没有格兰杰导致 ΔlnE 的变化 | 4.473 | 0.021 | 拒绝零假设 |
| ΔlnE 的变化没有格兰杰导致 Δtgdp 的变化 | 1.996 | 0.168 | 不能拒绝零假设 |
| Δtgdp 的变化没有格兰杰导致 ΔlnE 的变化 | 0.115 | 0.737 | 不能拒绝零假设 |

格兰杰因果检验结果显示，虽然日元汇率的变化并不是直接引起政府收支变化的格兰杰原因，但政府消费支出的变化却能格兰杰导致日元汇率变动，即日本政府消费支出的变化能引起日元汇率的波动，说明日本政府的财政政策可能直接影响日本的对外经济关系。

为了进一步分析日本财政政策应对汇率变动的反应程度，笔者同样进行脉冲相应函数检验。

（5）脉冲响应函数

与上文类似，笔者将检验汇率 lnE 的变动即单位冲击分别对 lnGc 和 tgdp 的影响，考虑到时间序列的平稳性，我们将分别检验 lnGc 对 ΔlnE 的

脉冲响应以及 tgdp 对 lnE 的脉冲响应，结果见图 6-6。横轴表示脉冲响应的滞后期数（单位：年），纵轴表示 lnGc（tgdp）波动的变化。

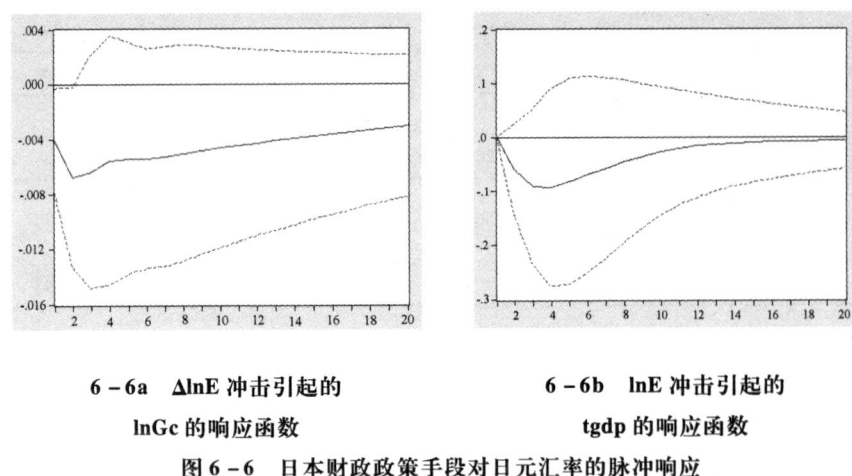

6-6a　ΔlnE 冲击引起的
lnGc 的响应函数

6-6b　lnE 冲击引起的
tgdp 的响应函数

图 6-6　日本财政政策手段对日元汇率的脉冲响应

从图 6-6a 可以看出给日元汇率一个正的冲击即日元贬值，导致日本政府的消费支出减小，在第 2 期减小程度达到最大，此后以非常缓慢的速度趋于 0。表明日元升值确实会增加日本政府的消费支出，增加的幅度非常的小，一定程度上也是由于数据经取对数处理后引起。同时，图 6-6b 显示，日元贬值会给税负比率一个较小的负面冲击，在第 3—4 期该负向冲击最大，此后逐渐趋于 0。这符合"广场协议"后日元升值带来经济的虚假繁荣甚至出现泡沫经济从而导致税收增加的实际。

### 三　小结

实证分析的结果认为，为了应对日元升值带来的负面影响，日本政府确实会实行扩张性的财政政策，增加政府消费支出。但升值会在一段时间内导致日本税收占 GDP 的比率上升，似乎有悖于凯恩斯的宏观经济理论，笔者认为，这一点却恰恰符合了"广场协议"后日本的实际情况，日元的大幅升值，导致很多日本国民对经济盲目的乐观，楼市、股市同时出现欣欣向荣的景象，此时的税收必然上升；但进入 90 年代，随着泡沫的破裂，经济出现不景气，政府的税收自然下降。

## 第四节 德国政府应对汇率波动的财政政策

德国是所有发达国家中公开宣称实行"社会市场经济"模式的国家,在马克币值稳定的前提下,德国政府对资本积累的干预程度较小,由市场主导经济。下面,笔者将对"广场协议"前后,马克汇率剧烈波动时期,德国政府采取的相应的财政政策进行分析。

### 一 变量的选取和描述

本节中笔者同样选用德国政府最终消费支出（单位：十亿马克；下文中同样用 Gc 表示）和德国政府的税收占 GDP 的比率（单位:%；下文中用 tgdp 表示）作为德国政府应对马克汇率（直接标价法，仍用 E 表示）波动做出的财政政策反应。同时考虑到德国的实际情况以及数据的可得性,本节所选择的研究范围为 1970—1998 年。实证分析前,同样将政府最终消费支出与马克汇率取自然对数处理,取对数后的序列分别用 lnGc 和 lnE 表示。

表 6-14　　　　　　德国 lnGc 和 tgdp 统计特征描述

| 变量 | 均值 | 中值 | 最大值 | 最小值 | 标准差 | 偏度 | 峰度 | JB 统计量 | P 值 |
|---|---|---|---|---|---|---|---|---|---|
| lnGc | 5.771 | 5.780 | 5.994 | 5.470 | 0.140 | -0.358 | 2.458 | 0.874 | 0.646 |
| tgdp | 3.049 | 3.103 | 3.382 | 2.681 | 0.191 | -0.423 | 2.333 | 1.261 | 0.531 |

数据来源：World Bank-databank, OECD, ECIE 和德国统计局,下同。

从表 6-14 德国的 lnGc 和 tgdp 统计描述看,德国的财政政策样本数据亦保持较为稳定,其波动性、偏度、峰度都属于正常范围之类,从 JB 统计量结果看,样本数据同样接近于正态分布。因此,适于下文的实证分析。

图 6-7 显示,德国政府的最终消费支出 lnGc 和收税总额占 GDP 的比重 tgdp 在 1970—1998 年一直保持在较平稳的水平,相对而言,马克汇率的波动则较为剧烈,尤其是在"广场协议"前后。因此,从图上亦很难直接看出德国政府的财政政策手段与马克汇率之间是否存在相互关系,下面笔者将进一步分析和检验三者之间的相互关系。

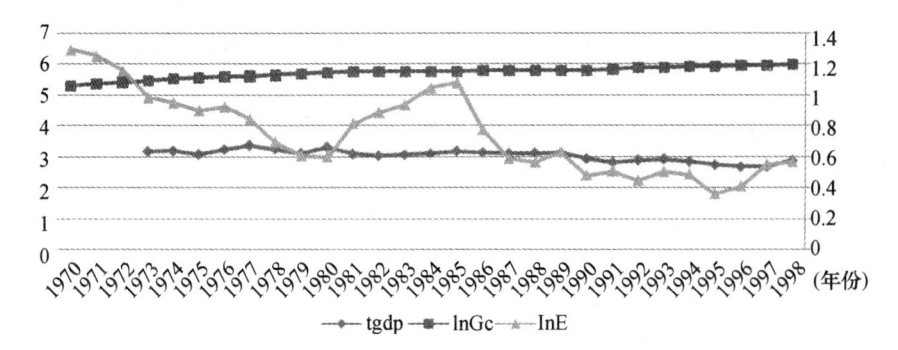

**图 6-7　德国财政政策中介目标与马克汇率历史走势**

注：马克汇率 lnE 为次坐标（右）。

## 二　实证检验

（1）单位根检验

上文中已知马克汇率 lnE 是一阶单整序列，仍采用增强的迪基—福勒（ADF）方法对德国政府的最终消费支出 lnGc 和收税总额占 GDP 的在比重 tgdp 样本数据的平稳性进行单位根检验。结果见表 6-15。

**表 6-15　　　　　德国 tgdp 和 lnGc 的单位根检验结果**

| 变量 | ADF 值 | t 值 | P 值 | 是否拒绝零假设 | 一阶差分 ADF 值 | 一阶差分 t 值 | 一阶差分 P 值 | 是否拒绝零假设 |
|---|---|---|---|---|---|---|---|---|
| tgdp | -1.438 | -2.986** | 0.547 | 接受零假设 | -5.003 | -2.992** | 0.001 | 拒绝零假设 |
| lnGc | -4.010 | -2.971** | 0.005 | 拒绝零假设 | | | | |

表 6-15 单位根检验结果显示：lnGc 是平稳的时间序列，而 tgdp 是非平稳序列并且存在一个单位根，是一阶单整序列，即经一阶差分后的 Δtgdp 是平稳的。上文中已经得到 lnE 也是一阶单整的，因此，下面将对 tgdp 与 lnE 之间是否存在长期关系进行协整检验。

（2）协整检验

同上文一样，首先运用 Eviews 软件 Lag Length Criteria 功能，确定模型的滞后长度，得到 tgdp 与 lnE 之间的协整检验结果（见表 6-16）。

表6-16　德国 tgdp 与 lnE 的协整关系 Johensan 检验

| 变量 | 迹检验统计量 | 5%水平下临界值 | P值 | 检验结果 |
|------|------|------|------|------|
| Tgdp、lnE | 16.604 | 15.495 | 0.034 | 存在1个协整关系 |

表6-16结果显示而 tgdp 和 lnE 之间存在协整关系，即德国的税收可能会受马克汇率波动的影响，同样下面用 VAR 模型进一步检验两者之间的关系。

（3）向量自回归（VAR）检验

同样，笔者将以这两个时间序列作为内生变量，用非约束 VAR 模型对 lnE 和 tgdp 以及 lnGc 与 ΔlnE 之间的动态关系进行检验。同样，利用 Eviews 软件 Lag Length Criteria 功能，使用赤池信息（AIC）准则和施瓦茨（SC）准则确定模型的最佳滞后期分别为1期。VAR 回归结果（仅保留 lnE 及其变动对 tgdp 与 lnGc 的影响）见表6-17。

表6-17　德国 tgdp 与 lnE 以及 lnGc 与 ΔlnE 的 VAR 检验结果

| 变量 | tgdp 参数值 | t检验值 | 标准误差 | 变量 | lnGc 参数值 | t检验值 | 标准误差 |
|------|------|------|------|------|------|------|------|
| lnE（-1） | 0.299 | 2.399* | 0.125 | ΔlnE（-1） | -0.036 | -1.148 | 0.030 |
| Adj. R-squared | | | 0.721 | Adj. R-squared | | | 0.987 |
| LM test | | | 0.561 | LM test | | | 0.567 |
| White heterosketasticity | | | 0.639 | White heterosketasticity | | | 0.376 |

表6-17残差分析结果显示，两个模型不存在异方差和序列自相关，AR 根的图表显示所有根的模的倒数小于1，即在单位圆内，因此模型是稳定的。

马克汇率波动对德国的税收确实存在一定的影响，尽管影响系数不大，但都能在较低水平通过显著性检验，说明德国的税收对马克汇率变动存在一定的敏感性；而汇率波动对德国的政府消费支出的影响不十分显著，即政府消费支出对汇率波动不敏感。

(4) 格兰杰因果检验

由于格兰杰检验对序列平稳性的要求,笔者用一阶差分后的序列 ΔtgdP 与 ΔlnE 以及 lnGc 与 ΔlnE 之间相互作用进行格兰杰因果检验,得到格兰杰因果检验的结果(见表6-18)。

表6-18 Δtgdp 与 ΔlnE 以及 lnGc 与 ΔlnE 之间的格兰杰因果检验结果

| 零假设 | F值 | P值 | 结论 |
| --- | --- | --- | --- |
| ΔlnE 的变化没有格兰杰导致 Δtgdp 的变化 | 1.917 | 0.076 | 拒绝零假设 |
| Δtgdp 的变化没有格兰杰导致 ΔlnE 的变化 | 0.264 | 0.771 | 不能拒绝零假设 |
| ΔlnE 的变化没有格兰杰导致 lnGc 的变化 | 0.499 | 0.614 | 不能拒绝零假设 |
| lnGc 的变化没有格兰杰导致 ΔlnE 的变化 | 1.409 | 0.267 | 不能拒绝零假设 |

格兰杰因果检验结果显示,马克汇率的变化是直接引起政府税收变化的原因,而税收的变动却不是导致马克汇率变动的格兰杰原因。而德国的政府消费支出与马克汇率波动之间互为不是格兰杰因果关系。这与上文 VAR 结果相一致。为了进一步分析德国财政政策应对汇率变动的反应程度,笔者同样进行脉冲相应函数检验。

(5) 脉冲响应函数(IRF)

与上文类似,笔者将检验汇率 lnE(或 ΔlnE)的变动即单位冲击对 tgdp 和 lnGc 的影响,结果见图6-8。横轴表示脉冲响应的滞后期数(单位:年),纵轴表示 tgdp(lnGc)波动的变化。

图6-8a 显示,给直接标价法下的马克汇率一个正的冲击,即马克汇率贬值,会给政府税收带来正的影响,在第4期左右影响达到最大,然后开始逐渐减弱趋于0,但其影响都是正的。这与凯恩斯的经济理论相吻合——本币贬值有利于出口和生产,对经济有正的影响。6-8b 显示,给马克汇率波动一个正的冲击,即马克贬值,使得政府消费支出下降,这也符合凯恩斯的经济理论,只是这种影响十分的小,这与上文的结果也较为吻合。

三 小结

实证分析结果显示,德国的政府支出与马克汇率波动的相互关系十分的微弱,可以理解为德国政府因汇率波动而对经济的直接干预不十分明显；而政府税收与马克汇率之间却存在一定的相互关系，马克升值，税收占 GDP 的比率便下降，说明德国的税收制度对经济确实存在一定的"逆风向"的作用。

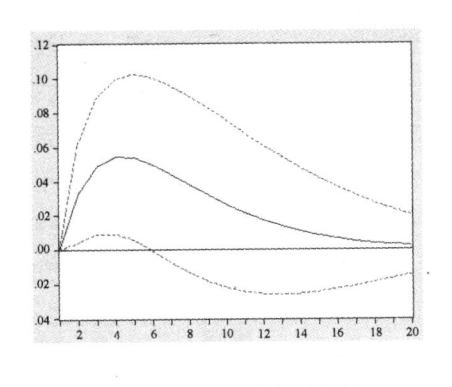

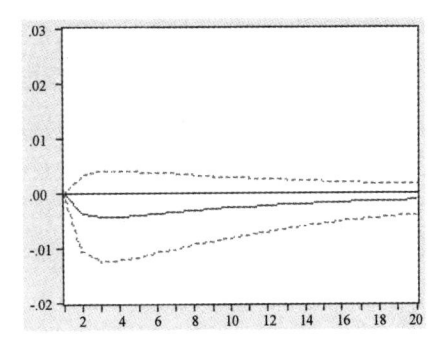

图 6-8a　lnE 冲击引起的
tgdp 的响应函数

图 6-8b　ΔlnE 冲击引起的
lnGc 的响应函数

图 6-8　德国财政政策工具对马克汇率的脉冲响应

## 第五节　本章小结

通过上述的实证分析，可以得到的结论是：同样的本币升值，德国和日本当局无论在货币政策还是财政政策的应对反应都存在一定的差异。

在货币政策方面，同样的应对本币升值，日本央行无论是从增加货币供给量还是降低市场利率等方面，都较德国联邦储备银行采取更为主动积极的扩张性的货币政策，以期减小或防止本币升值给国内经济带来的负面影响，尤其是对于利率的干预，日本政府对市场的干预较为明显和直接。因此，与日本央行相比，德国央行确实较好地保持了货币政策的独立性。无论是 $M_3$ 还是货币市场利率，对马克汇率的变动都十分的不敏感，几乎与汇率保持了相对的独立性，这也验证了德国央行一贯坚持以币值稳定和经济增长为主要目标的货币政策，对金融外汇市场的干预非常小。

在财政政策方面，笔者选择了政府掌握绝对主动权的政府最终消费支出和对社会经济具有"自动稳定器"作用且政府可以相机抉择的税收作为衡量应对本币汇率变动的财政政策工具。从政府消费支出看，本币升值，日本政府确实会实行扩张性的财政政策，增加政府消费支出；而德国的政府消费支出与马克汇率之间的相互关系不显著。说明德国政府确实奉行着"以市场自由竞争为主，政府适当干预"的"社会市场经济"理论。从税收占GDP的比重这一指标看，德国的税收制度似乎较日本更加起到"逆经济风向"的自动稳定功能。

　　凯恩斯经济理论认为，税收主要通过两种方式调节宏观经济：一是税收"逆经济风向"的内在自动稳定器作用；二是政府可以通过相机抉择直接调节税赋比率。而税收自动稳定功能能否起作用，关键在于该国的税收制度设计的是否合理，良好的税收制度，自然能对经济起到调控作用；而相机抉择的税收政策能否发挥作用，主要依靠决策者对宏观经济的正确预计和判断。事实上，为避免决策失误，政府决策者更倾向于制定完美的税收制度而非频繁的变动税率，因此，税收调控宏观经济的功能主要在于第一种方式，即内在自动稳定器作用。实证分析结果显示，德国的税收制度在对外经济关系方面确实发挥着这一作用，至于对国内经济的影响将在第七章进行实证分析。

　　而日本税收占GDP的比率在日元升值阶段不降反升，似乎有悖于凯恩斯的宏观经济理论，笔者认为，这一点却恰恰符合了"广场协议"后日本的实际情况，日元的大幅升值，导致很多日本国民对经济盲目的乐观，楼市、股市同时出现欣欣向荣的景象，此时的税收必然上升；但进入90年代，随着泡沫的破裂，经济出现不景气，政府的税收自然下降。因此，也不能就此而认为日本的税收制度不合理。

　　应对本币升值，两国的政府和央行采取了不用的应对态度和政策手段，这些政策对实体经济究竟会产生什么样的影响，笔者将在下一章分析探讨。

# 第七章
# "广场协议"前后日德政府宏观调控效应的比较

如前文所述，大多学者的观点（如麦金农）认为"广场协议"导致了日本的泡沫经济进而导致日本经济所谓"失去的二十年"。但也有学者认为（秦晓，2010；张维迎，2009）日本的经济问题不是汇率的问题，而是一个内生的问题，根本上来说在于政府主导。政府过多的干预市场，必然破坏价格机制，破坏资源配置。比如政府控制金融业，控制利率（长期低息），政府搞基建，经营土地，最终日本的问题暴露无遗。事实上，早在20世纪70年代西方各国经济出现"滞胀"时，凯恩斯主义便遭到学界的质疑，尤其是以卢卡斯为代表的理性预期学派则更是得出政策无效的结论。有效市场、经济自由主义思潮再次盛行。

2008年开始，由美国次贷危机引发的一场全球性金融危机，使自由主义思潮遭到极大打击。事实证明，所谓"理性预期"假说不过是一种神话，自由的市场并不能发出合理的配置经济资源的价格信号。为把美国经济从危机深渊中挽救出来，奥巴马政府采取了非同寻常的经济干预措施，并取得了一定的效果。这又使凯恩斯主义大显身手。显然，从经济政策思想演变角度看，经过这场危机的洗礼，国家干预主义重新占了上风（高鸿业，2010）。

诚然，宏观经济理论及政策在过去已有多种观点，但总不外是国家干预和经济自由两大思潮的交替和反复。新凯恩斯主义者则认为，由于工资和价格的黏性，国家干预经济的政策在短期内仍然会有积极作用。当前，学者们大多支持这个观点，即国家干预经济短期有效，长期则可能失效。

第六章我们已经证实，日本和德国正好代表了两种不同的经济法发展模式，日本属于政府主导型经济，而德国相对为市场自由型经济模式。同样应对本币的升值，日本政府及央行的干预明显要多于德国。本章的重点就是将两国应对本币升值的宏观经济政策及其对实体经济产生的影响进行比较和分析，即利用两国历史数据进行实证检验，以确定两国宏观经济政策（包括货币政策和财政政策）中介目标和经济增长与发展的定量关系，从而对应对本币升值、政府干预的有效性和必要性进行验证，以期对当前人民币不断升值的应对问题提供一些参考。

## 第一节　日本宏观调控政策与经济发展的实证检验

第六章的实证分析结果显示，为应对日元升值，日本央行会采取增加国内货币供给量、降低利率等扩张性的货币政策；同时日本政府亦会增加政府消费支出等扩张性财政政策以减小或防止本币升值给国内经济带来的负面影响。同时，日本税收制度会对汇率波动起一定的"反向稳定"作用。本节的重点，是要继续分析这些应对汇率波动的扩张货币政策和财政政策是否能对日本的实体经济起到积极正面的影响和作用。

### 一　变量的选取及描述

（1）宏观调控政策中介目标

为进一步分析日本政府应对汇率波动所采取的手段对实体经济产生的作用和影响，本节中笔者沿用第六章所选取的货币政策以及财政政策相应调控工具和手段的时间序列数据作为日本宏观调控经济的相关政策，即仍用3个月短期金融市场利率 R 和广义货币供给 $M_2$ 作为日本央行货币政策调控中介目标；用政府最终消费支出 Gc 和税收占 GDP 的比率 tgdp 作为日本政府财政政策的调控工具。

（2）经济增长与发展指标

按第三章所述，简单的名义 GDP 增长率已经不能很好地描述日本经济增长与发展的实际情况，这里，笔者分别选择人均 GDP（不变价单位本币，下文中用 PGDP 表示）和人均收入/人均产出比值（下文中用 PEGI 表示）定义为衡量日本经济增长与发展的指标。

实证分析前，同样将广义货币供给 $M_2$、政府最终消费支出 Gc 以及人均 GDP 取自然对数处理，取对数后的序列分别用 $lnM_2$、lnGc 和 lnPGDP 表示。同时为避免时间序列数据短期的剧烈波动给实证分析带来的影响以及数据的可得性，本节所选择的研究范围同样为1970—2008年。

表7-1　　　　　日本 lnPGDP 以及 PEGI 统计特征描述

| 变量 | 均值 | 中值 | 最大值 | 最小值 | 标准差 | 偏度 | 峰度 | JB统计量 | P值 |
|---|---|---|---|---|---|---|---|---|---|
| lnPGDP | 14.884 | 14.999 | 15.226 | 14.328 | 0.285 | -0.495 | 1.768 | 4.062 | 0.131 |
| PEGI | 0.847 | 0.840 | 0.926 | 0.777 | 0.046 | 0.392 | 1.728 | 3.625 | 0.163 |

数据来源：根据 World Bank-databank，OECD 和日本统计局数据计算所得，下同。

第六章我们已经知道货币政策中介目标 lnM$_2$ 和 R 以及财政政策工具 lnGc 和 tgdp 都近似于正态分布，表7-1显示，lnPGDP 和 PEGI 也都可以认为来自正态总体。

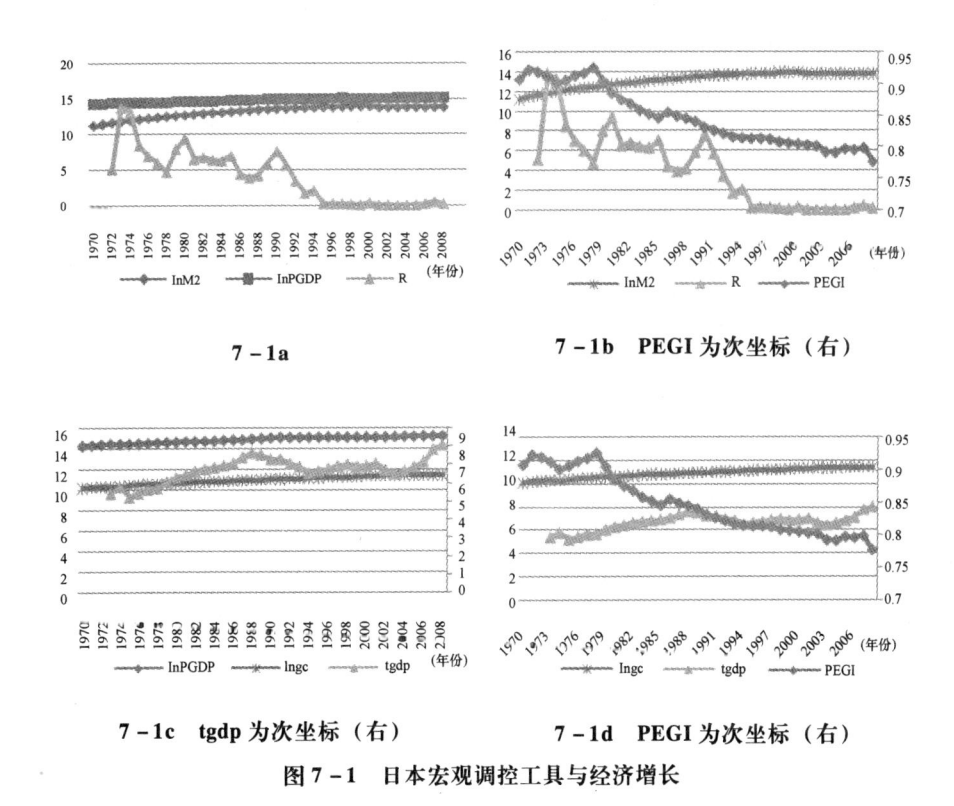

7-1a

7-1b　PEGI 为次坐标（右）

7-1c　tgdp 为次坐标（右）

7-1d　PEGI 为次坐标（右）

图7-1　日本宏观调控工具与经济增长

图7-1分别显示了日本货币政策和财政政策手段与经济增长和发展的相互关系。从货币政策与经济增长和发展的关系看，a 图显示 lnM$_2$ 与

lnPGDP 呈现较为一致的趋势，而 b 图则显示 R 与 PGEI 更具有相关性，图 c 和图 d 显示了日本财政政策手段与经济增长和发展的关系，直观上看，似乎只有 lnGc 与 lnPGDP 存在相近的趋势，而 lnGc 和 tgdp 与 PEGI 各呈态势，难见相关性。下面，笔者将对各变量之间的真实相互关系进一步展开实证分析和讨论。

## 二 实证检验

（1）单位根检验

在第六章我们已经知道 lnGc 和 $lnM_2$ 是平稳的时间序列，而 R 与 tgdp 是一阶单整的非平稳序列。仍采用增强的迪基—福勒（ADF）方法对代表经济增长与发展的两个变量进行单位根检验，结果如下。

表 7-2　　　　日本 lnPGDP 以及 PEGI 的单位根检验结果

| 变量 | ADF 值 | t 值 | P 值 | 是否拒绝零假设 | 一阶差分 ADF 值 | 一阶差分 t 值 | 一阶差分 P 值 | 是否拒绝零假设 |
| --- | --- | --- | --- | --- | --- | --- | --- | --- |
| lnPGDP | -2.378 | -2.943 | 0.155 | 接受零假设 | -3.745 | -2.943** | 0.007 | 拒绝零假设 |
| PEGI | -1.677 | -2.960 | 0.432 | 接受零假设 | -4.854 | -2.943** | 0.000 | 拒绝零假设 |

表 7-2 单位根检验结果显示：lnPGDP 和 PEGI 都是非平稳序列并且都只存在一个单位根，即都是一阶单整序列。但 lnGc 和 $lnM_2$ 是平稳的时间序列，为了找出政府消费支出和广义货币供应量对经济增长的影响，笔者将用人均 GDP 的增长率（下文中用 gGDP 表示）来作为衡量经济增长的指标。由 lnPGDP 序列是 I（1）的，我们可以得到 gGDP 是平稳的时间序列（ADF 检验结果验证确实如此），这样，便可在下文中讨论三者之间的相互关系。

（2）协整检验

R、tgdp、lnPGDP 和 PEGI 都是 I（1）的，因此进一步检验变量之间的协整关系。仍然运用 Eviews 软件 Lag Length Criteria 功能，确定模型的滞后长度，最终得到两组协整检验结果（见表 7-3）。

表7-3　日本 R 与 lnPGDP 以及 R 与 PEGI 协整关系 Johensan 检验

| 变量 | 迹检验统计量 | 5%水平下临界值 | P值 | 检验结果 |
| --- | --- | --- | --- | --- |
| R、tgdp、lnPGDP | 24.167 | 20.262 | 0.014 | 存在2个协整关系 |
| R、tgdp、PEGI | 38.307 | 29.797 | 0.004 | 存在1个协整关系 |

表7-3结果显示 R、tgdp 和 lnPGDP 之间以及 R、tgdp 与 PEGI 之间都存在长期相关关系，其中滞后期分别为1期；说明日本的三个月短期金融市场利率、税收占 GDP 的比率和经济增长与发展之间确实存在某种长期的相互关系。下面笔者将进一步建立实证模型，对以上变量的相关关系展开进一步讨论。

### 三　模型的建立与分析

（1）问题分析一

上文中我们得到 $lnGc$、$lnM_2$ 和 $gGDP$ 都是平稳的时间序列，因此考虑建立以 $gGDP$ 为因变量，$lnGc$ 和 $lnM_2$ 为自变量的二元回归方程。得到：

$$gGDP_t = 40.75 - 6.34 lnGc_t + 2.33 ln M_{2t} \tag{1}$$
$$(-1.82^*) \quad (1.34)$$
$$\overline{R}^2 = 0.084 \quad DW = 1.44$$

各参数不能很好的通过显著性检验（括号中数值为 t 检验值，* 表示10%显著水平，** 表示5%显著水平，*** 表示1%显著性水平；下同），检验残差项发现存在一阶自相关，考虑加入适当的滞后项，得到分布滞后模型如下：

$$gGDP_t = -69.79 + 79.62 lnGc_t + 22.14 lnM_{2t} - 71.44 lnGc_{t-1} -$$
$$(3.38^{**}) \quad (2.66^{**}) \quad (-3.36^{**})$$
$$23.88 lnM_{2t-1} + 0.69 gGDP_{t-1} \tag{7-1}$$
$$(-2.84^{**}) \quad (3.79^{**})$$
$$\overline{R}^2 = 0.42 \quad F = 6.41 \quad LM(1) = 0.236 \quad LM(2) = 0.462$$

残差检验结果显示方程（7-1）自相关消除，并且参数估计值的 t 统计量均能通过显著性检验，因此可以认为该模型设定是正确的。

（7-1）回归结果显示，当期的日本政府消费支出和广义货币供给量的增加都能给本期人均 GDP 增长率带来较大幅度的正面促进作用，但上一期的政府消费支出和广义货币供应量的增加给本期人均 GDP 增长率带来的是负面作用,有意思的是正面和负面作用几乎相等。也就是说,增加政府消费支出的扩张性财政政策和增加广义货币供给量的扩张性货币政策虽然在当期能立竿见影的给经济增长带来促进作用,但是一年后这些"好处"将转变成"坏处",并且将已有的"好处"抵消。

(2)问题分析二

在建立 R、tgdp 和 lnPGDP 之间以及 R、tgdp 与 PEGI 之间的协整方程之前,观察图 7-1,笔者认为 3 个月短期金融市场利率 R 序列在 20 世纪 90 年代可能存在水平突变,因此,下面首先将对这一可能的突变过程进行检验。

邹检验(Chow Test)为结构性变化提供了一种经典的检验方法,在时间序列分析中,邹检验被普遍地通过带有确定项的 AR(p)过程来测试结构性变化是否存在。利用 AIC、SC 信息准则及 LR 检验,确定贷款利率 AR(p)模型的最佳滞后期数为 1 期,得到回归结果如下表。

表 7-4　　　　　　　　日本贷款利率 AR(1)模型

| Variable | Coefficient | Std. Error | t-Statistic | Prob. | Adjusted R-squared |
| --- | --- | --- | --- | --- | --- |
| AR(1) | 0.864 | 0.01 | 9.532 | 0.0000 | 0.720 |

表 7-4 显示,短期金融市场利率参数通过各项显著性检验值,残差分析结果亦不存在异方差和序列自相关。

通过自 1990—2000 年各年度的断点试错检验,得到在 5% 临界水平下,1992 年和 1993 年的断点邹检验 F 值相同并且显著,$F = 4.269$,$P = 0.023$。说明日本贷款利率在 1992—1993 年前后确实存在水平突变。1993 年以后,日本进入低利率阶段,至于是否确实陷入货币政策失效的"流动性陷阱"有待笔者下文的讨论和分析。

表 7-3 显示 R、tgdp 和 lnPGDP 之间存在协整关系,首先分别对三个变量进行自相关检验,ACF、PACF 图显示,三个变量都是 AR(1),因此考虑首先建立变量的一阶分别滞后模型。同时,考虑到 R 在 1992—1993 年前后出现水平突变,因此,笔者考虑设置虚拟变量 D,在 1970—1992 年设为货币政策有效,即 $D = 1$;1993—2008 年假设利率陷入"流动性"陷阱,即货币政策无效,$D = 0$。同时考虑截距和斜率的变化,设置

方程的形式为：

$$\ln PGDP_t = \beta_0 + \beta_1 R_t + \beta_2 tgdp_t + \beta_3 R_{t-1} + \beta_4 tgdp_{t-1} + \beta_5 \ln PGDP_{t-1} + \beta_6 D * R_t + \beta_7 D \times R_{t-1} + \beta_7 D + \mu_t \quad (2)$$

由于 R、tgdp 和 lnPGDP 都是 AR（1）的，因此方程（1）必定存在多重共线性问题，笔者采用逐步排除法，经多次试错，去除参数检验不显著并且容易引起共线问题的变量，最终得到 OLS 回归结果如下：

$$\ln PGDP_t = 1.77 + 0.022 tgdp_t - 0.004 D \times R_{t-1} + 0.874 \ln PGDP_{t-1}$$
$$(3.16^{**}) \quad (-2.63^{**}) \quad (30.73^{***}) \quad (7-2)$$
$$\overline{R}^2 = 0.995 \quad F = 2321.293$$

调整后的拟合优度接近于1，说明模型可能仍存在多重共线性问题，但 F 检验值和 t 统计值较为显著，并且残差平稳不存在序列自相关和异方差问题，因此，笔者忽略多重共线性问题（下同），接受模型（7-2）式的结果。

协整方程（7-2）式结果显示，从长期来看，日本税收占 GDP 的比率与人均 GDP 增长保持同向的相关关系，这似乎不太符合凯恩斯宏观调控理论——经济萧条时期采用扩张性的减税政策。但反过来思考，由于发达国家都采取累进制税收制度，税收"累进"的速度快于经济增长，税收占 GDP 的比率自然会相应提高，反之则降，因此，笔者认为倒也符合经济现实。前一期的短期金融市场利率与人均 GDP 呈反向变动关系，即降低利率有利于促进经济增长，这与凯恩斯的经济理论相符合。值得一提的，尽管在 1970—1992 年，日本的市场利率对经济增长的促进作用非常微弱（0.4%），但 1993 年之后，利率对经济的促进作用为 0（D = 0），因此，虚拟变量的设置证实了 1993 年以后日本陷入凯恩斯"流动性陷阱"的观点。

以稳定的时间序列 $\mu_t$ 作为误差修正项（ecm），建立误差修正模型以检验日本宏观调控政策对经济增长的短期影响效应。得到：

$$\Delta \ln PGDP_t = -0.001 \Delta tgdp_t - 0.006 \Delta R_{t-1} + 0.930 \Delta \ln PGDP_{t-1} - 0.730 ecm_{t-1}$$
$$(-0.12) \quad (-4.66^{***}) \quad (8.26^{***}) \quad (-3.61^{**})$$
$$(7-3)$$

$$\overline{R}^2 = 0.441 \quad LM(1) = 0.124 \quad LM(2) = 0.272$$

与（7-2）式相比，（7-3）式的拟合优度明显下降，说明序列经一阶差分后明显减轻了原来的多重共线性问题,LM 检验显示亦不存在自相关。(7-3) 式结果显示,日本税收和利率的宏观调控短期和长期对经济的影响差别并不明显：税率的变动对于经济增长基本不起作用（参数检验值不显著），降低利率的扩张性货币政策对于促进经济增长的作用亦十分微弱。

（3）问题分析三

和上文一样，构建以 PEGI 为因变量，R 和 tgdp 为自变量的一阶分布滞后模型。同样设置虚拟变量 D，1970—1992 年 D = 1；1993—2008 年 D = 0。设置方程的形式为：

$$PEGI_t = \beta_0 + \beta_1 R_t + \beta_2 tgdp_t + \beta_3 R_{t-1} + \beta_4 tgdp_{t-1} + \beta_5 PEGI_{t-1} + \beta_6 D \times R_t + \beta_7 D \times R_{t-1} + \beta_7 D + \mu_t \quad (3)$$

仍采用逐步排除法，经多次试错，去除参数检验不显著并且容易引起共线问题的变量，最终得到 OLS 回归结果如下：

$$PEGI_t = 0.163 - 0.008 tgdp_{t-1} + 0.867 PEGI_{t-1} - 0.003 D \times R_t +$$
$$(-2.50^{**}) \quad (10.78^{***}) \quad (-4.27^{***})$$
$$0.001 D \times R_{t-1} + 0.015 D \quad (7-4)$$
$$(2.36^{**}) \quad (2.48^{**})$$
$$\overline{R}^2 = 0.984 \quad F = 419.055$$

(7-4) 式 F 检验值和 t 统计值较为显著，并且残差平稳不存在序列自相关和异方差问题，因此，同样忽略模型可能仍存在多重共线性问题，接受模型 (7-4) 式的结果。

(7-4) 式结果显示，前一期的降税会给后一期的经济发展带来促进微弱的作用；降低利率的扩张性货币政策会在当期给经济发展带来正向作用，但会给下一期带来负面作用，尽管作用都很小，但是正向作用要大于负面作用。另外，在 1993 年之后，利率的作用同样失效。

建立以残差项 $\mu_t$ 作为误差修正项的误差修正模型，得到：

$$\Delta PEGI_t = 0.007 \Delta tgdp_{t-1} + 0.96 \Delta PEGI_{t-1} - 0.003 \Delta R_t + 0.001 \Delta R_{t-1} -$$
$$(-1.61) \quad (4.33^{***}) \quad (-4.02^{***}) \quad (1.83^*)$$
$$0.83 ecm_{t-1} \quad (7-5)$$
$$(-2.69^{**})$$
$$\overline{R}^2 = 0.324 \quad LM(1) = 0.312 \quad LM(2) = 0.581$$

(7—5) 式 LM 检验显示亦不存在自相关，并且拟合优度明显下降，说明原序列经一阶差分后明显减轻了原来的多重共线性问题。与（7—4）式相比，利率的作用长期和短期基本没有差别，而税率的变动对于经济发展短期内基本不起作用（参数检验值不显著）。

### 四 结论

首先，进入90年代后，日本的确陷入流动性陷阱，此后的利率政策对实体经济的作用基本为无效。

其次，从短期来看，日本央行增加广义货币供给量的增加都能给当期人均GDP增长率带来较大幅度的正面促进作用，但在下一期便转变成负面作用，并且正面和负面作用几乎相等；而降低利率的中介目标对于促进人均GDP的增长与经济发展有一定促进的作用，但作用十分的微弱。政府增加消费支出的手段类似于增加广义货币供应量，只能给当期人均GDP增长率带来较大幅度的正面促进作用，在下一期立刻转变成负面作用，正负几乎相抵。而降低税率的扩张性财政对经济增长以及发展亦是基本无促进作用。

最后，从长期来看，日本央行增加广义货币量的货币政策中介目标对人均GDP增长的作用几乎近于0；而降低利率的中介目标对于促进人均GDP的增长和经济发展的作用十分的微弱。政府增加消费支出的扩张性财政对经济增长和发展基本不起作用，降低税率则能有十分微弱的促进作用。

因此，本节可以得到的基本结论是：尽管日本应对日元汇率波动的货币政策（1992年以前，之后便陷入低利率的流动性陷阱）和财政政策能在短期内对经济增长及其发展产生一定的正面作用，但是从长期来看，唯有税收比率能对经济体有十分微弱的作用，其他手段均无效。

## 第二节 德国宏观调控政策与经济发展的实证检验

德国政府和央行遵循以弗莱堡大学的瓦特·欧根教授为代表的弗堡莱学派主张"经济自由主义"和他们始终坚持的"社会市场经济"理论，即应尽量发挥自由竞争市场机制的作用，政府仅是适当地进行干预，因此，德国是唯一公开宣称实行"社会市场经济"模式的发达国家。第六章,笔者已经得到德国央行在马克汇率波动期间,货币政策保持了较好的独立性,并没有因汇率波动而对德国的外汇金融市场直接大加干预。同时,德国政府因汇率波动而对经济的直接干预不十分明显。本节的重点分析以市场为主导的经济中,德国联邦储备银行的保持独立性较好的货币政策以及德国政府以"自由竞争为主导"适当干预的财政政策给德国经济带来的作用和影响。

### 一 变量及数据的选取

(1) 宏观调控政策中介目标

本节中,笔者同样以 $M_3$ 和货币市场利率 r 作为德国货币政策中介目标。用政府最终消费支出 Gc 和税收占 GDP 的比率 tgdp 作为德国政府财政政策的调控工具。

(2) 经济增长与发展指标

本节,笔者同样选择人均 GDP 增长率(下文中用 PGDP 表示)和人均收入/人均产出比值(下文中用 PEGI 表示)作为衡量德国经济增长与发展的指标。

实证分析前,同样将广义货币供给量 $M_3$、政府最终消费支出 Gc 以及人均 GDP 取自然对数处理,取对数后的序列分别用 $lnM_3$、lnGc 和 lnPGDP 表示。同时考虑到德国的实际以及数据的可得性,本节所选择的研究范围同样为 1970—1998 年。

表 7-5　　　　　　德国 lnPGDP 和 PEGI 统计特征描述

| 变量 | 均值 | 中值 | 最大值 | 最小值 | 标准差 | 偏度 | 峰度 | JB 统计量 | P 值 |
| --- | --- | --- | --- | --- | --- | --- | --- | --- | --- |
| lnPGDP | 2.196 | 2.212 | 5.434 | -1.716 | 1.694 | -0.229 | 2.587 | 0.445 | 0.801 |
| PEGI | 0.860 | 0.861 | 0.892 | 0.829 | 0.017 | -0.012 | 2.486 | 0.308 | 0.857 |

数据来源:World Bank-databank,OECD 和德国统计局,下同。

在第六章我们已经知道,德国货币政策中介目标 $lnM_3$ 和 r 以及财政政策工具 lnGc 和 tgdp 都近似于正态分布,表 7-5 显示,lnPGDP 和 PEGI 也都可以认为来自正态总体。

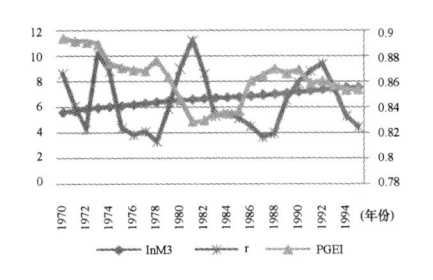

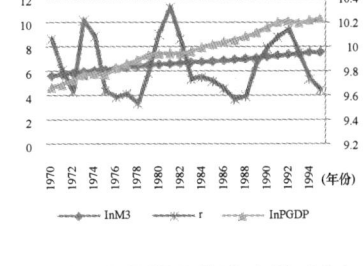

7-2a　PGEI 为次坐标（右）　　　　　7-2b　lnPGDP 为次坐标（右）

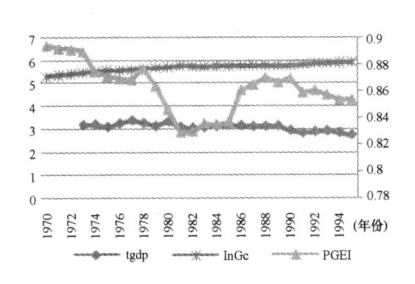

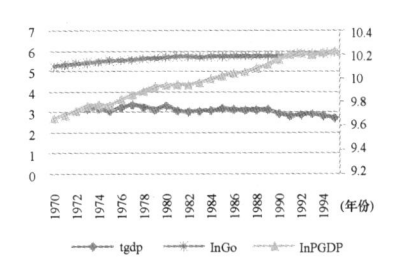

7-2c　PGEI 为次坐标（右）　　　　　7-2d　lnPGDP 为次坐标（右）

图7-2　德国宏观调控工具与经济增长

图7-2分别显示了德国货币政策和财政政策手段与经济增长与发展的直观趋势。从货币政策与经济增长与发展的关系看，a 图和 b 图显示，取对数后的 $lnM_3$ 比较平稳，而货币市场利率 r 则相对波动较大，但无论是与 lnPGDP 还是 PGEI 都很难直观看出相关性。图 c 和图 d 显示了德国财政政策手段与经济增长与发展的关系，直观上看，tgdp 与 lnPGDP 略有呈现反向变动关系，其他变量间亦是难见相关性。下面，笔者将对各变量之间的真实相互关系进一步展开实证分析和讨论。

## 二　实证检验

（1）单位根检验

在第六章我们已经知道德国货币市场利率 r、$lnM_3$ 和 lnGc 是平稳的时间序列，而 tgdp 是一阶单整的非平稳序列。仍采用增强的迪基—福勒方法（ADF）对代表经济增长与发展的两个变量进行单位根检验，结果如下。

表7-6　　　　德国 lnPGDP 和 PEGI 的单位根检验结果

| 变量 | ADF 值 | t 值 | P 值 | 是否拒绝零假设 | 一阶差分 ADF 值 | 一阶差分 t 值 | 一阶差分 P 值 | 是否拒绝零假设 |
| --- | --- | --- | --- | --- | --- | --- | --- | --- |
| lnPGDP | -1.351 | -2.976 | 0.590 | 接受零假设 | -3.850 | -2.976** | 0.007 | 拒绝零假设 |
| PEGI | -2.445 | -2.976 | 0.196 | 接受零假设 | -3.816 | -2.976** | 0.008 | 拒绝零假设 |

表7-6单位根检验结果显示：lnPGDP 和 PEGI 都是非平稳序列并且存在一个单位根，即是一阶单整序列。

(2) 协整检验

上文中已知，tgdp、lnPGDP 和 PEGI 都是 I (1) 的，因此进一步检验相互之间的协整关系。仍用 Eviews 软件 Lag Length Criteria 功能，确定模型的滞后长度，最终得到两组协整检验结果（见表7-7）。

表7-7　德国 tgdp 与 PEGI 以及 tgdp 与 lnPGDP 协整关系的 Johensan 检验

| 变量 | 迹检验统计量 | 5%水平下临界值 | P 值 | 检验结果 |
| --- | --- | --- | --- | --- |
| tgdp、PEGI | 6.429 | 15.45 | 0.645 | 不存在协整关系 |
| tgdp、lnPGDP | 15.819 | 15.494 | 0.045 | 存在一个协整关系 |

表7-7结果显示 tgdp 和 PEGI 之间不存在长期相关关系。说明德国的税收政策从长期来看对于经济发展的提高和进步并没有什么促进作用。tgdp 与 lnPGDP 之间存在长期的相关关系，其中滞后期为1期，两个变量之间具体的相互关系，笔者将在下文进一步展开讨论。

三　模型的建立与分析

(1) 问题分析一

上文已知，tgdp 与 lnPGDP 都是 I (1) 的，并且存在协整关系，因此建立以 lnPGDP 为因变量，tgdp 及其滞后项为自变量的回归方程：

$$\text{lnPGDP}_t = \beta_0 + \beta_1 \text{tgdp}_t + \beta_2 \text{tgdp}_{t-1} + \beta_3 \text{lnPGDP}_{t-1} + \mu_t \tag{3}$$

经多次反复增减变量试错，$\beta_1$ 和 $\beta_2$ 始终无法通过显著性检验，即作为自变量的 tgdp 并不是引起 lnPGDP 变动的主要因素之一。但此处，主要目标是弄清 tgdp 与 lnPGDP 两者之间的长期相关关系，因此，笔者"换位"思考，建立以 lnPGDP 为自变量，而 tgdp 为因变量的回归方程，经再次试错，最终得到回归方程：

$$tgdp_t = 6.504 - 0.520 \ln PGDP_t + 0.578 tgdp_{t-1} \qquad (7-6)$$
$$(-2.52^{***}) \quad (3.34^{***})$$
$$\overline{R}^2 = 0.746 \quad F = 34.784 \quad LM(1) = 0.954 \quad LM(2) = 0.052$$

（7-6）式参数 t 统计值都十分显著，并且残差平稳不存在序列自相关和异方差问题，即为 tgdp 与 lnPGDP 的长期相互关系。回归结果显示，长期来看，德国的税收占 GDP 的比例与人均 GDP 增长负相关，即税收"累进"的速度要慢于经济增长，换一个角度也可以认为降低税率的财政政策确实能对经济起一定的刺激作用。

建立以残差项 $\mu_t$ 作为误差修正项的误差修正模型，得到：

$$\Delta tgdp_t = 0.693 \Delta \ln PGDP_t + 0.948 \Delta tgdp_{t-1} - 1.431 ecm_{t-1} \qquad (7-7)$$
$$(0.80) \quad (2.38^{**}) \quad (-3.09^{***})$$
$$\overline{R}^2 = 0.248 \quad LM(1) = 0.040 \quad LM(2) = 0.021$$

（7-7）式 LM 检验显示亦不存在自相关。与（7-6）式相比，税率的变动与经济增长相互关系短期的参数检验值不显著，即与日本的情况相似，税收在短期内对经济增长不起作用。

（2）问题分析二

r、$\ln M_3$ 和 $\ln Gc$ 是平稳的时间序列，而代表经济增长及其方式的 lnPGDP 与 PEGI 却都是 I(1) 的，因此，首先考虑建立以 gPGDP（人均 GDP 增长率，平稳序列）为因变量，r、$\ln M_3$、$\ln Gc$ 为自变量的回归方程：

$$gPGDP_t = \beta_0 + \beta_1 r_t + \beta_2 \ln M_{3t} + \beta_3 \ln Gc + \mu_t$$

OLS 得到结果如下：

$$gPGDP_t = 55.356 - 0.117 r_t + 2.555 \ln M_{3t} - 0.12.148 \ln Gc_t \qquad (4)$$
$$(-0.87) \quad (1.05) \quad (-1.43)$$
$$\overline{R}^2 = 0.069 \quad DW = 1.742$$

（4）式各参数的统计检验均不显著，拟合优度也十分小，说明模型存在较为严重的多重共线性。经检验，发现 $\ln M_3$ 与 $\ln Gc$ 之间存在较强的相互关系，删除 $\ln M_3$ 并加入适当的滞后项，最终得到分布滞后模型：

$$gPGDP_t = 27.103 - 0.441 r_{t-1} - 4.165 \ln Gc_t \qquad (7-8)$$
$$(-4.21^{***}) \qquad (-2.83^{***})$$

$$\overline{R}^2 = 0.431 \quad F = 11.228 \quad LM(1) = 0.41 \quad LM(2) = 0.56$$

检验残差不存在序列自相关和异方差问题，相关统计检验值都较为显著，接受 (7-8) 式的结果。

(7-8) 式结果显示：前一期的市场利率则与人均 GDP 增长率负相关，说明降低利率的扩张性货币政策会给经济带来正面影响；增加政府支出的扩张性财政政策给当期经济增长带来的是负面影响，这有悖于凯恩斯的经济理论，但笔者认为，德国是各项福利保障十分完善的发达国家，政府支出的大部分用于支付各种社会福利，当经济不景气时，失业人数大幅上升，需要政府"救济和援助"的对象自然就多了，因此，实证分析的结果有悖于凯恩斯理论却能于德国的经济实际相吻合。

另外，笔者试图建立 $\ln M_3$ 与 gPGDP 相互关系的回归方程，经多次试错，参数 t 检验值与 F 统计量检验值始终不能通过显著性检验。因此，认为货币供应量与经济增长率之间并不存在线性相关关系。

(3) 问题分析三

上文中已知 PEGI 是 I(1) 的，建立以 ΔPEGI（可以认为是怎长方式的改善率）为因变量，$r$、$\ln M_3$、$\ln Gc$ 为自变量的回归方程，同样，由于 $\ln M_3$ 与 $\ln Gc$ 之间存在相互关系，采用删除其中之一以及参数统计检验不显著的变量，发现 $\ln M_3$、$\ln Gc$ 与 ΔPEGI 之间并不存在线性关系（参数无法通过显著性统计检验），最终得到方程：

$$\Delta PEGI_t = 0.009 - 0.002 r_t \qquad (7-9)$$
$$(-2.97^{***})$$

$$\overline{R}^2 = 0.225 \quad DW = 1.769 \quad F = 8.836$$

检验残差不存在序列自相关和异方差问题，相关统计检验值都较为显著，接受 (7-9) 式的结果。(7-9) 显示，增加货币供应量或者增加政府支出都不能对经济发展的转变起到任何作用，唯有降低利率的政策能给经济发展带来十分微弱的促进作用。

**四 结论**

首先，从货币政策的中介目标对经济影响来看，德国的货币供应量无论是与经济增长率还是经济发展之间都不存在线性关系；而货币市场利率则与人均 GDP 增长率负相关，即以降低利率为中介目标的扩张性货币政策会给经济增长带来正面影响，并且对于经济发展亦能产生十分细微的促进作用。

其次，财政政策对经济的影响主要分析了德国的税收与政府支出两项指标，实证研究结果显示：增加政府支出不能对经济发展的转变起作用，但与经济增长负相关，这有悖于凯恩斯的经济理论，不过笔者倒认为这是德国经济实际的，因为德国各项福利保障十分完善的发达国家，政府支出的大部分用于对各种社会福利的转移支付当本币大幅升值，造成经济不景气或是失业人数大幅上升，需要政府"救济和援助"的对象就增加，因此，政府支出与经济增长呈现负相关关系，经济繁荣，政府支出便减小，经济处于萧条期，政府支出便增加。另外，与日本的情况相似，德国的税收在短期内对经济增长不起作用，长期却与经济增长负相关，即降低税率的扩张性财政政策能对经济起一定的刺激作用。但税收与经济发展之间亦不存在相关关系。

因此，实证研究的结果认为，以"自由市场为主导"的德国，应对马克升值对经济可能带来的负面影响，利用增加货币供应量和政府消费支出这样的经济系统"外生变量"（事实上，第六章我们已经知道德国政府并没有过多的采用这样的手段和工具）对经济增长与发展的转变并没有促进作用，而更加符合"市场"的货币市场利率则会给经济带来正面影响。值得一提的是，第六章笔者发现德国的税收能对马克汇率变动即对外经济起到"自动稳定器"的作用，本章的研究得到，税收政策对德国经济同样有着"自动稳定器"的作用。

## 第三节 本章小结

通过分别对德日两国应对汇率波动的财政政策和货币政策对实体经济增长和发展建立实证模型，发现"政府主导"的日本与"市场主导"的德国，宏观调控政策对实体经济的影响亦不同。

首先，日本在 1992 年以后确实陷入"流动性陷阱"，利率政策完全失效，在此之前，降低利率的扩张性货币政策能在短期给日本经济带来一定的刺激作用，长期则仍无效。而德国的货币市场利率则更加市场化，降低利率能给德国经济增长带来正面影响，同时也有利于经济发展。因此，市场化的利率政策更加有利于经济的增长和发展，而计划性、行政性的利率政策只能在短期内可能有效，长期则无效。这也从一个侧面说明了，应对本币的升值，人为的行政干预不一定能给经济带来反向的"冲销"作用，而更加市场化的"反应"反而能给经济带来正面影响。

其次，增加货币供应量的货币政策中介目标和增加政府消费支出的财政政策手段，无论是德国还是日本，从长期来看，对实体经济增长还是对经济发展，都难见促进作用。笔者认为，增加货币供应量本身是政府的行为而非市场行为（若市场对货币需求增加仅会加快货币的流动速度而已），因而，这一货币政策手段不能长期的对经济的增长和发展起作用亦是符合笔者预期的。

最后，税收是日本所有宏观调控手段中唯一能长期对经济产生影响的变量，同样，德国的税收与经济增长及其发展之间亦存在相关关系。不过，值得一提的是日本税收占GDP的比率与人均GDP正相关，而德国却为负相关。究其原因，德国和日本都采用累进制税收制度，越是高税率阶段，累进的速度越快，而日本是利率高税负国家，税负比例远高得多，这便正好解释了上述疑问。说明发达国家的税收制度都已比较完善并且较符合市场需求和规律，因而能对市场经济起到"自动稳定器"的作用；另一方面，亦说明良好、完善的税收制度对实际经济发展和增长的重要性。

以上的实证分析结果可以得到的结论是：应对本币升值，无论是货币政策还是财政政策手段，越是市场化的手段和工具越能对经济增长和经济发展发挥积极作用，而人为的行政干预手段，最多只能在短期内发挥一点作用，长期则都是无效的。关于这一点，对于中国这样一个与日本十分类似——政府主导型并且高度行政化，离完全市场化尚有一定距离的国家来说，对如何应对当前人民币升值问题非常有启示意义，笔者将在第九章对此问题进行讨论。

# 第八章
# 日德宏观政策重点及导向
## ——经济增长决定性因素探析

既然面对本币的升值,政府对于实体经济的直接干预长期都是无效的,那么为推动经济的可持续增长和发展,政府是否应该"无为而治"?在未达到"共产主义"以前,答案应该是否定的。那么政府宏观政策的重点应该是什么或者说政策导向的应该往何处?带着这个问题笔者展开了本章的研究。

经济增长长期以来是国家和政府部门最为关注的问题之一,库兹涅茨在《现代经济的增长:发现和反思》中指出①:经济增长可以定义为对各类经济产品的数量与种类的提供能力上升,这种能力的不断增长是建立在先进技术、制度以及思想意识相应调整的基础上的。因此,现代经济的增长不仅与一国所处的地理环境、所拥有的天然资源有关,更重要的是与该国各种生产要素的投入、各种社会体制的完善以及科学技术水平的进步等因素息息相关。

哈罗德—多马模型基于凯恩斯理论之上,出现于1929—1931年大危机之后不久,是现代经济增长理论的开端,开创了资本积累与经济增长理论。柯布—道格拉斯生产函数最初是用来预测国家和地区的工业系统或大企业的生产以及生产途径的一种经济数学模型。是当前主流经济学中使用最为广泛的一种函数形式,因而在经济计量学的研究与应用中具有十分重要的地位。至20世纪50年代,罗伯特·索洛等提出新古典经济增长模型,同时否定了资本决定论。索洛认为,在短期内,技术进步率、人口增长率和资本增长率是决定经济增长的三个因素;而技术进步是一国经济长期增长的决定性因素,因此,促进技术进步才是经济增长的关键。

---

① [美]萨缪尔森:《经济学》(第12版),中国发展出版社1996年版,第750页。

20世纪80年代中期，以罗默（Romer. P）、卢卡斯（Lucas. R）等为代表的经济学家，在对新古典增长理论重新思考的基础上，探讨了长期增长的可能前景，重新引起了人们对经济增长理论和问题的兴趣，掀起了一股"新增长理论"（New Growth Theory）的研究潮流。首先，"新增长理论"强调知识和人力资本是"增长的发动机"；其次，"新增长理论"认为对垄断利润的追求，以及垄断利润的暂时性质，使得创新不断继续，从而，经济进入持续的长期增长中；再次，"新增长理论"提出政府服务是与私人投入一样的生产性支出，是"增长的催化剂"（catalyst of growth），因此，政府的活动被完全内生化；最后，他们受20世纪80年代初兴起的"新贸易理论的启发，把内生创新的模式扩张到国际的商品、资本、思想流动，强调贸易对世界经济的长期增长具有影响"。

新增长理论虽然被称为一个理论，却不像新古典增长理论那样有一个为多数经济学家共同接受的基本理论模型。确切地说，新增长理论是一些持有相同或类似观点的经济学家所提出的诸种增长模型组成的一个松散集合体。构成新增长理论的诸种增长模型之间既存在一些明显的差别，同时又包含一些有别于其他增长理论并体现新增长理论特色的共同要素[①]。

当前有不少学者认为（加藤弘之、丁卫红，2008；田香兰，2010；邱红，2011），人口老龄化问题，尤其是进入21世纪以后，已经成为制约发达国家经济增长的主要因素之一。榆林（2003）则认为资本积累、劳动积累和技术进步促使经济增长，而技术进步归根结底亦是源于资本和劳动的积累。

综上所述，影响经济增长的因素有很多，无论哪种理论哪个模型，主流经济学派的观点归根到底都认为人口、资本和技术是经济增长的三大最基本因素。基于此，本章的研究将撇开地理环境、天然资源等"不可抗力"的外生变量，从经典的柯布—道格拉斯生产函数（Cobb-Douglas production function）出发。

上式中Y表示总产出，$A_t$可以理解为技术水平，L表示劳动力数，K是资本，α和β分别表示劳动力和资本的产出弹性，μ表示随机干扰的影响，$μ≤1$。

该生产函数表示，决定经济发展的主要因素是投入的劳动力、资本和

---

[①] 朱勇：《新增长理论》，中国人民大学博士学位论文，1998年。

综合技术水平。据此，笔者将经济增长的制约因素回溯于人口、资本和技术这三大"最原始"的因素展开研究，以比较分析日本和德国经济各自的优势以及主要的限制因素。

尽管失去与否存在争议，日本经济相对不景气却是不争的事实。到底是什么因素限制了"第二次世界大战"后至20世纪70年代那个"朝气蓬勃、昂首阔步"的日本经济的发展？而与此同时，保持德国经济平稳增长的主要因素又是什么？当然，影响经济增长的因素有很多，但笔者认为，最根本的还是归因于人、资本和技术。那么，日本的问题出在哪个因素呢？而德国又是成功于何处？笔者将在下文中探索问题的答案。

## 第一节 人口与经济增长

早期关于人口与经济增长的研究主要是以新古典经济学为基础，资本和劳动力作为主要变量影响经济的增长。经济周期理论则认为人们一般在年轻时工作并储蓄，老年时则主要依靠消费积蓄以维持生活，因此，老龄化不仅使得社会劳动力数量减少，并且导致社会总储蓄的下降进而影响总投资，从而使得经济的长期增长受限。随着增长理论的不断发展，人力资本、劳动力效率即劳动力的"质量"亦越来越受到经济学家们的关注和重视。卢卡斯（1988）认为，正是因为经济落后国家的人们缺乏学习知识的机会和应用知识的能力，才导致多数国家经济长期得不到应有的增长，从而得到的建议是：鼓励政府和个人投资于教育。

### 一 日本人口与经济增长

当前，日本已经成为发达国家也是全球人口老龄化最为严重的国家。有学者认为（田香兰，2010），日本人口结构变化、人口老龄化问题已长期制约日本经济发展。因此，笔者首先对此问题进行求证。

（一）指标的选取及描述

人口为经济增长提供主要的生产要素—劳动力，劳动力包括两个方面，即劳动力的数量与效率，上文中提到的日本严重的人口老龄化问题直接影响到劳动力的数量，而劳动力的效率可由劳动力的素质来替代，因此，本节所选取的指标将从这两个方面考虑。用65岁及65岁以上的人口占总人口的百分比（单位:%，下文中用Po表示）代表日本的人口老龄化程度，用高等学校入学率（单位:%，下文中用 Hv 表示）作为衡量日本人口素质的指标。

此外，笔者继续沿用取对数后的人均 GDP（下文中仍用 lnPGDP 表示）和人均收入/人均产出比值（下文中仍用 PEGI 表示）作为衡量日本经济发展的指标。并且，本节的研究范围同样为 1970—2008 年。

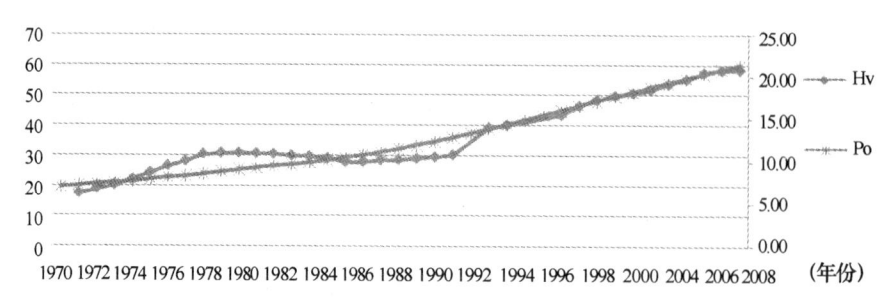

**图 8-1　日本人口老龄化与高等教育入学率（%）**

注：$P_0$ 为次坐标（右）。

数据来源：world bank-databank 和日本统计局，下同。

图 8-1 显示，日本老龄人口的比重逐年递增，由 1970 年的 7.03% 上升到 2008 年的 21.46%，老龄人口的比重在不到 40 年的时间里上涨了 3 倍多。诚然，老龄人口比重的上升意味着可"投入生产"的劳动力数量下降，并且由于养老、社保等支出的增加，会给社会带来巨大负担。另一方面，日本的高等教育入学率同样上升较快，70 年代初不到 20%，到 2008 年已接近 60%，上涨幅度亦达 3 倍多。这是"第二次世界大战"后日本政府十分重视教育、引进和学习美国的教育模式、大力推广和普及高等教育的结果。同时，也说明日本劳动力数量下降的同时，人口素质却在不断提高，劳动力的这一现实对于日本经济产生的实质性影响笔者将在下文展开分析。

（二）实证检验

（1）单位根检验

仍采用增强的迪基—福勒方法（ADF）对代表人口结构和人口素质两个变量进行单位根检验，结果如下。

表 8-1　　　　　日本 Po 以及 Hv 的单位根检验结果

| 变量 | ADF 值 | t 值 | P 值 | 是否拒绝零假设 | 一阶差分 ADF 值 | 一阶差分 t 值 | 一阶差分 P 值 | 是否拒绝零假设 |
|---|---|---|---|---|---|---|---|---|
| Po | -0.742 | -3.557 | 0.961 | 接受零假设 | -4.578 | -3.557*** | 0.005 | 拒绝零假设 |
| Hv | -0.590 | -2.968 | 0.858 | 接受零假设 | -2.715 | -2.701* | 0.098 | 拒绝零假设 |

表 8-1 显示，Po 和 Hv 都为非平稳时间序列，Po 在 1% 显著性水平下为一阶单整序列，而 Hv 在 10% 水平才符合一阶单整。

（2）协整检验

在第七章已经知道 lnPGDP 和 PEGI 亦都是一阶单整序列。下面进行变量间长期相互关系的协整检验，结果如下。

表 8-2　　日本 Po、Hv 与 lnPGDP 和 PEGI 协整关系的 Johensan 检验

| 变量 | 迹检验统计量 | 5% 水平下临界值 | P 值 | 检验结果 |
|---|---|---|---|---|
| Po、Hv、lnPGDP | 18.233 | 15.495 | 0.019 | 存在 2 个协整关系 |
| Po、Hv、PEGI | 19.448 | 15.495 | 0.012 | 存在 2 个协整关系 |

表 8-2 结果显示，Po、Hv 与 lnPGDP 之间以及 Po、Hv 与 PEGI 之间都存在长期的相互关系，表明日本的人口结构和人口素质对经济增长确实存在长期的影响。下面笔者将进一步建立实证模型，对以上变量的相关关系展开进一步讨论。

（三）模型的建立与分析

（1）模型一

上文中已经得到 Po、Hv 与 lnPGDP 之间存在协整关系，建立以 lnPGDP 为因变量，Po 和 Hv 为自变量的回归方程。

$$lnPGDP_t = \beta_0 + \beta_1 Po_t + \beta_2 Hv_t + \mu_t$$

考虑到高等教育入学率转化为现实的生产力提高需要 4—5 年的滞后期，并且经济增长存在的一定惯性，因此考虑加入适当的滞后变量以及滞后期，经多次试错，最终得到：

$$lnPGDP_t = 0.025 - 0.005Po_t + 0.001Hv_{t-5} + 1.002lnPGDP_{t-1} \quad (8-1)$$
$$(-2.08^{**}) \quad (1.66^*) \qquad\qquad (37.82^{***})$$

$$\overline{R^2}=0.96 \quad F=2423.053 \quad LM(1)=0.175 \quad LM(2)=0.311$$

各参数都能通过显著性检验,检验残差不存在序列自相关和异方差问题,相关统计检验值都较为显著,接受(8-1)式的结果。

(8-1)式结果显示,从长期看,老龄人口的比重与经济增长负相关,滞后5期高等教育入学率与经济增长正相关,都能符合经济现实。尽管影响系数都不是很大,但人口老龄化给经济带来的负影响要远高于高等教育给经济带来的正影响,老龄化给经济发展带来的负担得到证实。

(2) 模型二

同样,Po、Hv与PEGI之间存在长期的相互关系,建立以PEGI为因变量,Po和Hv为自变量的回归方程。

$$PEGI_t = \beta_0 + \beta_1 Po_t + \beta_2 Hv_t + \mu_t$$

OLS回归得到:

$$PEGI_t = 0.958 - 0.017 Po_t + 0.003 Hv_t \qquad (8-2)$$
$$(-6.60^{***}) \quad (3.11^{***})$$
$$\overline{R^2}=0.872 \quad F=116.713 \quad DW=0.215$$

尽管(8-2)式各参数的统计性检验十分显著,但DW值明显偏低,检验残差的自相关系数和偏自相关系数,发现存在1阶序列自相关。这里,采用AR(1)模型来修正(8-2)式残差序列的自相关性:

$$PEGI_t = 0.923 - 0.017 Po_t + 0.004 Hv_t + \mu_t \qquad (8-3)$$
$$(-6.60^{***}) \quad (3.11^{***})$$
$$\mu_t = 0.801 \mu_{t-1} + \xi_t$$
$$(9.65^{***})$$
$$\overline{R^2}=0.977 \quad F=450.445 \quad LM(1)=0.439 \quad LM(2)=0.730$$

对新的残差序列$\xi_t$进行LM检验,修正后的回归方程残差序列不存在序列相关性,因此,用AR(1)模型修正后的回归方程(8-3)式的估计结果是有效的。

(8-3)式的结果与(8-2)式相近,日本的人口老龄化与经济发展负相关,高等教育入学率与经济发展正相关,同样,老龄化给经济发展带来的负影响亦远高于高等教育给经济发展带来的正面影响,进一步证实了日本的人口老龄化问题给社会带来的巨大负担。

(四) 结论

人口老龄化给日本经济增长与发展都带来负面影响，并且其负影响要远高于高等教育给经济带来的正影响，说明，当前日本的人口老龄化问题确实给经济和社会带来负担。另外，值得一提的是：日本高等教育对于经济增长与发展的正向促进作用都十分有限。"第二次世界大战"之后，日本在极端困难的情况下，大力发展国家教育，在"科技立国"等思想指导下，致力于教育改革。因此，笔者认为日本的高等教育经过几十年的发展，普及程度已经比较高。并且经济发展也需要部分非高等学历的蓝领的存在，因此，高等教育的"边际产出"已十分有限。

说明日本的人口（劳动力）素质已经较高，并且已经达到能满足经济增长与发展的要求，但人口结构却成为阻碍日本经济增长的主要限制因素之一。

## 二　德国人口与经济增长

(一) 指标的选取及描述

本节同样用65岁及65岁以上的人口占总人口的百分比（单位：%，下文中用Po表示）代表德国的人口老龄化程度。用德国高校和科研机构入学人数的环比增长率（单位：%，下文中用Hv表示）代表德国的人口素质。继续沿用取对数后的人均GDP（下文中仍用lnPGDP表示）和人均收入/人均产出比值（下文中仍用PEGI表示）作为衡量德国经济发展的指标。同时考虑到2009年全球金融危机导致的宏观数据剧烈波动以及相关数据的可得性，因此，本小节的研究范围为1976—2008年。

图8-2显示，自1976年至进入21世纪以前，德国的老龄人口比重几乎维持在较为平稳的水平，某些80年代甚至出现下降。进入21世纪后，德国老龄人口的比重亦呈逐渐上升趋势。但总体来说，由1976年的15%上升至2008年的近20%，上升幅度较日本要小很多，说明德国虽同样面临人口老龄化问题，但比日本的情况要好很多。另外，德国高等教育入学率的环比增长相当不稳定，1990年出现较大的波动，笔者认为这与当时东联邦德国合并事件有关。

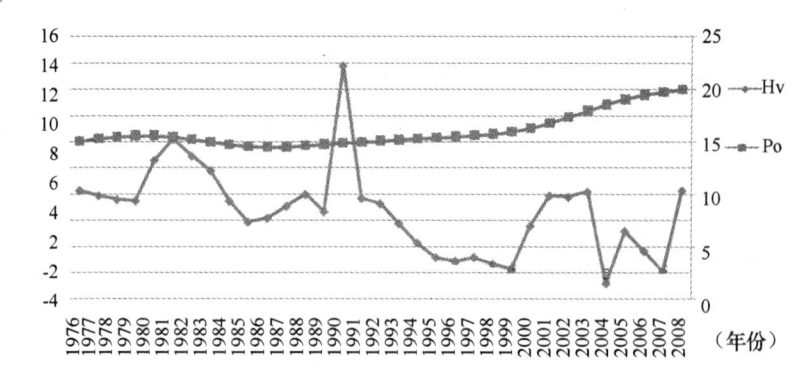

**图 8-2 德国人口老龄化与劳动力素质**

注：P。为次坐标（右）。

数据来源：world bank-databank，OECD 和德国联邦统计局，下同。

(二) 实证检验

(1) 单位根检验

仍采用增强的迪基—福勒方法（ADF）对代表人口结构和人口素质三个变量进行单位根检验。由于研究时段的改变，需要再次对 lnPGDP 和 PEGI 的平稳性进行检验，结果如下。

表 8-3　　　德国人口与经济增长相关变量的单位根检验结果

| 变量 | ADF 值 | t 值 | P 值 | 是否拒绝零假设 | 一阶差分 ADF 值 | 一阶差分 t 值 | 一阶差分 P 值 | 是否拒绝零假设 |
|---|---|---|---|---|---|---|---|---|
| lnPGDP | -1.230 | -3.654 | 0.649 | 接受零假设 | -3.860 | -2.673** | 0.006 | 拒绝零假设 |
| PEGI | -2.110 | -3.654 | 0.242 | 接受零假设 | -4.194 | -2.673** | 0.003 | 拒绝零假设 |
| Po | -3.78 | -3.739** | 0.009 | 拒绝零假设 | | | | |
| Hv | -3.323 | -3.653** | 0.022 | 拒绝零假设 | | | | |

表 8-3 显示，代表德国经济增长与经济发展的 lnPGDP 和 PEGI，研究时段改变后仍都为一阶单整的非平稳时间序列，所以，经一阶差分后的 ΔlnPGDP 和 ΔPEGI 序列为平稳的时间序列。另外，Po 与 Hv 都为平稳的时间序列。

因此，考虑分别建立以 $\Delta \ln PGDP$ 和 $\Delta PEGI$ 为因变量，Po 与 Hv 为自变量的回归方程。经笔者反复试错，无论是经济增长还是经济发展与老龄人口的比重和高等教育入学环比增长率都难见相关性，即各参数都不能通过显著性检验。

为再次确认以上回归分析结果，笔者将进一步进行上述变量间的格兰杰因果检验。

（2）格兰杰因果检验

分别对 $\Delta \ln PGDP$ 与 Po 和 Hv 以及 $\Delta PEGI$ 与 Po 和 Hv 进行格兰杰因果关系检验，这里，笔者仅保留 Po 和 Hv 的变化分别对 $\Delta \ln PGDP$ 和 $\Delta PEGI$ 变化的结果，其他结果略去。结果见表 8-4。

表 8-4 德国 $\Delta \ln PGDP$ 与 Po 和 Hv 以及 $\Delta PEGI$ 与 Po 和 Hv 的格兰杰检验

| 零假设 | F 值 | P 值 | 结论（5% 水平） |
| --- | --- | --- | --- |
| Hv 的变化没有格兰杰导致 $\Delta \ln PGDP$ 的变化 | 1.206 | 0.316 | 不能拒绝零假设 |
| Po 的变化没有格兰杰导致 $\Delta \ln PGDP$ 的变化 | 0.205 | 0.816 | 不能拒绝零假设 |
| Hv 的变化没有格兰杰导致 $\Delta PEGI$ 的变化 | 0.302 | 0.742 | 不能拒绝零假设 |
| Po 的变化没有格兰杰导致 $\Delta PEGI$ 的变化 | 0.035 | 0.966 | 不能拒绝零假设 |

表 8-4 格兰杰因果检验再次验证了上述结论，即 Po、Hv 的变化都不是引起 $\Delta \ln PGDP$ 变化的原因，同时，Po、Hv 的变化亦不是引起 $\Delta PEGI$ 变化的格兰杰原因。一方面，表明德国的人口老龄化问题当前还不是十分严重，并未成为德国经济增长与发展的阻碍因素；另一方面，高等学校以及科研机构的入学率的增长与德国的经济增长与发展之间也并不存在明显的相关性，笔者认为，这与德国独特的职业教育体制相关。众所周知，德国拥有世界一流的职业教育，其对德国经济的推动力要远远大于德国的高等教育。因此，笔者考虑进一步对德国职业教育对经济的影响进行实证研究。

（三）德国中等职业教育与经济的相关性分析

考虑到数据的可得性，这里，笔者选用世界银行公布的德国接受过中等教育的劳动力占劳动力总数的百分比（单位：%，下文中用 Mv 表示）作为衡量德国中等职业教育的指标。仍取对数后的人均 GDP（即 lnPGDP）和人均收入／人均产出比值（PEGI）作为衡量德国经济发展的指标。

研究的范围为 1992—2008 年（世界银行公布自 1992 年才有相关数据）。

由于研究时段的改变，再次对 Mv、lnPGDP 和 PEGI 序列的平稳性做单位根检验，得到结果如下。

表 8-5　德国 Mv 以及 lnPGDP 和 PEGI 的单位根检验结果

| 变量 | ADF 值 | t 值 | P 值 | 是否拒绝零假设 | 一阶差分 ADF 值 | 一阶差分 t 值 | 一阶差分 P 值 | 是否拒绝零假设 |
|---|---|---|---|---|---|---|---|---|
| lnPGDP | -0.706 | -3.098 | 0.814 | 接受零假设 | -2.805 | -2.673** | 0.079 | 拒绝零假设 |
| PEGI | -1.582 | -2.667 | 0.470 | 接受零假设 | -3.266 | -2.673** | 0.035 | 拒绝零假设 |
| Mv | -2.524 | -2.673 | 0.129 | 接受零假设 | -6.212 | -2.690** | 0.000 | 拒绝零假设 |

单位根检验结果显示，Mv、lnPGDP 和 PEGI 都为一阶单整的非平稳时间序列。进一步协整检验得到结果如下。

表 8-6　德国 Mv 与 lnPGDP 和 PEGI 协整关系的 Johensan 检验

| 变量 | 迹检验统计量 | 5%水平下临界值 | P 值 | 检验结果 |
|---|---|---|---|---|
| Mv、lnPGDP | 16.955 | 15.495 | 0.030 | 存在 1 个协整关系 |
| Mv、PEGI | 12.539 | 15.495 | 0.133 | 不存在协整关系 |

表 8-6 显示，德国的劳动力中受中等教育的比率与人均 GDP 之间存在长期的相互关系，而与经济发展之间没有长期的相关性。

进一步建立以 lnpgdp 为因变量，Mv 为自变量的回归方程：

$$\ln PGDP_t = \beta_0 + \beta_1 Mv_t + \mu_t$$

OLS 得到：

$$\ln PGDP_t = 6.007 + 0.075 Mv_t \tag{8-4}$$
$$(3.124^{***})$$
$$\overline{R}^2 = 0.354 \quad F = 9.760 \quad DW = 1.056$$

各参数都能通过显著性检验。

(8-4)式结果再次证明劳动力人口中受中等教育的比率却与经济增长确实存在明显的正相关关系，这符合德国有举世闻名的职业教育的现状。

### (四) 结论

首先，虽然进入21世纪以来，德国老龄人口的比重亦呈现逐渐递增的趋势，但是人口老龄化问题至今尚未成为德国经济长期增长与发展的限制因素。事实上，德国在1970年老龄人口比重已达到近14%，进入80年代该比重甚至出现过下降趋势，至今老龄人口的比重占20%左右，与日本相比，已经算是控制的非常好了。

其次，中等教育有利于德国经济的增长，可以认为是德国世界一流的职业教育对德国经济的增长有一定的贡献。

最后，经济增长方式的转变，经济的长期发展还是需要高素质的人才和劳动力，受中等职业教育的劳动力还不足以成为经济长期发展的推动力量。

## 第二节 资本与经济增长

马克思认为，资本积累是经济增长的源泉，是推动经济增长的首要动力。大规模的投资是战后日本经济飞速发展的主要动力；投资缩减，企业生产能力过剩被认为是日本"失去二十年"的主要原因之一，究竟如何，笔者将在下文进行分析。

### 一 日本资本与经济增长

#### （一）指标的选取及描述

开放经济下，一国的资本除了来自国内的各经济主体，还有来自国外的各种投资。在传统的柯布—道格拉斯模型中，往往用固定资本形成总额作为资本要素的投入量，因此，笔者仍沿用这种传统，用日本固定资本形成总额（单位：十亿日元，下文中用K表示）代表国内资本。另外，用外国直接投资净流入（单位：百万美元，下文中用FDI表示）表示来自国外的资本。

实证分析之前将固定资本形成总额取自然对数处理，取对数后的序列用lnK表示；外国直接投资净流入因某些年份为负值而无法取自然对数。此外，笔者继续沿用取对数后的人均GDP（下文中仍用lnPGDP表示）和人均收入/人均产出比值（下文中仍用PEGI表示）作为衡量日本经济发展的指标，研究范围也同样为1970—2008年。

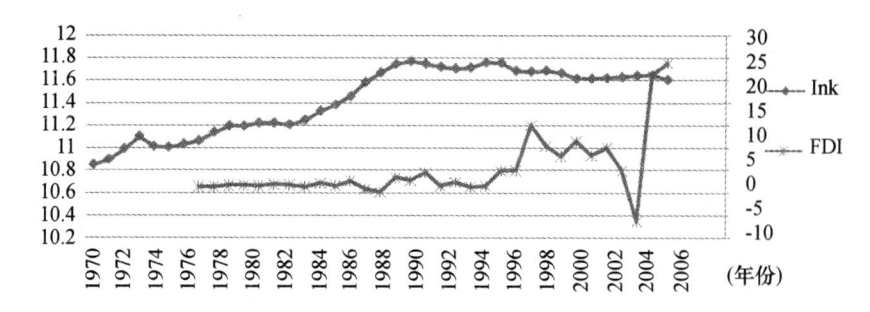

**图 8-3　日本固定资本形成总额和外资净流入**

注：FDI 为次坐标（右）。

从图 8-3 看，日本的外资净流入长期处于非常低的水平，进入 21 世纪后略有上升，但非常不稳定，日本向来属于对外投资大于吸引外资的国家，因此，外资对于经济增长的作用想必不会太甚。而日本的固定资本总额在泡沫破灭前一直保持逐年递增的趋势，进入 90 年代泡沫破灭后，固定资本总额便难见增长甚至某些年份出现了负增长。

（二）实证检验

（1）单位根检验

仍采用增强的迪基—福勒方法（ADF）对代表内资和外资的两个变量进行单位根检验。结果如下。

**表 8-7　日本 lnK 以及 FDI 的单位根检验结果**

| 变量 | ADF 值 | t 值 | P 值 | 是否拒绝零假设 | 一阶差分 ADF 值 | 一阶差分 t 值 | 一阶差分 P 值 | 是否拒绝零假设 |
|---|---|---|---|---|---|---|---|---|
| lnK | -1.916 | -2.943 | 0.322 | 接受零假设 | -3.468 | -2.943** | 0.015 | 拒绝零假设 |
| FDI | -1.687 | -2.992 | 0.999 | 接受零假设 | -4.239 | -2.992** | 0.003 | 拒绝零假设 |

表 8-7 显示，lnK 和 FDI 都为非平稳的一阶单整序列。因此，可以与同样为 I（1）序列的 lnPGDP 和 PEGI 进行协整检验。

（2）协整检验

下面对上述变量间长期相互关系进行协整检验，结果如下。

表 8-8 日本 lnK、FDI 与 lnPGDP 和 PEGI 协整关系的 Johensan 检验

| 变量 | 迹检验统计量 | 5%水平下临界值 | P 值 | 检验结果 |
| --- | --- | --- | --- | --- |
| lnK、FDI、lnPGDP | 31.006 | 29.797 | 0.036 | 存在 1 个协整关系 |
| lnK、FDI、PEGI | 45.019 | 29.797 | 0.000 | 存在 1 个协整关系 |

表 8-8 结果显示，lnK、FDI 与 lnPGDP 之间以及 lnK、FDI 与 PEGI 之间都存在长期的相互关系，表明日本的国内资本和来自国外的投资对经济增长确实存在长期的影响。下面笔者将进一步建立实证模型，对以上变量的相关关系展开进一步讨论。

（三）模型的建立与分析

（1）模型一

上文中已经得到 lnK、FDI 与 lnPGDP 之间存在协整关系，建立以 lnPGDP 为因变量，lnK 和 FDI 为自变量的回归方程。

$$lnPGDP_t = \beta_0 + \beta_1 lnK_t + \beta_2 FDI_t + \mu_t$$

与上文一样，为避免自相关问题，适当加入滞后变量，去掉参数统计检验不显著的变量，经多次试错，最终得到：

$$lnPGDP_t = 1.002 + 0.111 lnK_t + 0.857 lnPGDP_{t-1} \quad (8-6)$$
$$(3.037^{***}) \quad (23.502^{***})$$
$$\overline{R^2} = 0.995 \quad F = 4026.365$$

残差检验不存在序列自相关和异方差问题，各参数都能通过显著性统计检验，因此，接受（8-6）式结果。

（8-6）式结果显示，日本国内的资本与经济增长正相关，说明国内投资增加的确对日本经济的增长具有推动作用；但是外资对于日本经济增长却不存在明显的促进作用（参数无法通过显著性检验），证实了图 8-2 显示的结果及笔者的推断。

另外，图 8-2 亦显示，进入 90 年代泡沫破灭后，日本国内固定资本投资总额便难见增长甚至某些年份出现了负增长，笔者猜测在 1990 年左右 lnK 序列可能存在水平突变，因此，考虑用邹检验（Chow Test）测试（8-4）式在 1990 年左右是否存在结构变化。检验结果如下。

| Chow Breakpoint Test: 1991 |||||
| :---: | :---: | :---: | :---: |
| Equation Sample: 1971 2008 ||||
| F-statistic | 4.791 | Prob. F (3, 32) | 0.007 |
| Log likelihood ratio | 14.098 | Prob. Chi-Square (3) | 0.002 |
| Wald Statistic | 14.374 | Prob. Chi-Square (3) | 0.002 |

结果显示，（8-6）式在1991年确实存在结构分割点，所以，将（8-6）式分为：1970—1990年和1991—2008年两段分别进行OLS估计，最终得到（8-7）式和（8-8）式：

$$\ln PGDP_t^1 = 0.977 + 0.218 \ln K_t^1 + 0.768 \ln PGDP_{t-1}^1 \quad (8-7)$$
$$(3.494^{***}) \quad (10.304^{***})$$

$$\overline{R}^2 = 0.992 \quad F = 1191.312 \quad LM(1) = 0.476 \quad LM(2) = 0.444$$

$$\ln PGDP_t^2 = -0.694 + 0.031 \ln K_t^2 + 1.022 \ln PGDP_{t-1}^2 \quad (8-8)$$
$$(0.326) \quad (8.846^{***})$$

$$\overline{R}^2 = 0.906 \quad F = 78.913 \quad LM(1) = 0.501 \quad LM(2) = 0.185$$

（8-7）式和（8-8）式各参数都能通过显著性检验。

（8-7）式显示，1970—1990年，日本国内资本对经济增长表现为更强的相关性即更大的推动作用；而（8-8）式结果显示1991—2008年日本国内资本和经济增长之间并不存在相关性（参数无法通过显著性检验）。说明：在1970—1990年日本的国内投资确实能对经济增长起到较强的推动和促进作用，但自1990年泡沫破灭后至今，无论国内投资还是来自国外的投资对日本经济的促进作用近乎消失。

（2）模型二

下面，笔者将检验日本的经济发展与资本的相关性。建立以PEGI为因变量，$\ln K$和FDI为自变量的回归方程。

$$PEGI_t = \beta_0 + \beta_1 \ln K_t + \beta_2 FDI_t + \mu_t$$

与上文一样，为避免自相关问题，适当加入滞后变量，去掉参数统计检验不显著的变量，经多次试错，最终得到：

$$PEGI_t = 0.303 - 0.019 \ln K_t + 0.889 PEGI_{t-1} \quad (8-9)$$
$$(-1.786^*) \quad (13.671^{***})$$

$$\overline{R}^2 = 0.971 \quad F = 638.026 \quad LM(1) = 0.431 \quad LM(2) = 0.381$$

残差检验不存在序列自相关和异方差问题，参数能通过显著性统计检验，因此，接受（8-9）式结果。

（8-9）式结果显示，来自国外的投资与日本经济发展同样不存在明显的相关性（参数无法通过显著性检验），并且日本国内的资本与经济发展负相关，这似乎有悖于常理。下面将对此问题进一步进行检验分析。

上文已经证实在1990年左右 lnK 序列存在水平突变，因此，同样用邹检验（Chow Test）测试（8-9）式在1990年左右是否存在结构变化。检验结果如下。

| F-statistic | 2.220 | Prob. F (3, 32) | 0.104 |
| Log likelihood ratio | 7.185 | Prob. Chi-Square (3) | 0.066 |
| Wald Statistic | 6.660 | Prob. Chi-Square (3) | 0.083 |

结果显示，（8-9）式在1991年确实存在结构分割点（10%水平下），所以，同样将（8-9）式分为：1970—1990年和1991—2008年两段分别进行 OLS 估计，最终得到式（8-10）和式（8-11）：

$$PEGI_t^1 = 0.543 - 0.033 \ln K_t^1 + 0.802 PEGI_{t-1}^1 \quad (8-10)$$
$$(-2.070^{**}) \quad (6.594^{***})$$

$$\overline{R}^2 = 0.924 \quad F = 117.156 \quad LM(1) = 0.083 \quad LM(2) = 0.154$$

$$PEGI_t^2 = -1.525 + 0.199 \ln K_t^2 \quad (8-11)$$
$$(8.497^{***})$$

$$\overline{R}^2 = 0.807 \quad F = 72.207 \quad DW = 1.323$$

（8-10）式和（8-11）式各参数都能通过显著性检验。

（8-10）式显示，1970—1990年，日本国内资本对经济发展表现为较弱的负相关性；而（8-11）式结果显示1991—2008年日本国内资本和经济发展却呈现较强的正相关。说明：在1970—1990年日本的国内投资对经济发展已经没有推动和促进作用。但自1990年泡沫破灭后，由于企业对于市场的悲观，尽管银行一度降息，企业都不愿贷款扩大投资，仅有的资金也宁可用于还贷还债，稀缺的国内投资再度成为经济发展的推动力量。

(四) 结论

首先，日本经济的增长与发展主要还是依靠国内投资，来自外国的资本不仅数量有限，并且对于日本经济的作用微乎其微。

其次，在1970—1990年，日本的国内投资能对经济增长起到一定的推动和促进作用，但对经济发展却无促进作用，甚至是负相关的。笔者认为，当时的日本处于经济蒸蒸日上的繁荣态势，大量游资流入，日本国内外投资者对市场充满信心，因此盲目地进行粗放型的大额度的投资甚至投资活动，并且这些资本大多流入了资本市场，流入实体经济的较少，这在短期内对于GDP的增长存在一个虚假的促进作用，但对于经济增长方式的转变，对于经济的可持续发展却是无益的，即可以认为此时的投资对于实体经济是低效率甚至无效的；同时这也说明了"适度"投资的重要性，过热的投资只能带来"账面"的增长，对实体经济的发展并无益。

最后，自1990年泡沫破灭后至今，稀缺的国内投资对日本经济的促进作用近乎消失却再度成为经济发展的推动力量。说明此后资本重新流向了"正常"的方向——即流入实体经济用于生产的复苏和企业规模扩大等，投资效率提高，这从另一个角度说明了正确的投资方向和适度的投资规模在一国经济增长与发展中的重要性。

## 二 德国资本与经济增长

(一) 指标的选取及描述

在本小节笔者仍沿用上文的方法，用德国固定资本形成总额（单位：十亿马克，下文中用K表示）代表国内资本，用外国直接投资净流入（单位：十亿美元，下文中用FDI表示）表示来自国外的资本。实证分析之前，同样将固定资本形成总额取自然对数处理，取对数后的序列用lnK表示；外国直接投资净流入因某些年份为负值而仍无法取自然对数。此外，笔者继续沿用取对数后的人均GDP（下文中仍用lnPGDP表示）和人均收入/人均产出比值（下文中仍用PEGI表示）作为衡量德国经济发展的指标，研究范围为1970—2008年。

图8-4显示，德国固定资本形成总额逐年递增，而外资净流入在20世纪末之前长期处于非常低的水平，进入21世纪后表现不太平稳，

个别年份跳度十分大。笔者推测，德国和日本一样，都不是依靠外资发展国内经济的国家，因此，外资与德国经济增长与发展之间的相关性不会太大。

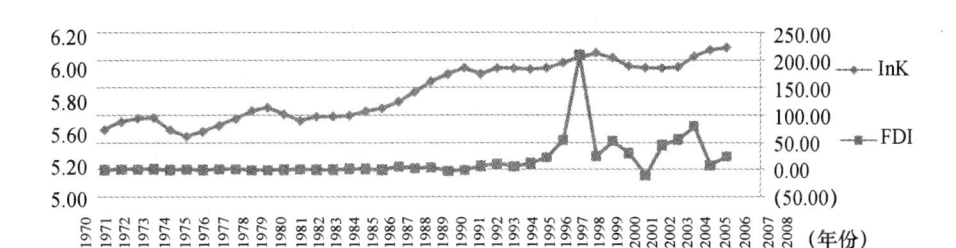

**图 8-4 德国固定资本形成总额和外资净流入（FDI 为次坐标—右）**

（二）实证检验

（1）单位根检验

仍采用增强的迪基—福勒方法（ADF）对代表德国内资和外资的两个变量进行单位根检验，此外，由于研究时段的改变，需要对 lnPGDP 和 PEGI 重新进行单位根检验。结果见表 8-9。

**表 8-9   德国 lnK、FDI、lnPGDP 和 PEGI 的单位根检验结果**

| 变量 | ADF 值 | t 值 | P 值 | 是否拒绝零假设 | 一阶差分 ADF 值 | 一阶差分 t 值 | 一阶差分 P 值 | 是否拒绝零假设 |
|---|---|---|---|---|---|---|---|---|
| lnK | -0.562 | -2.610 | 0.867 | 接受零假设 | -3.795 | -2.610** | 0.006 | 拒绝零假设 |
| FDI | -4.258 | -2.610 | 0.002 | 拒绝零假设 | | | | |
| lnPGDP | -2.337 | -2.609 | 0.166 | 接受零假设 | -4.016 | -2.610** | 0.004 | 拒绝零假设 |
| PEGI | -3.066 | -2.611 | 0.038 | 拒绝零假设 | | | | |

表 8-9 显示，lnPGDP 和 lnK 为非平稳的一阶单整序列，而 FDI 与 PEGI 是平稳的时间序列。因此，一阶差分后的序列的 ΔlnPGDP 和 ΔlnK 为平稳的时间序列。

（三）模型的建立与分析

（1）模型一

建立以 ΔlnPGDP 为因变量，ΔlnK 和 FDI 为自变量的回归方程：

$$\Delta \ln PGDP_t = \beta_0 + \beta_1 \Delta \ln K_t + \beta_2 FDI_t + \mu_t$$

OLS 得到：

$$\Delta \ln PGDP_t = 0.076 + 0.823 \Delta \ln K_t - 0.001 FDI_t \quad (8-12)$$
$$(1.877^{**}) \quad (-1.882^{**})$$
$$\overline{R}^2 = 0.104 \quad F = 3.158 \quad DW = 1.435$$

残差检验不存在序列自相关和异方差问题，各参数都能通过显著性统计检验，调整后的拟合优度较小，说明除资本外，影响德国经济增长的还有其他重要变量。因此，接受（8－12）式结果。

（8－12）式结果显示，德国固定资产投资的增长率与人均 GDP 增长率保持了较为显著的正相关性，这符合一般的经济现实。另外 FDI 与德国经济增长率之间的相关性几乎为 0，这证实了上文中笔者的猜测。

（2）模型二

建立以 PEGI 为因变量，$\Delta \ln K$ 和 FDI 为自变量的回归方程：

$$PEGI_t = \beta_0 + \beta_1 \Delta \ln K_t + \beta_2 FDI_t + \mu_t$$

删除参数未通过显著性检验变量，并且残差检验存在自相关，因此考虑用 AR（1）模型进行修正，OLS 得到：

$$PEGI_t = 0.852 + 0.083 \ln K_t + \mu_t \quad (8-13)$$
$$(2.265^{***})$$
$$\mu_t = 0.820 \mu_{t-1} + \xi_t$$
$$(10.198^{***})$$
$$\overline{R}^2 = 0.763 \quad F = 58.923 \quad LM(1) = 0.335 \quad LM(2) = 0.572$$

$\xi_t$ 不存在序列自相关和异方差问题。（8－13）式显示，德国的固定资产投资与经济发展之间亦存在正相关关系；FDI 与经济发展同样不存在相关性（参数未能通过显著性检验）。

（四）结论

实证检验结果显示：资本（国内资本）仍然是德国经济增长与发展的重要推动力量，但是和日本一样，外国资本流入对德国经济影响几乎为零，即德国亦不是依靠吸引外资来促进经济增长的发达国家。

## 第三节　技术创新与经济增长

技术创新的概念是由熊彼特（1912）首次提出的，之后，熊彼特创建了创新理论,即将"技术创新"作为推动经济增长和社会进步的"内生变量",并强调其不可替代性。但熊彼特并没有建立相应的数学模型来论证技术创新对经济增长的作用,而只是停留于文字的描述。在新古典经济增长理论中,技术创新被看作外生的变量,但索洛(Solow)在分析1909—1949年美国的经济增长时发现,存在一部分资本和劳动无法解释的经济增长,索洛认为这是科技进步的作用。

邓小平同志在1988年曾提出"科学技术是第一生产力",技术进步能提高劳动生产率,推动经济增长,并且人们发现,科技进步在其中的贡献越来越大。90年代以后,日本社会创新不足尤其是制造业由于缺乏必要的核心技术导致的高成本结构,使其在新兴工业国和发展中国家制造业中日益趋于下风,被认为是日本经济一蹶不振的另一重要原因。而德国制造业正是因为掌握核心技术,使其在世界市场具有不可替代的地位。下面,笔者将针对这个问题展开分析和讨论。

## 一 日本技术创新与经济增长

(一)指标的选取及描述

目前国内外都尚未建立一套完整统一衡量技术进步对经济增长作用的指标体系。有的指标其本身就存在一定问题;有的收集相关数据十分困难,另外还有的在计算方法上难度较大并且缺乏现实意义。本小节,笔者简单地选取日本国内居民的专利申请量(单位:项,下文中用Pa表示)和R&D的投入总量(包括政府、企业和个人;单位:百万美元,下文中用RD表示)来代表日本国内技术与创新。

实证分析之前分别将Pa和RD取自然对数处理,取对数后的序列分别用lnPa和lnRD表示。笔者继续沿用取对数后的人均GDP(下文中仍用lnPGDP表示)和人均收入/人均产出比值(下文中仍用PEGI表示)作为衡量日本经济发展的指标。此外,由于R&D数据的可得性,本小节的研究范围为1981—2008年。

图8-5显示,20世纪80年代以来,日本居民的专利申请量和R&D投入量都呈现不断上升的势态,但进入90年代后,上升的幅度明显趋缓,个别年份甚至出现了下降,可以推断,日本宏观经济状况与技术创新之间确实存在联动关系。

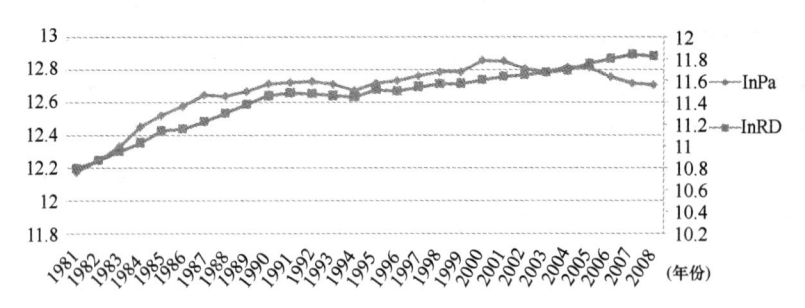

**图 8-5　日本技术与创新**

注：L$_{NRD}$次坐标（右）。

（二）实证检验

（1）单位根检验

值得一提的是，在此不仅对 lnPa 和 lnRD 序列的平稳性进行检验，由于研究范围的改变，笔者将对 lnPGDP 和 PEGI 序列数据的平稳性重新进行检验。仍用增强的迪基—福勒方法（ADF）对上述4个变量进行单位根检验，结果见表8-10。

**表8-10　日本 lnPa、lnRD、lnPGDP 和 PEGI 的单位根检验结果**

| 变量 | ADF 值 | t 值 | P 值 | 是否拒绝零假设 | 一阶差分 ADF 值 | 一阶差分 t 值 | 一阶差分 P 值 | 是否拒绝零假设 |
|---|---|---|---|---|---|---|---|---|
| lnPa | -4.637 | -3.052 | 0.002 | 拒绝零假设 | | | | |
| lnRD | -3.419 | -3.052 | 0.025 | 拒绝零假设 | | | | |
| lnPGDP | -4.347 | -3.145 | 0.007 | 拒绝零假设 | | | | |
| PEGI | -1.608 | -3.052 | 0.457 | 接受零假设 | -3.726 | -3.066 | 0.015 | 拒绝零假设 |

表8-10显示，lnPa、lnRD 和 lnPGDP 都是平稳的时间序列，而 PEGI 是非平稳的一阶单整序列，即经过一阶差分后的 ΔPEGI 为平稳序列。

下面笔者将进一步建立实证模型，对以上变量的相关关系展开进一步讨论。

## （三）模型的建立与分析

（1）模型一

上文中已经得到 lnPa、lnRD 和 lnPGDP 都是平稳的时间序列，建立以 lnPGDP 为因变量，lnPa 和 lnRD 为自变量的回归方程。

$$\ln PGDP_t = \beta_0 + \beta_1 \ln Pa_t + \beta_2 \ln RD_t + \mu_t$$

考虑到研发和专利申请都不能立刻转化成现实的生产力，因此在实际回归分析中用 lnPa 和 lnRD 的各滞后变量作为自变量，经多次试错，最终得到：

$$\ln PGDP_t = 7.694 + 0.432 \ln Pa_{t-3} + 0.169 \ln RD_{t-5} \quad (8-14)$$
$$(3.175^{***}) \quad (2.491^{***})$$
$$\overline{R}^2 = 0.40 \quad F = 5.817 \quad DW = 1.333$$

残差检验不存在序列自相关和异方差问题，各参数都能通过显著性统计检验，因此，接受（8-14）式结果。

（8-14）式结果显示，滞后 3 期的专利申报和滞后 5 期的 R&D 投入与日本经济的增长都有显著的正相关关系，这也能符合现实实际。说明自 20 世纪 80 年代以来，技术与创新对于日本的经济增长起了一定的积极作用。

（2）模型二

lnPa 和 lnRD 是平稳的时间序列，但 PEGI 是一阶单整的，需经一阶差分后才是平稳的时间序列，因此，建立以 ΔPEGI 为因变量，lnPa 和 lnRD 为自变量的回归方程。

$$\Delta PEGI_t = \beta_0 + \beta_1 \ln Pa_t + \beta_2 \ln RD_t + \mu_t$$

同样，在实际回归分析中仍尝试用 lnPa 和 lnRD 的各滞后变量作为自变量，得到：

$$\Delta PEGI_t = 0.575 - 0.073 \ln Pa_{t-3} + 0.031 \ln RD_{t-5} \quad (8-15)$$
$$(-4.242^{***}) \quad (3.648^{***})$$
$$\overline{R}^2 = 0.577 \quad F = 9.179 \quad DW = 1.812$$

残差检验不存在序列自相关和异方差问题，各参数都能通过显著性统计检验，因此，接受（8-15）式结果。

（8-15）式结果显示：日本滞后 5 期的 R&D 投入对经济发展存在的正影响，这符合常理；但是专利申请量（滞后 3 期）与经济发展呈负相关，笔者认为这可能是由于进入20世纪90年代以后，日本居民专利申请量较80年代的增幅有所趋缓，进入21世纪后更是呈现下降的趋势有关。

（四）小结

实证研究结果说明自20世纪80年代以来，技术与创新对于日本的经济增长起了一定的积极作用，但对日本经济的发展却未能有显著的贡献，尤其是居民专利申请量，在泡沫破后，往日雄姿不现，尤其是进入21世纪后呈下降趋势。似乎证实了上文中"日本社会创新不足尤其是制造业由于缺乏必要的核心技术导致的高成本结构"的观点，并且被认为是日本经济长期"失去"的重要原因之一。

### 二 德国技术创新与经济增长

（一）指标的选取及描述

本小节，笔者同样选取德国国内居民的专利申请量（单位：项，下文中用Pa表示）和R&D的投入总量（包括政府、企业和个人；单位：百万美元，下文中用RD表示）来代表德国国内技术与创新。

实证分析之前分别将Pa和RD取自然对数处理，取对数后的序列分别用lnPa和lnRD表示。笔者继续沿用取对数后的人均GDP（下文中仍用lnPGDP表示）和人均收入/人均产出比值（下文中仍用PEGI表示）作为衡量德国经济发展的指标。此外，同样由于R&D数据的可得性，本小节的研究范围为1981—2008年。

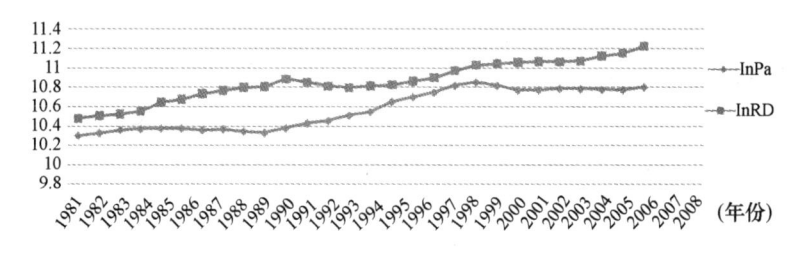

图8-6 德国技术与创新

图8-6显示，20世纪80年代以来，德国的R&D投入量都呈现不断上升的势态；居民的专利申请量在进入90年代后有一段十分明显的增长时期，但进21世纪后，进入相对平稳阶段，个别年份甚至出现了

下降。技术创新与经济增长和发展之间的相关关系，有待于下文的研究。

（二）实证检验

（1）单位根检验

同样，在此不仅对 lnPa 和 lnRD 序列的平稳性进行检验，由于研究时间段的改变，笔者需要对 lnPGDP 和 PEGI 序列数据的平稳性重新进行检验。仍用增强的迪基—福勒方法（ADF）对上述 4 个变量进行单位根检验，结果见表 8 – 11。

表 8 – 11　德国 lnPa、lnRD、lnPGDP 和 PEGI 的单位根检验结果

| 变量 | ADF 值 | t 值 | P 值 | 是否拒绝零假设 | 一阶差分 ADF 值 | 一阶差分 t 值 | 一阶差分 P 值 | 是否拒绝零假设 |
|---|---|---|---|---|---|---|---|---|
| lnPa | -0.777 | -2.629 | 0.809 | 接受零假设 | -2.679 | -2.630** | 0.09* | 拒绝零假设 |
| lnRD | -0.578 | -2.627 | 0.860 | 接受零假设 | -3.454 | -2.630** | 0.018 | 拒绝零假设 |
| lnPGDP | -0.741 | -2.627 | 0.820 | 接受零假设 | -3.735 | -2.630** | 0.010 | 拒绝零假设 |
| PEGI | -2.222 | -2.627 | 0.203 | 接受零假设 | -4.436 | -2.630** | 0.002 | 拒绝零假设 |

表 8 – 11 显示，lnPa、lnRD、lnPGDP 和 PEGI 都是非平稳的一阶单整时间序列。下面笔者将对上述变量的长期相互相关进行协整检验。

（2）协整检验

下面对上述变量间长期相互关系进行协整检验，结果如下。

表 8 – 12　德国 lnPa、lnRD、lnPGDP 和 PEGI 协整关系的 Johensan 检验

| 变量 | 迹检验统计量 | 5% 水平下临界值 | P 值 | 检验结果 |
|---|---|---|---|---|
| lnPa、lnRD、lnPGDP | 31.442 | 29.797 | 0.032 | 存在 1 个协整关系 |
| lnPa、lnRD、PEGI | 43.300 | 29.797 | 0.001 | 存在 1 个协整关系 |

表 8 – 12 结果显示，lnPa、lnRD 与 lnPGDP 之间以及 lnPa、lnRD 与 PEGI 之间都存在长期的相互关系，表明德国的技术创新与经济的增长和发展之间确实存在长期的相互关系。下面笔者将进一步建立实证模型，对以上变量的相关关系展开进一步讨论。

(三) 模型的建立与分析

(1) 模型一

建立以 lnPGDP 为因变量，lnPa 和 lnRD 为自变量的回归方程。

$$\ln PGDP_t = \beta_0 + \beta_1 \ln Pa_t + \beta_2 \ln RD_t + \mu_t$$

与上文一样，在实际回归分析中尝试用 lnPa 和 lnRD 的各滞后变量作为自变量，得到：

$$\ln PGDP_t = -3.146 + 0.595 \ln PGDP_{t-1} + 0.673 \ln RD_{t-4} \quad (8-16)$$
$$(4.931^{***}) \quad (2.591^{***})$$

$\overline{R}^2 = 0.932$   F = 157.735   LM(1) = 0.828   LM(2) = 0.822

残差检验不存在序列自相关和异方差问题。

(8-16) 式结果显示：专利申报与德国经济增长之间并不存在明显的相关性（参数未能通过显著性检验）；滞后 4 期的 R&D 投入与德国经济的增长都有显著的正相关关系。说明自 20 世纪 80 年代以来，研发对于德国的经济增长起了一定的积极作用。

(2) 模型二

建立以 PEGI 为因变量，lnPa 和 lnRD 为自变量的回归方程。

$$PEGI_t = \beta_0 + \beta_1 \ln Pa_t + \beta_2 \ln RD_t + \mu_t$$

同样，在实际回归分析中仍尝试用 lnPa 和 lnRD 的各滞后变量作为自变量，最终得到：

$$PEGI_t = 0.937 - 0.058 \ln Pa_{t-3} + 0.050 \ln RD_{t-5} + \mu_t \quad (8-17)$$
$$(-2.382^{***}) \quad (1.776^{*})$$

$$\mu_t = 0.607 \mu_{t-1} + \xi_t$$
$$(3.152^{***})$$

$\overline{R}^2 = 0.618$   F = 12.330   DW = 1.818

LM(1) = 0.747   LM(2) = 0.913

检验残差 $\xi_t$ 不存在序列自相关和异方差问题。

(8-17) 式结果显示：德国滞后 5 期的 R&D 投入对经济发展存在的正影响，这符合常理；但是专利申请量（当期）与经济发展呈负相关，这与日本的情况很相似，笔者认为这与进入 21 世纪后呈现下降的趋势有关，与经济发展相背离。

(四) 小结

实证分析结果显示，自 20 世纪 80 年代以来，R&D 投入对于德国的经济增长与发展都起了较为积极的作用；但居民专利申请量无论是对经济的增长还是发展，都没有明显的正向影响。其实，进入21世纪后，不光是德国，整个欧洲出现专利申请萎缩的局面，据欧洲专利局数据称，2011年欧洲专利申请数量萎缩0.9%。尽管德国申请专利数量增长较慢，但是德国企业尤其是制造业在世界领先科技领域的专利申请却处于主导地位。因此，积极研发，掌握核心技术是德国经济增长与发展的动力来源之一。

## 第四节　本章小结

上文的研究中，笔者撇开地理环境、天然资源等"不可抗力"的外生变量，从传统的柯布—道格拉斯生产函数出发，将经济增长的制约因素回溯于人口、资本和技术创新这三大"最原始"的因素展开研究，得到系列实证研究结果。

首先，人口老龄化问题已经给日本的经济增长和经济发展带来较重的负担，无论是经济增长还是经济发展，人口老龄化带来的负面影响都要远高于高等教育带来的正面影响；同时高等教育对于日本经济增长与发展的正向促进作用都十分有限，笔者认为日本高等教育的普及程度已经比较高，并且经济发展也需要部分非高等学历的蓝领的存在，所以，日本高等教育的"边际产出"已十分有限。因此，可以认为，限制日本经济的是人口结构。从这个角度看，日本想要实现经济的继续或可持续发展和增长，首先要解决的是人口结构或者说人口老龄化问题。与此同时，德国虽然也面临人口老龄化问题，但自20世纪70年代以来老龄人口比重上升比例远远低于日本同期，因此，老龄化问题未给德国经济带来太大的负面影响，或者说还未构成经济增长与发展的限制因素。这与德国政府为应对人口老龄化不断采取系列政策有关，如积极的移民政策；鼓励生育政策，给予每个孩子一定额度的生活补贴；缩短学业时间等教育改革，延长退休的养老改革政策，以延长人们一生中的工作时间等。另外，德国举世闻名的职业教育能推动经济的增长，但其还不足以推动经济的长期发展，德国仍需要进一步提高劳动力素质。

其次，发达经济体本身并不是依靠吸引外资来促进国内经济增长的，德国和日本的实证研究证实了这点，来自国外的投资对于日本和德国的经济几乎都不起任何作用。两国的国内资本对于促进经济增长与发展都有着较为积极的作用。但值得一提的是国内资本对日本经济的作用在1990年泡沫破灭前后发生了质的改变。在1970—1990年日本充裕的国内投资对经济增长有较强的推动和促进作用，但对经济发展却不起作用，说明过热的投资、涌入虚拟资本市场低效率的投资对实体经济增长方式的转变无益，甚至反而成为限制经济发展的因素。自90年代泡沫破灭后由于企业对于市场的悲观，尽管银行一再降息，企业都不愿贷款扩大投资，仅有的资金也宁可用于还贷还债，稀缺、有限的国内投资对日本经济的促进作用近乎消失，但经济要发展却需要其作为推动力量。而德国经济的长期稳定增长往往被归功于先进的工业制造业，德国的工业中，支柱产业的核心和领先地位长期突显，并成为资本的主要投资去向。因此，资本虽然仍是促进经济增长的重要要素，但是过度的、盲目的投资却反而限制经济的发展。所以，对国内个人和企业投资的引导，成为政府工作的又一重点。

最后，自20世纪80年代以来，虽然技术与创新对日本的经济增长起了一定的积极作用，但其却不足以对日本经济的发展做出贡献。因为"引进"比"研发"费用低、见效快，所以，日本制造业的技术"独创"的少"改进"的多（详见第三章）。因此，创新及其投入不足是限制日本经济发展的主要瓶颈之一，并且被认为是日本经济长期一蹶不振的重要原因之一。而德国的R&D投入对经济增长和发展都有明显的正向促进作用。掌握核心技术被认为是德国制造业享誉全球的法宝，所以，无论是经济增长还是经济发展，在当今社会仍离不开技术与创新，尤其是掌握核心技术，依然是引领世界经济的主导。因此，鼓励和促进技术创新，应当成为政府相关政策的重点。

以上关于日本和德国的结论，无论是人口、资本还是技术创新都对我们国家当前的现状有很好的启示作用，关于这点，笔者将在第九章展开讨论。

# 第九章
# 结 论 及 启 示

## 第一节 结论

### 一 汇率波动与经济增长

通过自 20 世纪 70 年代以来的纵向分析及与德国的横向系列比较,得到的结论是:无论是单从 GDP 的增长率,还是宏观经济的四大主要政策目标,从传统的制造业到高科技新兴产业,和自己的历史相比,日本经济在"广场协议"日元大幅升值后,尤其是泡沫破灭以后,确实大不如前;与本币同样大幅升值的德国相比,日本经济的增长虽未至"失去二十年"的程度,但从经济增长方式或者说经济发展的角度看,日本确实存在着"失去"。可以认为"广场协议"后,日元汇率大幅波动期间,日本经济确实经历了由大起到大落,1990 年前后泡沫经济的破灭成为日本经济的"拐点"。但是这一"拐点"是否是由于日元汇率大幅升值引起,是否本币汇率升值必将导致经济波动,德国经济的平稳增长给了我们正面的答案。

### 二 汇率波动与宏观调控

同样的本币升值,日本和德国政府分别采取了不同的态度和应对措施,得到系列实证分析结果。

首先,在货币政策方面,日本央行无论是从增加货币供给量还是降低市场利率等方面,都较德国联邦储备银行采取更为主动积极的反萧条措施,以期减小或防止本币升值给国内经济带来的负面影响。现实中也的确如此,日本央行在 1986—1990 年,连续 4 次下调贴现率,从 5%一直调至 2.5%,并且这一低水平贴现率一直持续到 1989 年 5 月,使得日本的货币供给量在1987—1990年连续4年间，增长率都在10%甚至以上。很多学者的观点（李晓西等，2000；王允贵，2004；袁钢明，2007等）认为，这是导致日本泡沫经济的主要原因。而与此同一时期，德国的贴现率从1986年的3.5%下调至1987年的3%；但为维持国内物价和产出的稳定，至1989年末德国央行将其贴现率上调至6%，在一定程度上避免了泡沫的产生。因此，与日本央行相比，德国央行确实较好的保持了货币政策的独立性，无论是货币供应量还是货币市场利率对马克汇率的变动都十分的不敏感，几乎与汇率保持了相对的独立性，这也验证了德国央行一贯坚持以币值稳定和经济增长为主要目标的货币政策，对金融外汇市场的干预非常小。

其次，在财政政策方面，笔者选择了政府最终消费支出和税收作为衡量应对本币汇率变动的财政政策工具。从政府消费支出看，为避免本币升值给国内经济但来的负面影响，日本政府确实会增加政府消费支出，以扩大总需求；而德国的政府消费支出与马克汇率之间的相互关系不显著。现实中，1992年，针对实体经济的低迷，日本政府制定了《紧急经济对策》，并于1992年8月开始实施，使当年日本的财政支出规模环比增长达33%。1993年日本政府再次明确表示要进一步增加政府的投资和消费支出即扩张性的财政政策以刺激和推动经济增长，当年日本公共投资环比增加4.8%的基础。1994年初日本政府又制定了《新综合经济对策》，计划支出达13.8兆日元。1995年日本政府再次采取了总额达14.2兆日元的扩张性财政政策。相对而言，德国"社会市场经济"理论指导下的社会市场经济制度，德国政府宏观调控的精神仅在于维持总供给和总需求之间的平衡，投资规模主要以社会需求自发决定的，而非国家计划决定。政府的投资与消费支出对经济只起辅助和调控"风向"的作用，对经济增长起决定作用的是私人消费与投资。因此，在马克汇率大幅波动的时期，德国政府并非由向日本那样采取很多的应对措施，这一点与实证分析的结果十分一致。

再次，德国的税收制度似乎较日本更加起到"逆经济风向"的自动稳定功能，而日本税收占GDP的比率在日元升值阶段不降反升，这有悖于传统的宏观经济理论。但这一点却符合"广场协议"后日本的实际情况，日元的大幅升值，导致日本国民对经济盲目的乐观，楼市、股市一片欣欣向荣，此时的税收必然上升；但随着泡沫破裂经济不景气，政府的税收自然下降。因此，也不能就此而推断日本的税收制度不合理，反而可以认为德国和日本等发达国家的税收体质和制度都已比较成熟和完善，都能较好的起到"逆经济风向"的内在自动稳定器作用。这一点，十分值得发展中国家学习和借鉴。

### 三 宏观调控与经济增长

同样的本币升值，德日两国政府采取了不同的态度和应对策略，通过分别对德日两国应对本币升值的财政政策和货币政策对实体经济增长和发展建立实证模型，发现两国政府的宏观调控政策对实体经济的影响亦不同。

首先，市场化的利率政策更加有利于经济的增长和发展，而计划性、行政性的利率政策只能在短期内可能有效，长期则无效。在泡沫破灭之前，降低利率的扩张性货币政策在短期给日本经济带来一定的刺激作用，长期则仍无效；泡沫破灭之后，日本的利率政策完全失效，陷入"流动性陷阱"。而以符合市场需求为导向的德国货币市场利率，则更有利于经济的增长和发展。

其次，增加货币供应量的货币政策中介目标和增加政府消费支出的财政政策手段，无论是德国还是日本，从长期来看，对实体经济增长还是对经济发展，都难见促进作用。现实中，尽管日本政府在1992年大刀阔斧地实施刺激经济增长的宏观政策，1993年经济低迷态势稍稍得到了遏止，但1994年日本经济增长率亦仅为1.1%，1997年日本经济再次陷入低迷，1998年的增长率更是降低为负值为-1.1%。日本政府再度强烈干预，1999年经济增长率勉强转为正值为0.1%，但2002年日本经济增长率再次转为负值为-0.4%。而德国的"社会市场经济"的理念，是以市场调节为主导的国家适当干预的市场经济，马克升值期间，政府并没有太多的对市场进行直接干预。因此，笔者认为，增加货币供应量也好增加政府消费支出也罢，本身都是政府的行为而非市场行为，因而，这一宏观调控手段不能长期对经济的增长和发展起作用是符合市场逻辑的。

最后，德国和日本的税收与经济增长及其发展之间都存在一定相关关系，只不过，日本的税收与经济增长正相关，而德国却为负相关。究其原因，德国税收占GDP的比率要远低于日本（见附表7和附表8），日本的税负比率尤其是企业所得税利率历来都比较高。2011年前日本企业所得税税率高达 40.6%，而全球各国税率自 2000 年以来几乎保持在 25%—30%，并有所下降；欧盟从 2000 年的 35% 降到 2009 年的 27%；亚洲平均水平则在 25%；新加坡的税率目前只有 18%①。而德国和日本都采用累进制税收制度，越是高税率阶段，累进的速度越是快，这便解答了上述疑问。说明发达国家的税收制度都已比较完善并且较符合市场需求和规律，因而能对市场经济起到"自动稳定器"的作用；另一方面，再次说明良好、完善地税收制度对实际经济发展和增长的重要性。

总之，笔者的结论是：应对本币的升值，无论是货币政策还是财政政策手段，政府干预手段愈是市场化，符合市场自由竞争规律，愈能对经济增长和经济发展发挥积极作用，而人为的行政干预手段，最多只能在短期内发挥一点作用，长期则都是无效的。

**四 政府的调控重点及导向**

在政府直接干预经济的宏观调控政策长期无效的结论下，笔者对推动经济可持续发展的政策重点进一步进行了分析和探索。通过将经济增长的制约因素回溯于人口、资本和技术创新这三大"最原始"的因素的实证分析，得到以下结果。

首先，人口老龄化已经给日本的经济增长和经济发展带来较重的负担，同时日本高等教育对经济增长与发展的促进作用十分有限。笔者的观点和结论是，日本人口的"质量"和素质已经非常高，完全能满足经济发展和增长的需求，限制日本经济发展的是人口结构。德国虽然也面临人口老龄化问题，但自 20 世纪 70 年代以来老龄人口比重上升比例远远低于日本同期，老龄化问题未给德国经济带来太大的负面影响，或者说还未构成经济增长与发展的限制因素。这与德国政府为应对人口老龄化不断采取系列政策有关，如积极的移民政策，德国政府十分鼓励移民，尤其是优质移民，据统计，2010 年德国的移民人口达 1500 万，占总人口的 18.3%，当然这点对于人口密度已经过高的日本和中国来说是不适用的。另外，如鼓励生育政策，给予每个孩子一定额度的生活补贴；缩短学业时间等教育改革，延长退休的养老改革等，以延长人们一生中的工作时间等都是德国

---

① 引自《从制定税收政策重新发现日本》，2011 年 1 月，东方财富网（http://finance.eastmoney.com）。

人口政策的重要组成部分。劳动力是一个经济和社会最重要的生产要素，所以，要想实现经济的可持续发展和增长，日本首先要解决的是人口结构即人口老龄化问题，而德国的相关政策与经验十分值得借鉴。

其次，资本是社会生产和经济发展的另一重要要素。外资对于日本和德国的经济几乎不起作用，说明发达经济体并不是依靠吸引外资来促进国内经济增长的。两国的国内资本对于促进经济增长与发展都有着较为积极的作用。但值得一提的是国内资本对于日本经济的作用在1990年泡沫破灭前后发生了质的改变。泡沫破灭之前，日本过分充裕的国内投资虽对经济增长有一定的推动和促进作用，但对经济发展却不起作用，过热的、盲目的、低效率的投资对经济增长方式的转变无益，甚至反而成为限制经济发展的因素。泡沫破灭之后，稀缺的国内投资对日本经济的促进作用变得十分有限，但经济要发展却需要高效率的投资作为推动力量。而德国经济的长期稳定增长往往被归功于先进的工业制造业，德国的工业中，支柱产业的核心和领先地位长期突显，并成为资本的主要投资去向，如机械制造、汽车、电器工业在德国工业中的重要地位可谓100年没有动摇过。所以，投资虽然能促进经济增长，但是需要高效率和科学性才能有利于经济的可持续发展。因此，笔者认为政府有责任和义务引导资本，重点扶持在国际上有影响力的行业，在经济萧条时期，鼓励企业和个人投资，将资本引向能促进经济复苏的基础产业和重点行业；在经济过热时，时时警醒投资者，提高投资效率，避免盲目的重复性低效率投资。

最后，创新不足以及对技术创新的投入不足是限制日本经济发展的另一瓶颈，并且被认为是日本经济长期一蹶不振的重要原因之一。战后，日本经济虽然飞速发展，但日本国内技术"独创"的少，而从美国等"引进"的多。其国内的科学技术90%是从外国引进的，其中90%又是从美国引进的。日本研制一项成果的成功率高达70%以上，而美国的成功率仅为1%。因此，日本的技术更多的是"改进"并非"研发"，这便导致了日本国内重点产业核心技术缺乏，容易被后来崛起的其他发展中国家所取代。不过自进入21世纪以后，日本政府已经意识到掌握核心技术的重要性，更加重视对R&D的投入。而德国的R&D投入对经济增长和发展都有明显的正向促进作用，这在一定程度上说明了德国政府和企业对于技术创新的重视程度。不断的技术创新尤其是面对发展中国家廉价制造业的竞争，掌握信息技术和核心技术被认为是德国制造业长期享誉全球的法宝。

所以，无论是经济增长还是经济发展，都不能离开技术与创新，尤其是掌握核心技术，依然是引领世界经济的主导。鼓励创新，加大对技术创新的投入力度可以替代政府为促进经济增长而增加的投资和消费支出，成为国家财政政策的重点。

## 第二节　对中国的启示

当前中国的经济现状与 20 世纪 80 年代的日本有着惊人的相似：人民币不断升值的同时升值压力亦越来越大；国内经济增长亦是内忧外患：高投入、高消耗、低产出式的增长；房价、地价飞涨；通货膨胀；人口老龄化；核心技术缺乏，出口产品尤其是制造业竞争力不高等。因此，很多人担心中国重蹈日本的覆辙，尤其是面对当前人民币升值问题，生怕中国也走上"泡沫"经济的道路，未来陷入"痛苦的失去"，因而"政府主导型"的经济中亦是随处可见宏观调控的影子：政府 4 万亿投资，央行降准存率、降息等。在同样的本币升值期间，德国经济的表现得到了全世界的认可，因此，日本作为反面教材的教训固然值得吸取和警惕，应该在教训中总结经验，得到启发；但德国的成功经验更加值得学习和借鉴。

### 一　人民币升值与宏观调控

2005 年 7 月 21 日，中国人民银行宣布，人民币汇率改为参考一篮子货币，并且不再与美元挂钩。当年 9 月 23 日，人民银行再次宣布扩大银行间即外汇市场人民币兑美元交易价的浮动幅度，由上下 1.5% 扩大至上下 3%。此后，由于以美国为首的发达国家的不断施压，人民币不断升值。自 2005 年汇率改革以来，至今累计升值幅度已经超过 30%（详见图 9-1）。然而，西方国家乃至国际货币基金组织仍不满足，继续施压，要求中国政府放手并允许人民币进一步升值。

为此，中国的百姓十分担忧，当局者更是忧心忡忡，"广场协议"后日元的大幅升值，之后的泡沫经济以及泡沫破灭导致长期的通货紧缩、经济低迷，一直给人民币升值影响及后果问题上带来阴影，亦是国内大多学者纠结和对比的典型事件。

根据日本的教训和德国的经验，针对人民币升值可能带来的负面影响，要避免过分依赖于宏观经济调控手段和政策作为回应或对冲。应对本币的升值，日本政府和日本央行的"积极"干预短期虽然起了一定的作用，但长期并没有对实体经济带来多大的效果；而德国当局者的"淡定"以及更加市场化的宏观制度和态度，反而对市场更为有利。

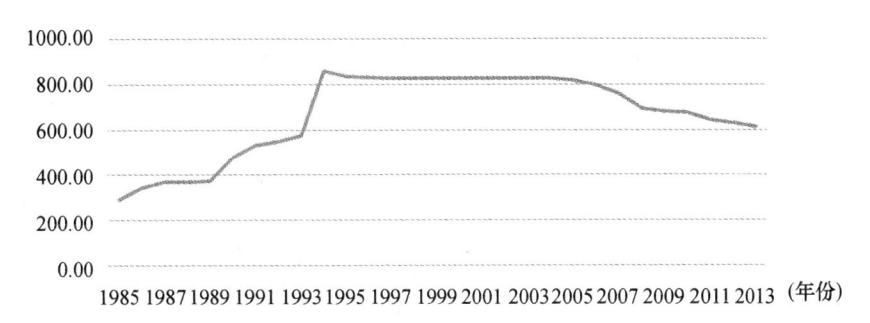

图 9-1 人民币兑美元汇率历史走势

数据来源：中华人民共和国国家统计局（http://www.stats.gov.cn/）。

## 二 宏观调控与经济增长

中国和日本一样，采取政府主导的经济模式，每当经济一有比较大的波动（衰退）时，一开始大家的反应都是一致的，即财政政策、货币政策。

近几年我国政府使用财政政策工具干预经济的最大手笔是 2008 年的 4 万亿财政支出，至今仍是很多学者讨论的话题。为了减轻人民币不断升值给国内企业尤其是出口企业造成的压力以及对抗国际金融危机对中国经济的冲击，确保经济增长，中央前所未有地推出了 4 万亿投资。于是开始了全国范围内的大兴投资、基础设施建设，省际高铁、城际高铁、二三线城市普遍开始规划并建地铁、各种高速公路、高架大桥。

图 9-2 显示，2008—2010 年，国内广义货币供应量（$M_2$）同比增长率大幅上升，笔者不得不认为这是由 4 万亿财政支出及其市场乘数效应带来的。理论上，广义货币供应量的大幅增加，后果必然是通货膨胀。中国的实际情况是，4 万亿财政刺激或许对遏制当时的经济衰退功不可没，并且保住了 2009 年国内经济增长率 8.6% 的高水平，但也带来系列可怕的后遗症：住房价格暴涨，房地产泡沫急剧恶化；大规模的通货膨胀，流动性泛滥；相关行业大规模产能过剩，钢铁等行业集体性亏损；原材料和人

工成本大幅上涨，外加人民币升值导致出口收益下降，企业利润急剧下滑，似乎是日本的"昨日重现"，不禁令人怀疑中国是否已经走上了日本泡沫经济的道路。

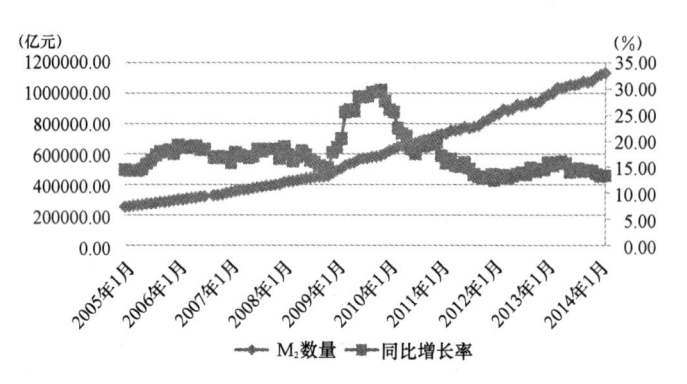

**图 9-2　广义货币供应量（$M_2$，亿元）及同比增长率历年走势**

数据来源：中华人民共和国国家统计局（http://www.stats.gov.cn/）。

另外，据最新的外电报道①，中国的城镇化将在未来10年新增4亿城镇人口，这一过程政府的资金投入将达40万亿元人民币，政府将通过扩大债券市场来支持城镇化建设。40万亿连续10年涌上来又会是什么呢？如果这一报道大体属实，首先它可能会带来中国经济表面上的继续繁荣，确保中国经济的快车不慢下来；其次，是否会把4万亿老问题进一步放大，把它们一一冲到新时代的闸门前，形成长远堵塞呢？笔者不得不为这一问题担忧。

在货币政策方面，虽然自1998年以来，中国人民银行一直强调实行稳健的货币政策，以币值稳定为目标，保持货币供应量的适度增长，但面对近年来人民币汇率变动带来的经济波动，人民银行亦是运用货币政策工具对市场不断地进行干预。

短期利率能反应并且影响社会货币供给和货币需求情况以及商业银行的信贷总量，也是中央银行用以控制货币供应量、调节市场货币供求、实现货币政策目标的一个重要的政策性指标，因此，是中央银行通常运用的

---

① 新浪财经，http://finance.sina.com.cn。

货币政策工具之一。图 9-3 中，横坐标用文本格式表示，即忽略人民银行贷款基准利率调整的时间间隔，以显示每次调整的时间。图 9-3 显示，自 20 世纪 90 年代末以来，人民银行基准利率一直在较低水平徘徊。2005 年人民币汇率改革以后，人民币大幅升值后，如同当年的日本，一度造成国内经济过热，房价、地价飞涨，通货膨胀严重，大有泡沫经济之势，于是央行一再运用调整基准利率手段进行干预，2007 年一年中上调短期贷款基准利率（即通常所说的加息）达 6 次！可见央行对市场调控及干预的力度之强。

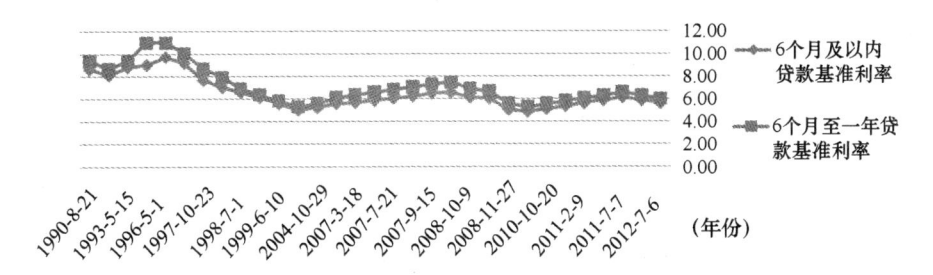

**图 9-3　人民银行历年贷款基准利率调整情况（横坐标为文本格式）**

数据来源：中华人民共和国国家统计局（http：//www.stats.gov.cn/）。

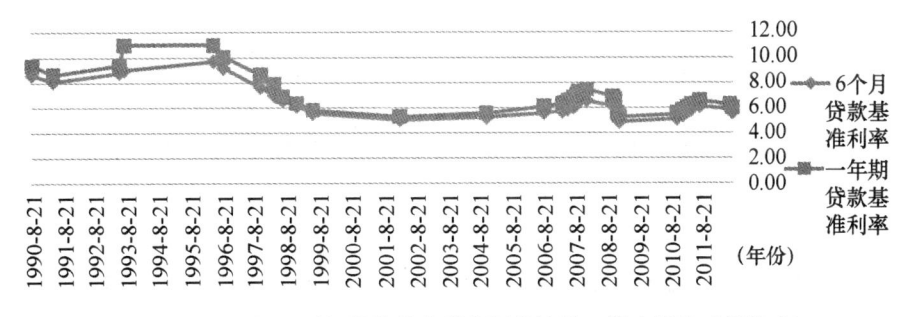

**图 9-4　人民银行历年贷款基准利率调整情况（横坐标为时间格式）**

数据来源：中华人民共和国国家统计局（http：//www.stats.gov.cn/）。

图 9-4 中横坐标以时间格式表示，因而可以十分清楚的显示人民银行历年调整贷款基准利率的频度，可见自 2005 年人民币汇率改革以来，人民银行对市场利率（事实上，每次运用利率工具干预市场，人民银行不单调整短期贷款基准利率，对中长期贷款基准利率以及存款利率都会同时做出调整，详见附表 13）的调整频度相较以往有多

频繁。

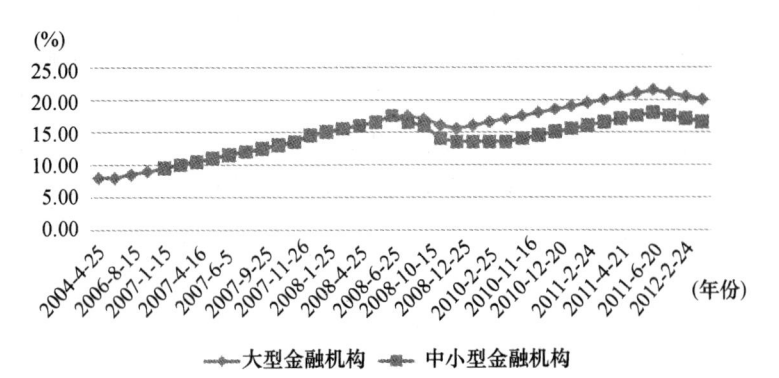

图 9-5　人民银行历年存款准备金率调整情况（横坐标为文本格式）
数据来源：中华人民共和国国家统计局（http://www.stats.gov.cn/）。

中央银行通过调整存款准备金率，可以影响金融机构的信贷扩张能力，从而间接调控货币供应量。图 9-5 显示，2005 年人民币进入升值周期从而吸引大量外资涌入，为防止流动性过剩造成的通货膨胀，人民银行不断上调准备金率。2008 年由于受美国次贷危机影响，第一、第二季度的 GDP 增速都超过 10%，而第四季度下降至 6.4%，因而人民银行在实施货币政策方面亦紧跟经济实际。2008 年上半年还在为防止物价大幅上涨（当年 2 月份，CPI 上涨幅度达 8.7%）而实行紧缩性货币政策即上调存款准备金率，至下半年，货币政策由紧转松，几度下调存款准备金率以防止中国经济陷入金融危机引发的全球式衰退。

同样，图 9-6 横坐标为时间格式，以显示人民银行历年对存款准备金的调整频度。从图 9-6 中看到，自 2005 年人民币进入升值周期以后，为避免或减小因人民币升值给国内经济带来的冲击，人民银行对存款准备金的调整同时进入频繁期。

因此，自 2005 年人民币汇率改革后进入升值周期以来，无论是政府的财政政策还是中国人民银行的货币政策，同样作为政府主导型的经济体制，似乎看到的处处是日本的影子。

但通过上文的实证分析与总结德国和日本的历史经验，已经得到结论：面对本币的升值，无论是货币政策还是财政政策手段，人为的行政干预手段，最多只能在短期内发挥一点作用，长期则都是无效的；唯有接近市场化经济手段才能对经济增长和经济发展起到积极作用。

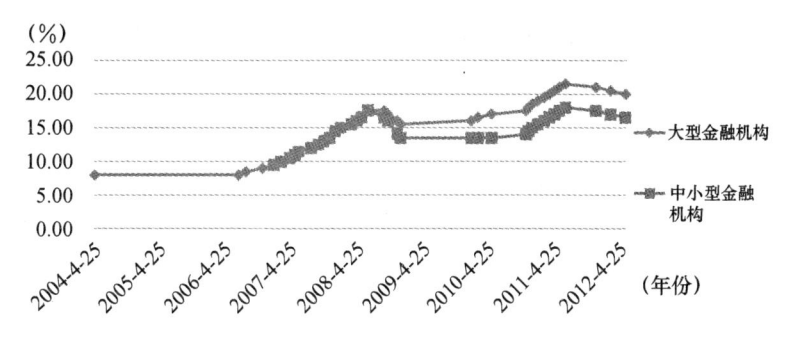

**图9-6 人民银行历年存款准备金率调整情况（横坐标为时间格式）**
数据来源：中华人民共和国国家统计局（http://www.stats.gov.cn/）。

因此，笔者认为，首先，政府角色定位要清晰。无论人民币升值与否，政府的工作重点应该转到为整个经济社会正常运转创造更加良好的环境和条件，政府更应该回到提供公共产品、公共服务，维护法制这样的角色上来，而不应该过多地强加干预。说白了，政府应该充当好"裁判员"的角色，尽量避免直接上场当"运动员"。如为避免人民币升值带来的负面影响，政府对于某些行业过多的投资和支持，反而可能导致其在之后脱开政府的后续支持后，面对国际市场日益激烈的竞争不能自我生存、发展。更不能为了政绩、面子而以应对人民币升值为借口而做某些大型的项目投资，这应是中国市场经济已经运行这么多年后的警世箴言。

其次，更加市场化、与市场接轨的财政政策和货币政策是其行之有效的必要前提。通过德国和日本"市场主导"与"政府主导"的比较，很明显，改善宏观调控的手段和效果，关键是在于将调控手段本身亦进行市场化改革。试图仅用行政调控的计划手段来解决升值而引发的市场问题是不切合实际的，由此，没有真正的市场化改革，宏观调控只能解决升值过程中一些表面问题，并不能对经济产生实际的作用和长期的影响。例如，中国人民银行决定，自2013年7月20日起全面放开金融机构贷款利率管制，取消金融机构贷款利率0.7倍的下限，由金融机构根据商业原则自主确定贷款利率水平。笔者认为，这是在利率市场化进程中中国人民银行迈出的巨大一步。

最后，尊重市场规律、目标明确。"社会市场经济"体制理论指导下，德国政府宏观调控的精神仅在于维持总供给和总需求之间的平衡，而非单纯的应对马克升值可能带来的负面影响，当然，德国成熟的市场经济环境也促成了政府宏观政策的科学合理。因此，在干预经济之前，当局者应明确行政目标，明确调控精神；另外，当前我国正处于经济转型期，市场经济还没有完全建立起来，面对人民币升值，某些方面确实还需要政府适当的干预和调控，但要基于承认相关制度和规则还不够完善的基础上。因而，建立健全市场经济体制不光是应对汇率波动，更成为宏观政策合理施展的前提和平台。此外，如何避免经济增长与本币升值而导致的通货膨胀之间对立和互为代价的不良局面，德国政府的很多举措值得借鉴。

总之，面对人民币的不断升值，财政政策也好，货币政策也罢，当局者实在不必过于紧张的采取各种应对策略，而当更加冷静地面对问题、分析问题，制定出更加符合中国经济实情，更加接近中国市场实际的可持续的规章和制度，使得货币政策保持一定独立性不为行政所主导，利率更加市场化、汇率更加市场化，升值的压力自然就消失了；财政政策方面，进一步完善税收制度，令其"自动稳定器"的作用更好的得到发挥，而非一味地直接干预。这系列制度的完善和实施，才能用"以不变应万变"的大国姿态面对国际市场的各种风浪，以引导中国经济继续一路前行。

### 三 中国经济增长的制约因素

德国和日本的历史经验得到的结论是：凯恩斯应对经济波动的宏观调控手段短期内可以发挥一定的作用，但是长期是无效的。既然政府直接干预经济并不能促使经济的可持续发展，那么政府该如何更好地发挥其作为职能部门的作用呢？日本和德国的经验再次告诉我们，人口、资本和技术创新是经济发展的根本和不变的"硬道理"，要实现经济的可持续发展，这三个因素一个都不能弱。

第一，关于人口结构。当前，中国同样面临着人口老龄化问题，中国的人口老龄化速度远远快于发达国家，发达国家几十年甚至上百年才达到的人口年龄结构的转变中国仅用了18年，中国老龄化速度是日本的2倍。自1999年中国步入老龄化社会以来，人口老龄化加速发展，2010年第六次全国人口普查显示，中国60岁及以上老年人口已达1.78亿，占总人口的13.26%。

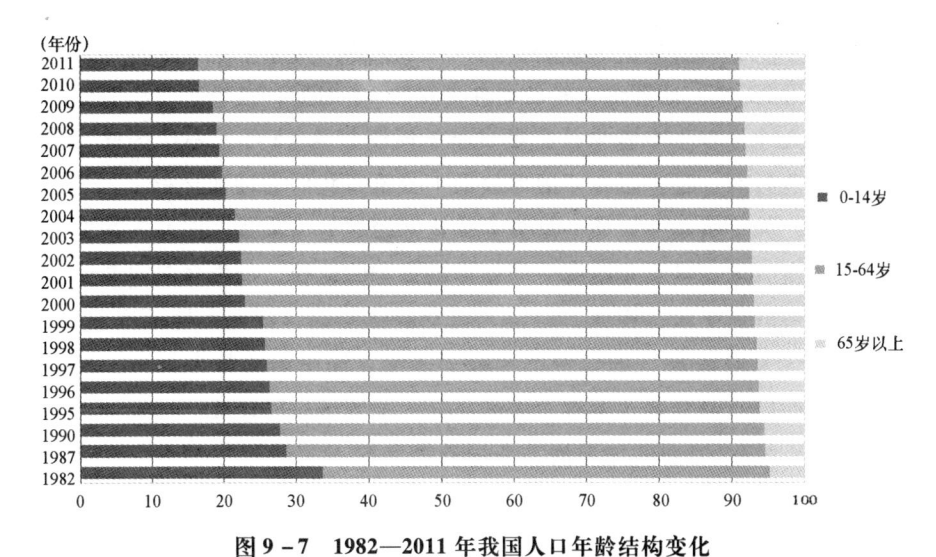

图 9-7　1982—2011 年我国人口年龄结构变化

数据来源：中华人民共和国国家统计局（http://www.stats.gov.cn/）。

图 9-7 显示，自 20 世纪 80 年代中国实行计划生育政策以来，65 岁及以上人口比重不断上升，而 0—14 岁人口比重逐年下降，因此，人口老龄化趋势十分明显。与此同时，中国的人口老龄化是在"未富先老"、社会保障制度不完善、历史欠账较多、城乡和区域发展不平衡、家庭养老功能弱化的形势下发生的，使得未来社会养老服务体系建设的任务十分繁重，养老保障令人担忧。另一方面，老龄化导致劳动人口比例下降，劳动力供给紧张，使得从劳动力无限供给到跨越"刘易斯拐点"，从"人口红利"走向"人口负债"。随着"刘易斯拐点"的到来和"人口红利"的终结，如果不存在明显的技术进步和劳动生产率的提升，那么经济的可持续发展更是无从谈起。因此，老龄化问题已经成为 21 世纪中国面临的主要问题之一，已经成为我国经济可持续增长与发展道路上的突出问题。

对于中国的人口老龄化，已经有学者对我国的计划生育政策提出质疑，认为这是造成目前"未富先老"的根本原因，笔者认为，计划生育政策在过去的 30 多年对控制中国人口爆发性增长起了十分关键的作用，但目前也确实已经到了可以适当放开的阶段。因此，2014 年，国家计生委根据人口形势发展变化，在全国普遍实行双方均为独生子女的夫妇可生育两个孩子政策的基础上，启动实施一方是独生子女的夫妇可生育两个孩子的政策。

此外，按照当前我们国家的学制，从小学读到博士毕业，正常年龄差不多已经近30岁，而普通女性的退休年龄为55周岁，这样一位相对拥有最高素质人才，一生中能为社会做贡献的时间仅为25年左右。因此，德国缩短学业时间、延长退休年龄等政策十分值得我们借鉴和学习。

第二，关于劳动力素质。解决老龄化问题的另一直接办法是提高劳动效率，提高劳动者素质是提高劳动效率最根本的途径，而教育是提高劳动者素质的最有效手段，因此，解决人口老龄化问题，教育是重要突破口。尽管"优先发展教育"的口号已经喊了多年，但中国的教育投入、平均受教育程度以及教育普及率等方面都还处于十分落后的位置。

虽然，经过30多年的发展，各级各类学校入学率和升学率已有较大幅度的提高，但是受过高等教育和中等教育人口所占比例仍然不高。据中国教育网数据，中国中高等教育的毛入学率比中等偏上收入国家平均水平落后15年左右，比发达国家则落后30年以上。

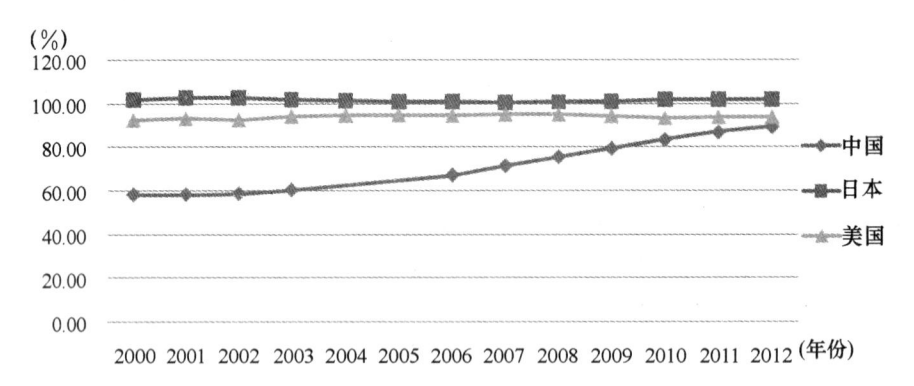

**图9-8　中国、日本、美国中等教育入学率**

数据来源：世界银行（http://www.worldbank.org.cn/）。

图9-8显示，进入21世纪以来，发达国家如日本、美国中等教育入学率长期维持在较高并且十分稳定的水平，其中日本的中等教育已经达到全面普及的水平（入学率超过100%是由于将往届或留级等学生全部算在内的原因）。而我们国家的总等教育入学率在20世纪初还未达到60%，不过近年来发展较为迅速，已经接近美国的中等教育入学率水平。

但是，随着中国劳动力优势的逐渐丧失，受过高等教育的高素质人才才是未来"中国制造"在世界市场竞争中立于不败之地的必要保障。数据显示，2011年中国高等教育入学率不到27%，日本为60%，美国则达80%以上（详见图9-9）。

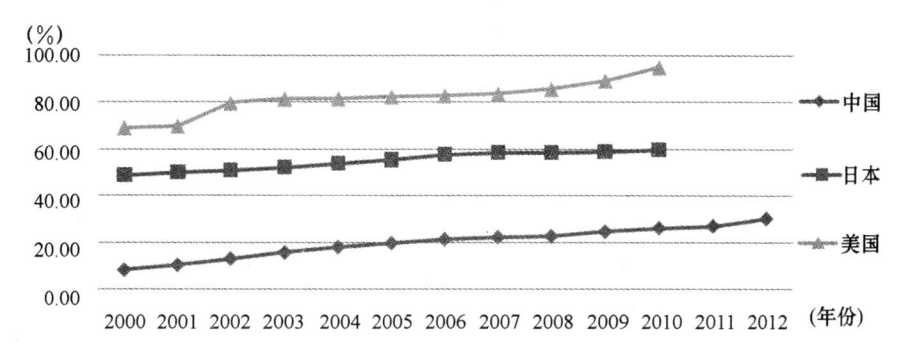

图9-9 中国、日本、美国高等教育入学率
数据来源：世界银行（http://www.worldbank.org.cn/）。

从图9-9可以看出，我国的高等教育入学率近年来虽然有明显的增长，但远远落后于发达国家，尤其是美国的高等教育，其入学率已经达到95%以上，即高等教育在美国国内已基本普及。但是，据中国社会科学院的相关研究的报告，当前我国的实际公共教育投入仅占GDP的3.5%，美国为5%左右（详见图9-10）。

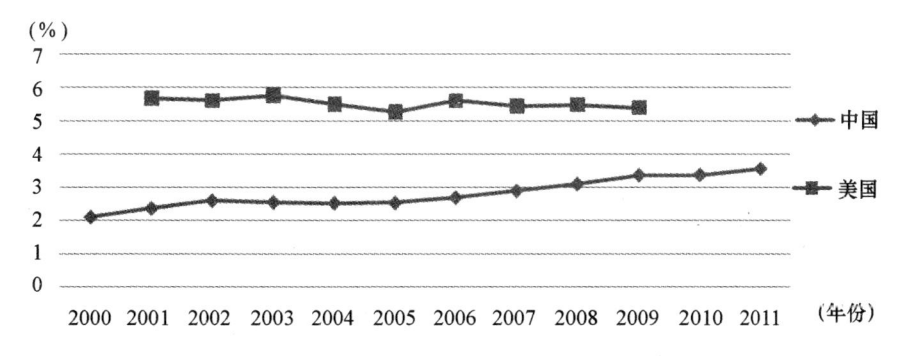

图9-10 中国、美国公共教育支出占GDP的比重
数据来源：世界银行（http://www.worldbank.org.cn/）。

图9-10显示，进入21世纪以来，我国公共教育支出比重虽然呈逐年上升趋势，与美国相比，差距仍较大；与此同时美国的公共教育支出比

重一直以来都比较稳定,长期维持在5%—6%。考虑到中美实际GDP的差距,则我国公共教育支出的绝对数额则远远少于美国。

可见,当前我们国家在教育投入,公共教育支出方面还远远不够。

另一方面,德国世界一流的职业教育为其经济增长做出的贡献亦十分值得当前的中国借鉴。高速增长的中国经济,急需大批从事一线生产、服务与管理的专门人才和职业人才。我国现行的职业教育仍偏重理论传授,而德国以岗位需求为培训目标的职业教育更能直接地为经济发展发挥作用,并且受企业的欢迎。因此,学习德国的做法,大力发展和推广职业教育,以企业需求为导向开展职业教育,十分符合当前中国的经济现实,应当成为我国发展教育、提高劳动力技能的另一重点。

总的来说,中国教育投入的"边际产出"还十分高,是奠定国家竞争力的基石,是提高劳动力素质的主要手段,是当前解决人口结构限制的最有效途径之一,是中国经济可持续发展的必要保障。"百年大计、教育为本"丝毫不为过,加大教育投入,增加教育支出仍是当局者的工作重点。

第三,关于资本。泡沫破灭之前,日本国内过热的、低效率的投资虽然短期内促进了经济增长,但对经济增长方式的转变,经济的长期发展并无益,甚至成为阻碍因素。而当前中国国内亦面临类似的现象:高投入、高消耗、高污染的产业投资快速增长,而低能耗、好附加值、拥有核心技术的新型工业产业的投资增长十分缓慢,这是中国当前投资结构中面临的主要问题。此外,如同"广场协议"后的日本,近年来,房地产投资是国内资本最热门的去向,投资总额逐年递增。

图9-11显示,21世纪以来,无论是国内房地产投资总额还是商品房平均销售价格,都一路攀升,尤其是2008年以来,房地产投资总额以更加惊人的速度不断飙升。2012年,全国房地产开发投资总额为9.6万亿元,超过当年全社会固定资产投资总额的20%,达到23.5%,占当年国内生产总值的18.5%,远远超出国际公认的房地产投资占国内生产总值5%的水平,"泡沫"堆积程度可想而知。这一幕更犹如日本的"昨日重现",令学者们惶恐不安,当局者不断出台各种政策以遏制其增长的加速度。2013年底至2014年初,国内房地产市场突然调转枪头,由升转跌,不少中小房地产企业开始倒闭,各地由于楼市降价"房闹"不断,更是令人担忧是否是楼市"泡沫"出现破灭端倪,中央及各地方政府亦

转而纷纷救市，唯恐重蹈日本式衰退。

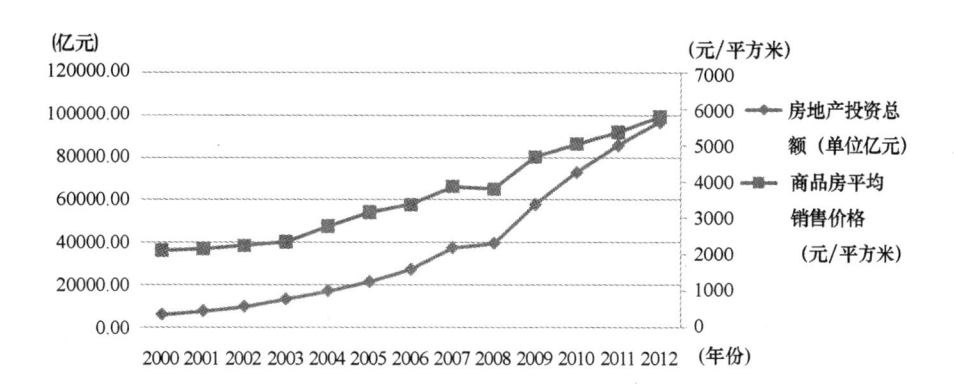

**图 9-11 房地产投资总额及商品房平均销售价格**

注：商品房平均销售价格为次坐标（右）。

数据来源：中华人民共和国国家统计局（http://www.stats.gov.cn/）。

在国家积极财政政策和总体稳健中局部灵活货币政策的作用下，商业银行间竞争加剧使得商业银行放款积极性不断提高，使得近年来民间投资和外商投资依然十分活跃，导致流动性过剩日益加剧，通货膨胀此起彼伏，对经济的平稳和增长十分不利。

另外，企业长期以来的低成本竞争战略导致过度投资。当前国内的大多企业在面临同行的竞争时，往往不是通过研发新技术、提高生产效率、减少投入等"正常"方式以降低成本，尤其是当市场上产品面临供大于求而激烈竞争时，国内企业第一反应往往不是减少产能，减小规模，反而进一步扩大产能并一味降低产品价格，试图在恶性的价格战中打败对手，生存下来。如近年来不断耳闻的家电价格战、大型零售商价格战、银行储蓄网点、地方机场等的过度建设等事件都是如此。这不可避免地出现一些行业的过度投资和低水平重复建设。德国早在 1896 年就制定了《反不正当竞争法》，鼓励企业发展的同时避免了市场的无序竞争。因此，中国政府也应尽快完善这方面的法律政策，同时用市场化理念进行引导，促使企业间的竞争更加符合市场竞争的规律，遏制盲目竞争。

经济落后国家通常都具有十分强烈的发展和赶超欲望，为实现这一愿望，就要不断加快经济增长速度，不可避免地带来高污染、高能耗、低效率的产业。因此，政府部门要认清国情，合理客观的给自己的国家定位，摆脱这种"增长速度至上"的落后发展观。有日本的前车之鉴，学习德国的经验，将资本集中于拥有核心竞争力或是用于提高核心竞争力的重点产业，相关部门合理定位、积极引导企业投资，将资金尽可能引向拥有国际竞争力的核心产业，打造真正的"中国制造"，显得十分有必要。

第四，关于技术和创新。科学技术是第一生产力，技术进步对经济发展的推动作用不言而喻。改革开放30多年来，我们的GDP总量已超过日本，居世界第二，算是经济大国了，但科技发展却不尽人意。有观点认为[①]，改革中最大的失误是技术创新体系没有能够建立起来。正因为没有一个强大的技术创新体系，所以我们不可能给企业提供核心技术，而没有掌握核心技术，只能长期进行低附加值的生产，产品缺乏国际竞争力，容易被其他第三世界国家所取代。

首先，必须加大科技投入总量。在经济"失去"若干年之后，日本已经认识到技术创新的重要性，因而，非常重视对技术创新的投入，近年来，日本已经超过德、英、法等发达国家，成为仅次于美国的R&D投入第二大国。而我国虽然从政府至企业都深知研发与技术创新的重要性，但目前仍主要依靠低廉的劳动力成本在国际市场中保持竞争力，出口的产品也仍以劳动密集型为主，产品附加值长期处于很低的水平。

图9-12显示，尽管我们国家对科技创新十分重视，近年来国家对R&D投入总额不断上升，从2004年占GDP的1.2%，上升至2012年的近2%，但仍远低于主要发达国家，当前中国的R&D投入总额仅是日本的1/3。此外，增加政府投入的同时，要提高企业参与度。当前，国内企业R&D投入占R&D投入总额的比例虽然已经达到70%，但实际的数量很少，R&D强度也比较小。我国企业R&D投入强度（即企业R&D投入占其销售额的比例）一直保持在较低水平，长期在0.5%左右徘徊，而发达国家的平均投入强度在3%左右。因此，调动企业的研发投入，可能是下一步走创新之路不能回避的战略。

---

① 新浪长安讲坛，http://finance.sina.com.cn/sinachanganforum/。

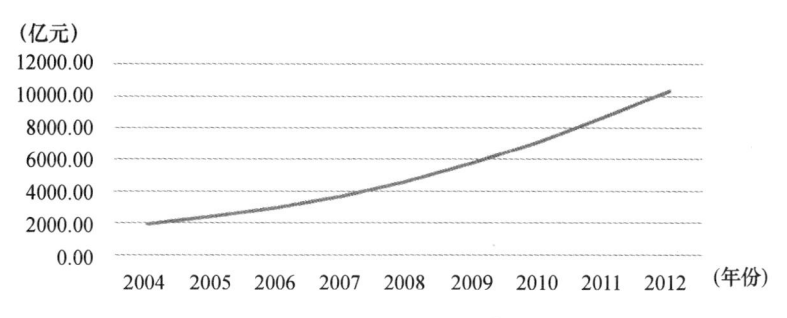

图 9-12　近年来我国 R&D 经费支出情况

数据来源：中华人民共和国国家统计局（http://www.stats.gov.cn/）。

其次，缺乏拥有核心技术的重点产业。尤其是制造业，我国大部分制造业处于产业的最下游，当前制造业产业最底层的技术和产品，核心部分都是利用国外的。缺乏核心技术和产品，在整个产业仍然依赖于廉价的劳动力成本，缺乏有国际影响力的大型企业成为中国制造业未来发展的三个软肋。日本和德国的历史告诉我们，缺乏核心技术就很容易被取代，而拥有独创技术才能在国际竞争中保持一枝独秀，不被后来者所淘汰。当前，随着国内劳动力成本的不断上升，很多跨国企业原本将工厂设在中国国内生产的已经纷纷将工厂转移至越南、泰国、菲律宾等劳动力成本更加低廉的国家。因此，政府应引导企业集中发挥优势，慢慢形成像德国那样具有百年以上历史及核心技术的重点产业，并以此为中心不断进行技术创新，构建真正有中国技术特色的，拥有国际竞争力的，可以和德国、日本相媲美的中国制造。从而也可以避免一味地将发达国家高消耗、高排放、高污染的夕阳产业引入国内生产。

最后，需要创建一支强大创新主体和高素质创新团队。当前的现状是：国企由于拥有垄断优势而缺乏创新动力；民营企业是心有余而"力"不足；高校、研究所的科研机构疲于发文章、写论文、评职称，无暇分身于能切实转化成现实生产力的技术与创新。因此，技术创新体系和创新主体没有能够建立起来，导致很多投资不能导向技术创新，要么冲向房地产市场，要么冲向股市，冲哪哪涨，这样下去，发生泡沫经济也不是不可能的事情。另外，科技人员待遇低是企业留不住人才也是主要原因之一，退休的技术人员更是苦不堪言，甚至存在退休的企业高级工程师不如机关事业单位扫地阿姨退休工资高的畸形现象。所以，国家在继续加大研发投入的同时，更要制定相关制度与鼓励政策，引导企业等科技人员参与技术创新，给予创新企业更多的扶持和补助，提高研发人员的待遇，尤其是企业高级技术人员，在国家和企业层面都能形成一个强大的创新集团和组织。

吸取日本的教训，借鉴德国的经验；逐渐淡化"政府主导"，面对人民币的不断升值，应淡化政府的直接干预，淡化财政政策，淡化货币政策；完善市场经济体制，让汇率市场化，利率市场化，资本市场化，规章制度更加市场化，政府行为、宏观调控更加市场化；才能使得经济更加健康、持续的增长与发展。

改革开放经过30多年的发展，我们取得了举世瞩目的成就，但经济转型时期我们所面临的问题更多、压力更大。提高人口综合素质、引导资本合理投资、创建一股强大的技术创新力量是我国经济可持续发展，拥有更强大的国际市场竞争力最坚实的基础和保证。

## 第三节　研究展望

本书通过对同样经历本币大幅升值的日本和德国，两国政府所采取的不同态度和应对措施以及这些应对措施对两国国内经济各自带来的影响的比较和分析，来证实为应对本币升值，政府所采取的干预经济相关手段和政策的作用。之后笔者通过经典柯布—道格拉斯生产函数分析与比较日本和德国经济增长过程中起决定性作用的长期促进（或是限制）因子来阐述为保持经济的可持续增长，政府宏观调控的政策重点及导向，同时分析了上述因子在当前我国经济发展中的实际状况，从而为我国政府如何应对当前的人民币升值问题带来一些启示和建议。

上述研究主要通过大量的实证模型予以比较、分析和证实，因此，本书强调以事实和真实数据为依据，从而使得得到的各种结论具有较强的说服力和可信度。但存在的主要不足在于，受研究时间的限制，本书的大部分实证模型局限于线性研究，而经济现实中，很多经济变量间的相互关系并非都是线性的，因此，未来笔者将进一步尝试用非线性计量方法来分析和研究上述问题。

# 附　录

**附表1　日本资产价格、进出口总额及制造业概况（1970—2008年）**

| 年份 | TSE 指数 | 六大都市平均地价指数 | 制造业出口占比（%） | 制造业产值指数（2005=100） | 货物和服务出口（不变价单位本币） | 货物和服务进口（不变价单位本币） |
|---|---|---|---|---|---|---|
| 1970 | 12.90 | 28.00 | 92.49 | 44.70 | 8.11155E+12 | 1.24717E+13 |
| 1971 | 14.20 | 32.50 | 93.36 | 45.90 | 9.40904E+12 | 1.33504E+13 |
| 1972 | 22.30 | 36.70 | 93.83 | 49.30 | 9.79669E+12 | 1.47523E+13 |
| 1973 | 28.60 | 48.30 | 93.64 | 56.70 | 1.03099E+13 | 1.8342E+13 |
| 1974 | 24.20 | 57.00 | 92.37 | 54.50 | 1.26957E+13 | 1.91089E+13 |
| 1975 | 24.60 | 52.40 | 94.39 | 48.50 | 1.25746E+13 | 1.71425E+13 |
| 1976 | 27.40 | 52.90 | 95.12 | 53.90 | 1.46622E+13 | 1.82868E+13 |
| 1977 | 29.80 | 54.20 | 95.48 | 56.10 | 1.63823E+13 | 1.90347E+13 |
| 1978 | 32.70 | 55.80 | 95.53 | 59.60 | 1.63409E+13 | 2.03503E+13 |
| 1979 | 35.40 | 59.90 | 95.08 | 64.00 | 1.70443E+13 | 2.2978E+13 |
| 1980 | 37.40 | 67.80 | 94.70 | 67.10 | 1.99389E+13 | 2.11946E+13 |
| 1981 | 43.50 | 73.50 | 95.68 | 67.80 | 2.25948E+13 | 2.16474E+13 |
| 1982 | 43.30 | 78.50 | 95.91 | 68.00 | 2.29184E+13 | 2.15016E+13 |
| 1983 | 51.00 | 82.20 | 95.78 | 70.40 | 2.40579E+13 | 2.07612E+13 |
| 1984 | 64.30 | 86.50 | 96.17 | 77.10 | 2.77436E+13 | 2.29488E+13 |
| 1985 | 78.50 | 92.90 | 96.34 | 80.00 | 2.92012E+13 | 2.23313E+13 |
| 1986 | 104.30 | 106.20 | 96.56 | 79.80 | 2.77061E+13 | 2.31701E+13 |
| 1987 | 154.30 | 133.70 | 96.53 | 82.60 | 2.76775E+13 | 2.52596E+13 |
| 1988 | 168.00 | 171.00 | 96.26 | 90.50 | 2.95307E+13 | 2.99734E+13 |
| 1989 | 202.40 | 212.80 | 96.09 | 95.80 | 3.23286E+13 | 3.53668E+13 |
| 1990 | 171.80 | 276.80 | 95.90 | 99.70 | 3.46506E+13 | 3.82336E+13 |

续表

| 年份 | TSE指数 | 六大都市平均地价指数 | 制造业出口占比（%） | 制造业产值指数（2005=100） | 货物和服务出口（不变价单位本币） | 货物和服务进口（不变价单位本币） |
|---|---|---|---|---|---|---|
| 1991 | 145.20 | 285.30 | 96.03 | 101.40 | 3.64653E+13 | 3.78082E+13 |
| 1992 | 107.50 | 241.00 | 95.98 | 95.20 | 3.80624E+13 | 3.73972E+13 |
| 1993 | 120.10 | 197.70 | 95.84 | 90.90 | 3.82007E+13 | 3.69168E+13 |
| 1994 | 126.00 | 174.90 | 95.55 | 91.80 | 3.96832E+13 | 3.99419E+13 |
| 1995 | 108.80 | 151.40 | 95.19 | 94.80 | 4.13424E+13 | 4.44933E+13 |
| 1996 | 126.50 | 134.50 | 94.87 | 97.00 | 4.37728E+13 | 5.08601E+13 |
| 1997 | 109.90 | 124.40 | 94.56 | 100.60 | 4.86235E+13 | 5.14894E+13 |
| 1998 | 92.90 | 117.90 | 94.24 | 93.40 | 4.72997E+13 | 4.80493E+13 |
| 1999 | 109.20 | 109.20 | 94.16 | 93.60 | 4.81517E+13 | 4.9638E+13 |
| 2000 | 122.00 | 100.00 | 93.88 | 99.00 | 5.41958E+13 | 5.49317E+13 |
| 2001 | 94.20 | 91.70 | 92.85 | 92.30 | 5.04278E+13 | 5.54168E+13 |
| 2002 | 77.20 | 84.10 | | 91.10 | 5.44091E+13 | 5.56085E+13 |
| 2003 | 72.30 | 77.00 | | 94.20 | 5.95674E+13 | 5.7805E+13 |
| 2004 | 88.20 | 71.30 | | 98.70 | 6.78884E+13 | 6.23981E+13 |
| 2005 | 100.00 | 68.60 | | 100.00 | 7.21219E+13 | 6.50283E+13 |
| 2006 | 128.30 | 71.20 | | 104.50 | 7.92866E+13 | 6.79749E+13 |
| 2007 | 131.00 | 79.00 | | 107.40 | 8.6184E+13 | 6.95541E+13 |
| 2008 | 93.60 | 84.80 | | 103.80 | 8.74052E+13 | 6.97947E+13 |

**附表2　德国资产价格、进出口总额及制造业概况（1970—1998年）**

| 年份 | DX指数 | 房价指数 | 制造业订单指数 | 制造业产值指数（2005=100） | 制造业出口总值（10亿，现价美元） | 制造业出口占比（%） | 出口总额（10亿，current US$） | 进口总额（10亿，current US$） | 净出口额（10亿，current US$） |
|---|---|---|---|---|---|---|---|---|---|
| 1970 | 17.20 | 28.9 | 31.58 | 59.77 | 29.70 | 86.78 | | | |
| 1971 | 16.50 | 31.6 | 32.15 | 60.33 | 33.71 | 86.79 | 38.389 | 33.863 | 4.525 |
| 1972 | 18.10 | 33.8 | 37.03 | 62.19 | 41.41 | 88.61 | 46.18 | 40.193 | 5.987 |

续表

| 年份 | DX指数 | 房价指数 | 制造业订单指数 | 制造业产值指数（2005=100） | 制造业出口总值（10亿，现价美元） | 制造业出口占比（%） | 出口总额（10亿，current US$） | 进口总额（10亿，current US$） | 净出口额（10亿，current US$） |
|---|---|---|---|---|---|---|---|---|---|
| 1973 | 16.90 | 36.8 | 41.52 | 65.70 | 59.47 | 88.02 | 66.592 | 54.179 | 12.413 |
| 1974 | 14.20 | 40.2 | 42.44 | 64.07 | 76.34 | 85.42 | 89.041 | 70.515 | 18.526 |
| 1975 | 16.80 | 41.3 | 44.28 | 59.87 | 77.76 | 86.23 | 90.034 | 76.373 | 13.661 |
| 1976 | 17.80 | 43.1 | 48.96 | 64.80 | 88.37 | 86.50 | 101.665 | 86.401 | 15.264 |
| 1977 | 17.90 | 45.1 | 49.50 | 66.12 | 101.46 | 85.93 | 117.238 | 98.78 | 18.458 |
| 1978 | 19.30 | 47.3 | 53.16 | 66.81 | 123.00 | 86.35 | 141.033 | 117.852 | 23.181 |
| 1979 | 18.60 | 51.2 | 59.20 | 69.98 | 147.15 | 85.65 | 170.26 | 155.123 | 15.137 |
| 1980 | 17.80 | 55.9 | 59.27 | 70.15 | 162.36 | 84.18 | 191.593 | 184.149 | 7.444 |
| 1981 | 18.20 | 59.3 | 62.13 | 68.72 | 147.33 | 83.69 | 175.19 | 160.19 | 15 |
| 1982 | 18.50 | 61.7 | 61.03 | 66.63 | 149.37 | 84.66 | 175.794 | 151.682 | 24.112 |
| 1983 | 24.70 | 63.9 | 66.28 | 66.91 | 142.68 | 84.22 | 168.564 | 149.113 | 19.45 |
| 1984 | 28.20 | 65.5 | 71.84 | 68.73 | 144.77 | 84.30 | 170.767 | 149.431 | 21.336 |
| 1985 | 38.30 | 66.4 | 76.06 | 71.80 | 157.93 | 85.86 | 183.483 | 155.017 | 28.465 |
| 1986 | 53.70 | 67.5 | 74.69 | 73.34 | 212.92 | 87.50 | 241.373 | 186.59 | 54.782 |
| 1987 | 46.60 | 69.4 | 77.67 | 73.60 | 259.15 | 88.03 | 290.656 | 222.896 | 67.761 |
| 1988 | 38.80 | 71.5 | 86.95 | 76.53 | 286.92 | 88.74 | 322.22 | 245.87 | 76.35 |
| 1989 | 49.90 | 74.1 | 93.70 | 80.18 | 302.52 | 88.66 | 340.194 | 265.216 | 74.979 |
| 1990 | 58.80 | 78.5 | 99.93 | 84.16 | 374.70 | 88.98 | 411.159 | 342.645 | 68.513 |
| 1991 | 53.00 | 83.8 | 100.73 | 86.60 | 355.38 | 88.22 | 404.174 | 384.735 | 19.439 |
| 1992 | 50.80 | 89.0 | 92.61 | 85.27 | 379.93 | 88.35 | 430.703 | 402.501 | 28.202 |
| 1993 | 53.70 | 93.4 | 91.48 | 78.50 | 317.86 | 83.63 | 379.601 | 338.543 | 41.058 |
| 1994 | 61.70 | 96.1 | 99.19 | 80.90 | 363.67 | 85.18 | 426.933 | 376.038 | 50.895 |
| 1995 | 60.20 | 98.5 | 98.38 | 81.56 | 455.60 | 87.04 | 520.115 | 455.906 | 64.21 |
| 1996 | 68.00 | 98.7 | 100.04 | 81.10 | 444.03 | 84.63 | 520.125 | 450.528 | 69.596 |
| 1997 | 93.20 | 98.6 | 108.25 | 83.70 | 438.41 | 85.48 | 507.65 | 437.83 | 69.821 |
| 1998 | 119.10 | 99.2 | 114.35 | 87.48 | 472.60 | 86.91 | 538.075 | 462.873 | 75.202 |

附表3　　日本宏观经济政策四大目标（1977—2008年）

| 年份 | 通胀率CPI（%） | 人均GDP增长（%） | 总储备可支付进口的月数 | 失业率（%） | GDP增长（%） |
| --- | --- | --- | --- | --- | --- |
| 1977 | 8.14 | 3.39 | 3.73 | 2.00 | 4.39 |
| 1978 | 4.21 | 4.32 | 4.68 | 2.20 | 5.27 |
| 1979 | 3.69 | 4.60 | 2.86 | 2.10 | 5.48 |
| 1980 | 7.81 | 2.01 | 2.79 | 2.00 | 2.82 |
| 1981 | 4.91 | 3.41 | 2.48 | 2.20 | 4.18 |
| 1982 | 2.72 | 2.68 | 2.42 | 2.40 | 3.38 |
| 1983 | 1.87 | 2.36 | 2.53 | 2.60 | 3.06 |
| 1984 | 2.29 | 3.80 | 2.34 | 2.70 | 4.46 |
| 1985 | 2.04 | 5.69 | 2.49 | 2.60 | 6.33 |
| 1986 | 0.60 | 2.21 | 3.62 | 2.80 | 2.83 |
| 1987 | 0.14 | 3.60 | 5.14 | 2.80 | 4.11 |
| 1988 | 0.66 | 6.69 | 4.43 | 2.50 | 7.15 |
| 1989 | 2.28 | 4.94 | 3.24 | 2.30 | 5.37 |
| 1990 | 3.03 | 5.21 | 2.65 | 2.10 | 5.57 |
| 1991 | 3.30 | 3.00 | 2.34 | 2.10 | 3.32 |
| 1992 | 1.71 | 0.57 | 2.34 | 2.20 | 0.82 |
| 1993 | 1.27 | -0.08 | 3.11 | 2.50 | 0.17 |
| 1994 | 0.69 | 0.52 | 3.50 | 2.90 | 0.86 |
| 1995 | -0.12 | 1.55 | 4.07 | 3.20 | 1.94 |
| 1996 | 0.13 | 2.35 | 5.35 | 3.40 | 2.61 |
| 1997 | 1.76 | 1.33 | 5.61 | 3.40 | 1.60 |
| 1998 | 0.66 | -2.25 | 6.52 | 4.10 | -2.00 |
| 1999 | -0.33 | -0.39 | 8.20 | 4.70 | -0.20 |
| 2000 | -0.65 | 2.08 | 8.74 | 4.70 | 2.26 |
| 2001 | -0.80 | 0.14 | 10.59 | 5.00 | 0.36 |
| 2002 | -0.90 | 0.06 | 12.94 | 5.40 | 0.29 |
| 2003 | -0.25 | 1.47 | 16.90 | 5.30 | 1.69 |
| 2004 | -0.01 | 2.33 | 17.78 | 4.70 | 2.36 |
| 2005 | -0.27 | 1.29 | 15.74 | 4.40 | 1.30 |
| 2006 | 0.24 | 1.71 | 14.97 | 4.10 | 1.69 |
| 2007 | 0.06 | 2.18 | 14.88 | 3.90 | 2.19 |
| 2008 | 1.37 | -0.99 | 13.19 | 4.00 | -1.04 |

附表4　　德国宏观经济政策四大目标（1977—2008年）

| 年份 | 通胀率CPI（%） | 人均GDP增长（%） | 总储备可支付进口的月数 | 失业率（%） | GDP增长（%） |
| --- | --- | --- | --- | --- | --- |
| 1977 | 3.70 | 3.58 | 4.96 | 3.92 | 3.35 |
| 1978 | 2.70 | 3.10 | 5.77 | 3.77 | 3.01 |
| 1979 | 4.00 | 4.10 | 5.94 | 3.29 | 4.15 |
| 1980 | 5.40 | 1.20 | 5.14 | 3.38 | 1.41 |
| 1981 | 6.30 | 0.38 | 4.53 | 4.87 | 0.53 |
| 1982 | 5.20 | -0.30 | 5.13 | 6.78 | -0.39 |
| 1983 | 3.30 | 1.84 | 4.74 | 8.16 | 1.57 |
| 1984 | 2.40 | 3.18 | 4.24 | 8.12 | 2.82 |
| 1985 | 2.10 | 2.56 | 4.45 | 8.18 | 2.33 |
| 1986 | -0.10 | 2.24 | 4.20 | 7.89 | 2.29 |
| 1987 | 0.20 | 1.25 | 4.85 | 7.90 | 1.40 |
| 1988 | 1.30 | 3.30 | 3.45 | 7.79 | 3.71 |
| 1989 | 2.80 | 3.10 | 3.26 | 7.09 | 3.90 |
| 1990 | 2.70 | 4.35 | 2.63 | 6.42 | 5.26 |
| 1991 | 4.00 | 4.35 | 2.19 | 5.53 | 5.11 |
| 1992 | 5.08 | 1.14 | 2.59 | 6.57 | 1.91 |
| 1993 | 4.43 | -1.65 | 2.74 | 7.79 | -1.00 |
| 1994 | 2.74 | 2.12 | 2.45 | 8.45 | 2.47 |
| 1995 | 1.72 | 1.38 | 2.17 | 8.25 | 1.68 |
| 1996 | 1.45 | 0.50 | 2.13 | 8.94 | 0.79 |
| 1997 | 1.88 | 1.59 | 1.94 | 9.68 | 1.74 |
| 1998 | 0.94 | 1.85 | 1.87 | 9.45 | 1.86 |
| 1999 | 0.57 | 1.81 | 1.57 | 8.63 | 1.87 |
| 2000 | 1.47 | 2.92 | 1.42 | 8.01 | 3.06 |
| 2001 | 1.98 | 1.34 | 1.37 | 7.86 | 1.51 |
| 2002 | 1.40 | -0.16 | 1.43 | 8.68 | 0.01 |
| 2003 | 1.04 | -0.43 | 1.27 | 9.81 | -0.38 |
| 2004 | 1.67 | 1.18 | 1.10 | 10.50 | 1.16 |
| 2005 | 1.56 | 0.74 | 1.04 | 11.28 | 0.68 |
| 2006 | 1.57 | 3.82 | 0.99 | 10.28 | 3.70 |
| 2007 | 2.29 | 3.41 | 1.01 | 8.66 | 3.27 |
| 2008 | 2.63 | 1.28 | 0.94 | 7.54 | 1.08 |

附表 5-1  日本钻石模型国家竞争力相关指标数据（1977—2008 年）

| 年份 | 制造业出口占商品出口的比重 | 制造业出口年均增长(%) | 货物和服务出口年增长率(%) | 制造业产值(2005=100) | 专利申请，非居民 | 专利申请量，居民 | 每100人所拥有的电话线路数量 | 互联网用户（每100人） |
|---|---|---|---|---|---|---|---|---|
| 1977 | 95.48 | 3.55 | 11.73 | 56.12 | 25015 | 135991 | 31.69 | |
| 1978 | 95.53 | 21.20 | -0.25 | 59.63 | 24575 | 141517 | 32.63 | |
| 1979 | 95.08 | 3.67 | 4.30 | 64.05 | 23946 | 150623 | 33.58 | |
| 1980 | 94.70 | 27.00 | 16.98 | 67.11 | 25290 | 165730 | 34.45 | |
| 1981 | 95.68 | 17.34 | 13.32 | 67.78 | | | 34.48 | |
| 1982 | 95.91 | -8.43 | 1.43 | 68.01 | 24977 | 227708 | 35.26 | |
| 1983 | 95.78 | 6.05 | 4.97 | 70.41 | 26119 | 256195 | 36.17 | |
| 1984 | 96.17 | 15.94 | 15.32 | 77.13 | 25503 | 274348 | 36.84 | |
| 1985 | 96.34 | 4.57 | 5.25 | 80.01 | 26030 | 290132 | 37.75 | |
| 1986 | 96.56 | 19.24 | -5.12 | 79.82 | 25976 | 310908 | 38.80 | |
| 1987 | 96.53 | 9.71 | -0.10 | 82.58 | 26984 | 308775 | 40.01 | |
| 1988 | 96.26 | 14.20 | 6.70 | 90.50 | 27787 | 317353 | 41.45 | |
| 1989 | 96.09 | 3.24 | 9.47 | 95.82 | 27752 | 332952 | 43.05 | 0.02 |
| 1990 | 95.90 | 4.78 | 7.18 | 99.73 | 26026 | 335564 | 44.60 | 0.04 |
| 1991 | 96.03 | 9.61 | 5.24 | 101.45 | 24699 | 337498 | 45.85 | 0.10 |
| 1992 | 95.98 | 7.91 | 4.38 | 95.22 | 23726 | 331774 | 46.80 | 0.40 |
| 1993 | 95.84 | 6.42 | 0.36 | 90.93 | | | 47.58 | |

续表

| 年份 | 制造业出口占商品出口的比重 | 制造业出口年均增长(%) | 货物和服务出口年均增长率(%) | 制造业产值(2005=100) | 专利申请,非居民 | 专利申请量,居民 | 每100人所拥有的电话线路数量 | 互联网用户(每100人) |
|---|---|---|---|---|---|---|---|---|
| 1994 | 95.55 | 9.26 | 3.88 | 91.76 | 21940 | 319261 | 48.91 | 0.79 |
| 1995 | 95.19 | 11.20 | 4.18 | 94.34 | 35061 | 333770 | 50.04 | 1.58 |
| 1996 | 94.87 | -7.58 | 5.88 | 97.02 | 37629 | 339045 | 51.31 | 4.34 |
| 1997 | 94.56 | 2.11 | 11.08 | 100.55 | 52407 | 349211 | 52.55 | 9.09 |
| 1998 | 94.24 | -8.15 | -2.72 | 93.43 | 44716 | 357379 | 49.80 | 13.30 |
| 1999 | 94.16 | 7.56 | 1.80 | 93.65 | 46926 | 357531 | 49.43 | 21.20 |
| 2000 | 93.88 | 14.41 | 12.55 | 99.02 | 35342 | 384201 | 49.28 | 29.72 |
| 2001 | 92.85 | -16.73 | -6.95 | 92.26 | 57433 | 382815 | 48.71 | 38.15 |
| 2002 | 93.03 | 3.48 | 7.90 | 91.14 | 56601 | 365204 | 48.21 | 46.08 |
| 2003 | 93.11 | 13.31 | 9.48 | 94.16 | 54909 | 358184 | 47.72 | 47.85 |
| 2004 | 92.77 | 19.46 | 13.97 | 98.67 | 54665 | 368416 | 47.20 | 61.68 |
| 2005 | 91.97 | 4.27 | 6.24 | 100.00 | 59118 | 367960 | 45.93 | 66.20 |
| 2006 | 91.02 | 7.59 | 9.93 | 104.47 | 61614 | 347060 | 44.30 | 67.99 |
| 2007 | 90.09 | 9.32 | 8.70 | 107.42 | 62793 | 333498 | 40.50 | 73.57 |
| 2008 | 89.23 | 8.35 | 1.42 | 105.82 | 60892 | 330110 | 38.27 | 74.72 |

附表 5-2

| 年份 | 居民最终消费支出等(年增长率) | 居民最终消费支出等(占GDP的百分比) | 入学率,高等院校(占总人数的百分比) | 15—64岁的人口(占总人口的百分比) | 人口增长(年度百分比) | 资本形成总额(年增长率) | 高科技出口年均增长(%) |
|---|---|---|---|---|---|---|---|
| 1977 | 4.23 | 53.63 | 28.09 | 67.48 | 0.96 | 3.04 | |
| 1978 | 5.13 | 53.70 | 30.45 | 67.41 | 0.90 | 7.50 | |
| 1979 | 6.57 | 54.68 | 30.80 | 67.38 | 0.84 | 6.40 | |
| 1980 | 1.38 | 54.77 | 30.87 | 67.39 | 0.78 | -0.93 | |
| 1981 | 2.95 | 54.20 | 30.76 | 67.45 | 0.74 | 2.94 | |
| 1982 | 4.40 | 55.40 | 30.50 | 67.56 | 0.68 | -0.08 | |
| 1983 | 3.71 | 56.06 | 30.05 | 67.71 | 0.68 | -2.48 | |
| 1984 | 3.59 | 55.47 | 29.81 | 67.92 | 0.63 | 5.43 | |
| 1985 | 5.22 | 54.60 | 29.17 | 68.18 | 0.61 | 9.87 | |
| 1986 | 2.96 | 54.33 | 27.88 | 68.49 | 0.61 | 5.18 | |
| 1987 | 4.18 | 54.67 | 27.97 | 68.85 | 0.49 | 6.65 | |
| 1988 | 5.60 | 53.71 | 28.45 | 69.21 | 0.43 | 15.56 | 7.82 |
| 1989 | 5.27 | 53.34 | 28.66 | 69.52 | 0.41 | 9.21 | 6.41 |
| 1990 | 5.41 | 53.31 | 29.07 | 69.74 | 0.34 | 7.32 | 2.72 |
| 1991 | 2.33 | 52.82 | 29.57 | 69.86 | 0.31 | 2.99 | 9.81 |
| 1992 | 1.90 | 53.54 | 30.33 | 69.89 | 0.25 | -3.61 | 7.14 |
| 1993 | 0.78 | 54.30 | | 69.84 | 0.25 | -3.06 | 8.40 |

续表

| 年份 | 居民最终消费支出等(年增长率) | 居民最终消费支出等(占GDP的百分比) | 入学率,高等院校(占总人数的百分比) | 15—64岁的人口(占总人口的百分比) | 人口增长(年度百分比) | 资本形成总额(年增长率) | 高科技出口年均增长(%) |
|---|---|---|---|---|---|---|---|
| 1994 | 2.30 | 55.27 | 39.36 | 69.72 | 0.34 | −2.25 | 13.50 |
| 1995 | 1.98 | 55.36 | 40.17 | 69.56 | 0.38 | 2.86 | 15.91 |
| 1996 | 2.76 | 55.49 | | 69.36 | 0.26 | 5.17 | −8.95 |
| 1997 | 0.94 | 55.42 | | 69.12 | 0.26 | 0.10 | 3.10 |
| 1998 | −0.99 | 56.11 | 43.56 | 68.83 | 0.25 | −7.57 | −9.05 |
| 1999 | 1.20 | 57.21 | 46.62 | 68.52 | 0.19 | −5.15 | 9.59 |
| 2000 | | 56.52 | 48.73 | 68.19 | 0.17 | 3.69 | 23.17 |
| 2001 | 1.62 | 57.32 | 49.92 | 67.85 | 0.22 | −1.65 | −22.84 |
| 2002 | 1.17 | 57.91 | 50.80 | 67.50 | 0.23 | −6.77 | −3.59 |
| 2003 | 0.56 | 57.63 | 52.03 | 67.13 | 0.21 | 1.69 | 11.68 |
| 2004 | 1.25 | 57.29 | 53.86 | 66.74 | 0.03 | 2.55 | 17.90 |
| 2005 | 1.57 | 57.78 | 55.35 | 66.34 | 0.01 | −0.30 | −0.63 |
| 2006 | 1.10 | 57.91 | 57.58 | 65.92 | −0.01 | 0.95 | 3.03 |
| 2007 | 0.98 | 57.34 | 58.40 | 65.48 | 0.01 | 1.74 | −8.81 |
| 2008 | −0.96 | 58.27 | 58.57 | 65.02 | −0.05 | −2.99 | 1.75 |

附表 5-3

| 年份 | 高科技出口(占制成品出口的百分比) | 固定资本形成总额(占 GDP 的百分比) | R&D 支出(Million 2005 Dollars-Constant prices and PPPs) |
| --- | --- | --- | --- |
| 1977 |  | 30.14 |  |
| 1978 |  | 30.39 |  |
| 1979 |  | 31.66 |  |
| 1980 |  | 31.55 |  |
| 1981 |  | 30.56 | 48981.14 |
| 1982 |  | 29.36 | 52634.66 |
| 1983 |  | 27.75 | 57367.27 |
| 1984 |  | 27.35 | 61983.92 |
| 1985 |  | 27.55 | 69112.75 |
| 1986 |  | 27.51 | 70217.82 |
| 1987 |  | 28.37 | 75214.70 |
| 1988 | 23.93 | 29.97 | 80993.28 |
| 1989 | 24.56 | 31.12 | 88085.11 |
| 1990 | 24.24 | 31.96 | 95340.53 |
| 1991 | 24.25 | 31.58 | 97844.44 |
| 1992 | 24.07 | 30.37 | 97279.71 |
| 1993 | 24.59 | 29.20 | 95460.93 |
| 1994 | 25.55 | 28.23 | 94564.53 |

续表

| 年份 | 高科技出口（占制成品出口的百分比） | 固定资本形成总额（占GDP的百分比） | R&D支出（Million 2005 Dollars-Constant prices and PPPs） |
|---|---|---|---|
| 1995 | 26.55 | 27.75 | 100714.73 |
| 1996 | 26.15 | 28.14 | 99574.43 |
| 1997 | 26.41 | 27.57 | 103517.10 |
| 1998 | 26.15 | 25.81 | 106178.81 |
| 1999 | 26.65 | 25.49 | 106611.19 |
| 2000 | 28.69 | 25.21 | 110452.89 |
| 2002 | 24.78 | 22.88 | 113570.23 |
| 2003 | 24.43 | 22.50 | 115417.60 |
| 2004 | 24.10 | 22.19 | 118286.88 |
| 2005 | 22.98 | 22.34 | 120330.94 |
| 2006 | 22.06 | 22.68 | 128694.56 |
| 2007 | 18.41 | 22.57 | 134541.69 |
| 2008 | 17.31 | 22.44 | 139330.29 |

附表 6-1　德国钻石模型国家竞争力相关指标数据（1977—2008 年）

| 年份 | 制造业出口占商品出口的比重 | 制造业出口年均增长 | 货物和服务出口（年增长率） | 制造业产值 2005=100 | 专利申请，非居民 | 专利申请量，居民 | 每100人所拥有的电话线路数量 |
|---|---|---|---|---|---|---|---|
| 1977 | 85.93 | -2.15 | 4.00 | 66.12 | 30154 | 30247 | 20.04 |
| 1978 | 86.35 | 21.23 | 2.77 | 66.81 | 28184 | 30308 | 22.04 |
| 1979 | 85.65 | 19.63 | 4.97 | 69.98 | 24305 | 30879 | 24.12 |
| 1980 | 84.18 | 10.33 | 5.46 | 70.15 | 19900 | 28683 | 26.10 |
| 1981 | 83.69 | -9.26 | 7.22 | 68.72 | 16738 | 29841 | 27.71 |
| 1982 | 84.66 | 1.38 | 3.70 | 66.63 | 17158 | 30668 | 28.96 |
| 1983 | 84.22 | -4.48 | -0.50 | 66.91 | 15445 | 31658 | 30.06 |
| 1984 | 84.30 | 1.47 | 8.86 | 68.73 | 13225 | 31984 | 31.43 |
| 1985 | 85.86 | 9.09 | 7.46 | 71.80 | 12180 | 32202 | 32.69 |
| 1986 | 87.50 | 34.82 | -1.19 | 73.34 | 10945 | 32169 | 33.67 |
| 1987 | 88.03 | 21.71 | 0.74 | 73.60 | 9933 | 31597 | 34.64 |
| 1988 | 88.74 | 10.72 | 5.66 | 76.53 | 9332 | 31912 | 35.55 |
| 1989 | 88.66 | 5.44 | 10.28 | 80.18 | 9168 | 31171 | 36.68 |
| 1990 | 88.98 | 23.86 | 11.35 | 84.16 | 8605 | 30724 | 40.31 |
| 1991 | 88.22 | -5.16 | 11.02 | 86.60 | 7784 | 32256 | 42.13 |
| 1992 | 88.35 | 6.91 | -0.60 | 85.27 | 7404 | 33919 | 44.12 |
| 1993 | 83.63 | -16.34 | -5.97 | 78.50 | 6995 | 34752 | 45.72 |

续表

| 年份 | 制造业出口占商品出口的比重 | 制造业出口年均增长 | 货物和服务出口（年均增长率） | 制造业产值 2005＝100 | 专利申请，非居民 | 专利申请量，居民 | 每100人所拥有的电话线路数量 |
|---|---|---|---|---|---|---|---|
| 1994 | 85.18 | 14.41 | 8.09 | 80.90 | 7261 | 36715 | 47.61 |
| 1995 | 87.04 | 25.28 | 6.49 | 81.56 | 8055 | 38103 | 51.26 |
| 1996 | 84.63 | −2.54 | 6.42 | 81.10 | 9511 | 42322 | 53.65 |
| 1997 | 85.48 | −1.27 | 11.45 | 83.70 | 11291 | 44438 | 54.90 |
| 1998 | 86.91 | 7.80 | 7.65 | 87.48 | 10843 | 46523 | 56.50 |
| 1999 | 86.34 | −0.70 | 5.78 | 88.77 | 9502 | 50029 | 58.55 |
| 2000 | 83.66 | −1.62 | 13.23 | 93.59 | 10406 | 51736 | 60.98 |
| 2001 | 86.63 | 7.26 | 6.40 | 93.63 | 10486 | 49989 | 63.52 |
| 2002 | 87.15 | 8.38 | 4.24 | 92.52 | 10589 | 47598 | 65.11 |
| 2003 | 84.03 | 17.67 | 2.52 | 92.75 | 10663 | 47818 | 65.75 |
| 2004 | 83.59 | 20.43 | 10.70 | 96.78 | 10786 | 48448 | 66.07 |
| 2005 | 86.06 | 9.87 | 7.67 | 100.00 | 11855 | 48367 | 66.38 |
| 2006 | 84.97 | 12.68 | 13.09 | 105.62 | 12573 | 48012 | 65.91 |
| 2007 | 82.59 | 15.90 | 7.98 | 112.49 | 13139 | 47853 | 64.35 |
| 2008 | 82.10 | 8.81 | 2.67 | 113.38 | 13177 | 49240 | 60.99 |

附表 6–2

| 年份 | 互联网用户（每100人） | 居民最终消费支出等（年增长率） | 居民最终消费支出等（占GDP的百分比） | 入学率,高等院校（占总人数的百分比） | 15—64岁的人口（占总人口的百分比） | 人口增长（年度百分比） | 资本形成总额（年增长率） |
|---|---|---|---|---|---|---|---|
| 1977 |  | 4.32 | 58.17 |  | 64.33 | -0.23 | 1.67 |
| 1978 |  | 3.17 | 57.51 |  | 64.77 | -0.09 | 3.41 |
| 1979 |  | 2.97 | 57.60 |  | 65.29 | 0.04 | 11.29 |
| 1980 |  | 1.77 | 58.43 |  | 65.92 | 0.21 | -3.00 |
| 1981 |  | 0.79 | 59.55 |  | 66.65 | 0.15 | -12.05 |
| 1982 |  | -0.25 | 59.84 |  | 67.46 | -0.10 | -4.09 |
| 1983 |  | 1.14 | 59.74 |  | 68.26 | -0.26 | 8.59 |
| 1984 |  | 2.75 | 59.94 |  | 68.95 | -0.35 | 1.64 |
| 1985 |  | 2.62 | 59.74 |  | 69.42 | -0.22 | -0.22 |
| 1986 |  | 2.93 | 58.05 |  | 69.66 | 0.05 | 5.70 |
| 1987 |  | 2.91 | 58.33 |  | 69.67 | 0.15 | 1.13 |
| 1988 |  | 3.01 | 57.92 |  | 69.53 | 0.39 | 8.18 |
| 1989 |  | 3.93 | 58.27 |  | 69.33 | 0.77 | 8.38 |
| 1990 | 0.13 | 4.88 | 57.65 |  | 69.13 | 0.86 | 8.65 |
| 1991 | 0.25 | 4.94 | 57.51 | 33.82 | 68.94 | 0.73 | 6.84 |
| 1992 | 0.43 | 2.85 | 57.62 | 35.18 | 68.76 | 0.76 | -0.08 |
| 1993 | 0.46 | 0.30 | 58.29 | 38.63 | 68.60 | 0.66 | -6.25 |

续表

| 年份 | 互联网用户（每100人） | 居民最终消费支出等（年增长率） | 居民最终消费支出等（占GDP的百分比） | 入学率,高等院校（占总人数的百分比） | 15—64岁的人口（占总人口百分比） | 人口增长（年度百分比） | 资本形成总额（年增长率） |
|---|---|---|---|---|---|---|---|
| 1994 | 0.92 | 1.91 | 57.95 | 41.39 | 68.46 | 0.35 | 4.14 |
| 1995 | 1.84 | 1.82 | 57.69 | 44.26 | 68.34 | 0.29 | 1.35 |
| 1996 | 3.07 | 1.03 | 58.06 | 46.05 | 68.27 | 0.29 | -3.61 |
| 1997 | 6.73 | 0.91 | 58.08 | 47.17 | 68.23 | 0.15 | 1.88 |
| 1998 | 9.91 | 1.31 | 57.67 |  | 68.20 | 0.02 | 5.23 |
| 1999 | 20.91 | 2.49 | 58.09 |  | 68.14 | 0.06 | 4.59 |
| 2000 | 30.27 | 2.22 | 58.37 |  | 68.01 | 0.14 | 3.20 |
| 2001 | 31.66 | 1.34 | 58.68 |  | 67.81 | 0.17 | -4.81 |
| 2002 | 48.79 | -0.53 | 58.18 |  | 67.54 | 0.17 | -8.57 |
| 2003 | 55.87 | 0.26 | 58.88 |  | 67.24 | 0.06 | 1.13 |
| 2004 | 64.74 | 0.44 | 58.46 |  | 66.96 | -0.02 | -0.75 |
| 2005 | 68.77 | 0.23 | 58.76 |  | 66.73 | -0.06 | -1.94 |
| 2006 | 72.30 | 1.50 | 57.89 |  | 66.55 | -0.11 | 8.76 |
| 2007 | 75.39 | -0.22 | 55.87 |  | 66.42 | -0.13 | 9.08 |
| 2008 | 78.35 | 0.59 | 56.10 |  | 66.32 | -0.19 | 1.42 |

附表 6-3

| 年份 | 高科技出口年均增长（%） | 高科技出口（占制成品出口的百分比） | 固定资本形成总额（占GDP的百分比） | R&D 支出（Million 2005 Dollars-Constant prices and PPPs） |
|---|---|---|---|---|
| 1977 | | | 22.22 | |
| 1978 | | | 22.73 | |
| 1979 | | | 23.58 | |
| 1980 | | | 24.23 | |
| 1981 | | | 23.15 | 35619.81 |
| 1982 | | | 21.84 | 36514.83 |
| 1983 | | | 22.05 | 37206.21 |
| 1984 | | | 21.63 | 38265.46 |
| 1985 | | | 21.15 | 41979.02 |
| 1986 | | | 21.03 | 43385.15 |
| 1987 | | | 21.18 | 45866.72 |
| 1988 | 10.43 | 11.75 | 21.42 | 47339.17 |
| 1989 | 11.09 | 12.38 | 22.05 | 48893.50 |
| 1990 | 13.63 | 12.00 | 22.81 | 49424.70 |
| 1991 | 9.32 | 13.10 | 23.25 | 53292.12 |
| 1992 | 3.54 | 12.66 | 23.53 | 51684.92 |
| 1993 | -11.37 | 13.43 | 22.46 | 49621.81 |
| 1994 | 16.22 | 13.64 | 22.55 | 48762.65 |

续表

| 年份 | 高科技出口年均增长（%） | 高科技出口（占制成品出口的百分比） | 固定资本形成总额（占GDP的百分比） | R&D支出（Million 2005 Dollars-Constant prices and PPPs） |
|---|---|---|---|---|
| 1995 | 22.35 | 13.71 | 21.91 | 49717.15 |
| 1996 | 0.61 | 13.77 | 21.32 | 50266.85 |
| 1997 | 5.12 | 14.65 | 21.03 | 52193.38 |
| 1998 | 11.79 | 15.18 | 21.13 | 54054.95 |
| 1999 | 7.76 | 16.49 | 21.35 | 58230.59 |
| 2000 | 10.82 | 18.63 | 21.47 | 61578.75 |
| 2001 | 5.86 | 18.32 | 20.06 | 62557.12 |
| 2002 | 3.34 | 17.45 | 18.38 | 63289.44 |
| 2003 | 13.49 | 16.90 | 17.79 | 63980.74 |
| 2004 | 27.75 | 17.82 | 17.39 | 63800.07 |
| 2005 | 7.89 | 17.42 | 17.28 | 64298.79 |
| 2006 | 11.46 | 17.14 | 18.06 | 67594.80 |
| 2007 | -5.98 | 13.99 | 18.44 | 69568.86 |
| 2008 | 4.17 | 13.30 | 18.62 | 74704.56 |

**附表7 日本政府应对日元汇率波动调控手段中介目标（1970—2008年）**

| 年份 | 三个月金融市场利率（%） | M₂（十亿日元） | 政府消费支出（十亿日元） | 税收占GDP的比重（%） | 日元汇率 |
| --- | --- | --- | --- | --- | --- |
| 1971 |  | 96452 | 27691 |  | 350.68 |
| 1972 | 5.10 | 120535 | 29066 |  | 303.17 |
| 1973 | 13.85 | 143398 | 30637 | 5.43 | 271.70 |
| 1974 | 13.30 | 163561 | 30508 | 5.81 | 292.08 |
| 1975 | 8.50 | 191309 | 34349 | 5.22 | 296.79 |
| 1976 | 7.00 | 220972 | 35802 | 5.44 | 296.55 |
| 1977 | 6.02 | 251302 | 37296 | 5.65 | 268.51 |
| 1978 | 4.73 | 287519 | 39239 | 5.72 | 210.44 |
| 1979 | 8.01 | 319584 | 40888 | 6.08 | 219.14 |
| 1980 | 9.43 | 350418 | 42160 | 6.31 | 226.74 |
| 1981 | 6.52 | 391677 | 44479 | 6.46 | 220.54 |
| 1982 | 6.80 | 428079 | 46472 | 6.65 | 249.08 |
| 1983 | 6.42 | 464412 | 49111 | 6.77 | 237.51 |
| 1984 | 6.29 | 500947 | 50772 | 6.87 | 237.52 |
| 1985 | 7.04 | 544753 | 51506 | 6.96 | 238.54 |
| 1986 | 4.40 | 594777 | 53260 | 7.10 | 168.52 |
| 1987 | 3.90 | 650850 | 55346 | 7.41 | 144.64 |
| 1988 | 4.17 | 709958 | 57529 | 7.66 | 128.15 |
| 1989 | 5.85 | 788005 | 59201 | 7.54 | 137.96 |
| 1990 | 7.61 | 842001 | 61161 | 7.31 | 144.79 |
| 1991 | 5.71 | 888721 | 63644 | 7.30 | 134.71 |
| 1992 | 3.42 | 917964 | 65346 | 7.05 | 126.65 |
| 1993 | 1.70 | 958532 | 67434 | 6.90 | 111.20 |
| 1994 | 2.05 | 998667 | 69823 | 6.57 | 102.21 |
| 1995 | 0.23 | 1039341 | 72854 | 6.67 | 94.06 |
| 1996 | 0.25 | 1078877 | 75045 | 6.80 | 108.78 |
| 1997 | 0.23 | 1141561 | 75619 | 6.94 | 120.99 |
| 1998 | 0.14 | 1177364 | 76556 | 7.03 | 130.91 |
| 1999 | 0.07 | 1210357 | 79360 | 6.91 | 113.91 |
| 2000 | 0.32 | 1226522 | 82991 | 6.96 | 107.77 |

续表

| 年份 | 三个月金融市场利率 | $M_2$（十亿日元） | 政府消费支出（十亿日元） | 税收占GDP的比重（%） | 日元汇率 |
|---|---|---|---|---|---|
| 2001 | 0.01 | 1016331 | 86457 | 7.09 | 121.53 |
| 2002 | 0.00 | 1025489 | 88704 | 6.70 | 125.39 |
| 2003 | 0.00 | 1030846 | 90369 | 6.51 | 115.93 |
| 2004 | 0.00 | 1037304 | 91744 | 6.67 | 108.19 |
| 2005 | 0.00 | 1042305 | 92468 | 6.89 | 110.22 |
| 2006 | 0.21 | 1034924 | 92493 | 7.17 | 116.30 |
| 2007 | 0.45 | 1042202 | 93521 | 7.85 | 117.75 |
| 2008 | 0.20 | 1050083 | 93403 | 8.08 | 103.36 |

**附表8　德国政府应对马克汇率波动调控手段中介目标（1970—1998年）**

| 年份 | 货币市场利率（%） | $M_3$（十亿马克） | 政府消费支出（十亿马克） | 税收占GDP的比重 | 马克汇率 |
|---|---|---|---|---|---|
| 1970 | 8.65 | 271 | 200 | | 3.66 |
| 1971 | 6.16 | 305 | 213 | | 3.51 |
| 1972 | 4.30 | 345 | 224 | | 3.19 |
| 1973 | 10.18 | 387 | 237 | 3.18 | 2.67 |
| 1974 | 8.87 | 421 | 251 | 3.20 | 2.59 |
| 1975 | 4.40 | 452 | 262 | 3.09 | 2.46 |
| 1976 | 3.89 | 497 | 267 | 3.24 | 2.52 |
| 1977 | 4.14 | 544 | 273 | 3.38 | 2.32 |
| 1978 | 3.36 | 602 | 284 | 3.26 | 2.01 |
| 1979 | 5.87 | 655 | 296 | 3.12 | 1.83 |
| 1980 | 9.06 | 690 | 306 | 3.33 | 1.82 |
| 1981 | 11.26 | 734 | 320 | 3.10 | 2.26 |
| 1982 | 8.67 | 782 | 317 | 3.04 | 2.43 |
| 1983 | 5.36 | 834 | 315 | 3.07 | 2.55 |
| 1984 | 5.55 | 866 | 319 | 3.11 | 2.85 |
| 1985 | 5.19 | 909 | 322 | 3.20 | 2.94 |
| 1986 | 4.57 | 973 | 326 | 3.15 | 2.17 |

续表

| 年份 | 货币市场利率（年） | $M_3$（十亿马克） | 政府消费支出（十亿马克） | 税收占 GDP 的比重 | 马克汇率 |
|---|---|---|---|---|---|
| 1987 | 3.722 | 1047 | 328 | 3.12 | 1.80 |
| 1988 | 4.01 | 1114 | 333 | 3.13 | 1.76 |
| 1989 | 6.59 | 1178 | 326 | 3.14 | 1.88 |
| 1990 | 7.92 | 1321 | 333 | 2.94 | 1.62 |
| 1991 | 8.84 | 1476 | 344 | 2.82 | 1.66 |
| 1992 | 9.42 | 1597 | 362 | 2.89 | 1.56 |
| 1993 | 7.49 | 1721 | 363 | 2.93 | 1.65 |
| 1994 | 5.35 | 1875 | 373 | 2.84 | 1.62 |
| 1995 | 4.50 | 1886 | 381 | 2.74 | 1.43 |
| 1996 | 3.273 | 2026 | 390 | 2.68 | 1.50 |
| 1997 | 3.18 | 2151 | 392 | 2.68 | 1.73 |
| 1998 | 3.41 | 2245 | 401 | 2.88 | 1.76 |

附表9　日本经济增长影响主要因素（1970—2008年）

| 年份 | 入学率，高等院校（占总人数的百分比） | 65岁和65岁以上的人口（占总人口的百分比） | 固定资本形成总额（十亿日元） | 外国直接投资净流入（百万美元） |
|---|---|---|---|---|
| 1970 |  | 7.03 | 51585 |  |
| 1971 | 17.37 | 7.19 | 54014 |  |
| 1972 | 18.87 | 7.35 | 59460 |  |
| 1973 | 20.16 | 7.51 | 66337 |  |
| 1974 | 22.11 | 7.69 | 60693 |  |
| 1975 | 24.34 | 7.88 | 60281 |  |
| 1976 | 26.54 | 8.10 | 62029 |  |
| 1977 | 28.09 | 8.33 | 63797 | 20 |
| 1978 | 30.45 | 8.57 | 68852 | 10 |
| 1979 | 30.80 | 8.81 | 72912 | 240 |
| 1980 | 30.87 | 9.05 | 72631 | 280 |
| 1981 | 30.76 | 9.27 | 74722 | 190 |

续表

| 年份 | 入学率，高等院校（占总人数的百分比） | 65岁和65岁以上的人口（占总人口的百分比） | 固定资本形成总额（十亿日元） | 外国直接投资净流入（百万美元） |
|---|---|---|---|---|
| 1982 | 30.50 | 9.48 | 74687 | 440 |
| 1983 | 30.05 | 9.70 | 73674 | 410 |
| 1984 | 29.81 | 9.94 | 76855 | -10 |
| 1985 | 29.17 | 10.20 | 83203 | 638 |
| 1986 | 27.88 | 10.49 | 87833 | 226 |
| 1987 | 27.97 | 10.81 | 94815 | 1161 |
| 1988 | 28.45 | 11.16 | 107440 | -482 |
| 1989 | 28.66 | 11.54 | 117312 | -1038 |
| 1990 | 29.07 | 11.95 | 126529 | 1777 |
| 1991 | 29.57 | 12.39 | 129739 | 1286 |
| 1992 | 30.33 | 12.86 | 126847 | 2760 |
| 1993 |  | 13.35 | 123437 | 119 |
| 1994 | 39.36 | 13.86 | 121592 | 912 |
| 1995 | 40.17 | 14.39 | 122578 | 39 |
| 1996 |  | 14.94 | 128184 | 208 |
| 1997 |  | 15.50 | 128008 | 3200 |
| 1998 | 43.56 | 16.06 | 119188 | 3268 |
| 1999 | 46.62 | 16.63 | 118422 | 12308 |
| 2000 | 48.73 | 17.18 | 119223 | 8227 |
| 2001 | 49.92 | 17.73 | 116716 | 6191 |
| 2002 | 50.80 | 18.26 | 110994 | 9087 |
| 2003 | 52.03 | 18.79 | 111191 | 6238 |
| 2004 | 53.86 | 19.32 | 111630 | 7807 |
| 2005 | 55.35 | 19.85 | 112574 | 3214 |
| 2006 | 57.58 | 20.38 | 114272 | -6784 |
| 2007 | 58.40 | 20.91 | 114631 | 22180 |
| 2008 | 58.57 | 21.46 | 109923 | 24552 |

附表10　　德国经济增长主要影响因素（1991—2008年）

| 年份 | 65岁和65岁以上的人口（占总人口的百分比） | 接受过高等教育的劳动力（占劳动力总数的百分比） | 接受过中学教育的劳动力（占劳动力总数的百分比） | 固定资本形成总额（十亿马克） | 外国直接投资净流入（百万美元） |
|---|---|---|---|---|---|
| 1991 | 15.00 | | | 365.4197 | 4.748284 |
| 1992 | 15.10 | 19.90 | 55.30 | 382.1818 | -2.11717 |
| 1993 | 15.20 | 20.50 | 54.70 | 365.8811 | 0.401341 |
| 1994 | 15.31 | 20.40 | 55.70 | 381.4129 | 7.290396 |
| 1995 | 15.42 | 22.50 | 57.60 | 380.7208 | 11.98548 |
| 1996 | 15.52 | 22.20 | 55.20 | 378.6064 | 6.429189 |
| 1997 | 15.62 | 23.00 | 55.90 | 382.1818 | 12.79641 |
| 1998 | 15.75 | 23.40 | 58.90 | 397.3675 | 23.63584 |
| 1999 | 15.97 | 23.00 | 54.90 | 415.3982 | 55.90667 |
| 2000 | 16.31 | 23.50 | 54.60 | 426.3166 | 210.0854 |
| 2001 | 16.77 | 23.30 | 56.30 | 412.2457 | 26.1712 |
| 2002 | 17.35 | 22.10 | 58.40 | 387.0258 | 53.60527 |
| 2003 | 17.97 | 23.60 | 56.40 | 382.374 | 30.93398 |
| 2004 | 18.56 | 24.40 | 56.10 | 381.4897 | -9.80291 |
| 2005 | 19.07 | 24.50 | 57.80 | 384.45 | 46.47286 |
| 2006 | 19.46 | 23.80 | 58.30 | 416.0518 | 56.64417 |
| 2007 | 19.75 | 24.10 | 59.10 | 435.8125 | 80.59254 |
| 2008 | 19.98 | 25.00 | 58.90 | 443.0402 | 8.454528 |

附表11　　人民币兑美元汇率（1985—2013年）

| 年份 | 100美元/人民币 | 年份 | 100美元/人民币 |
|---|---|---|---|
| 1985 | 293.66 | 2000 | 827.84 |
| 1986 | 345.28 | 2001 | 827.7 |
| 1987 | 372.21 | 2002 | 827.7 |
| 1988 | 372.21 | 2003 | 827.7 |
| 1989 | 376.51 | 2004 | 827.68 |
| 1990 | 478.32 | 2005 | 819.17 |

续表

| 年份 | 100美元/人民币 | 年份 | 100美元/人民币 |
|---|---|---|---|
| 1991 | 532.33 | 2006 | 797.18 |
| 1992 | 551.46 | 2007 | 760.4 |
| 1993 | 576.2 | 2008 | 694.51 |
| 1994 | 861.87 | 2009 | 683.1 |
| 1995 | 835.1 | 2010 | 676.95 |
| 1996 | 831.42 | 2011 | 645.88 |
| 1997 | 828.98 | 2012 | 631.25 |
| 1998 | 827.91 | 2013 | 613.58 |
| 1999 | 827.83 | | |

**附表12　国内货币供应量及增长率（2005—2014年月度数据）**

| 时间 | 货币供应量（亿元） | | | | | |
|---|---|---|---|---|---|---|
| | $M_0$ | | $M_1$ | | $M_2$ | |
| | 绝对额 | 同比增长率 | 绝对额 | 同比增长率 | 绝对额 | 同比增长率 |
| 2005年1月 | 24015.41 | 7.75% | 97079.03 | 15.84% | 257708.47 | 14.50% |
| 2005年2月 | 22667.97 | 13.95% | 92814.95 | 11.08% | 259357.29 | 14.23% |
| 2005年3月 | 21238.95 | 10.06% | 94743.19 | 10.40% | 264588.94 | 14.22% |
| 2005年4月 | 21666.56 | 9.00% | 94593.72 | 10.50% | 266992.66 | 14.28% |
| 2005年5月 | 20811.59 | 9.26% | 95802.01 | 10.40% | 269240.49 | 14.64% |
| 2005年6月 | 20848.76 | 9.63% | 98601.25 | 11.25% | 275785.53 | 15.67% |
| 2005年7月 | 21171.20 | 9.08% | 97674.10 | 11.00% | 276966.28 | 16.30% |
| 2005年8月 | 21351.56 | 9.39% | 99377.70 | 11.50% | 281288.22 | 17.34% |
| 2005年9月 | 22272.92 | 8.52% | 100964.00 | 11.64% | 287438.27 | 17.92% |
| 2005年10月 | 21892.98 | 9.49% | 101751.98 | 12.08% | 287591.61 | 17.99% |
| 2005年11月 | 22409.39 | 10.89% | 104125.78 | 12.71% | 292350.39 | 18.30% |
| 2005年12月 | 24031.67 | 11.94% | 107278.76 | 11.78% | 298755.67 | 17.57% |
| 2006年1月 | 29310.37 | 22.05% | 107250.68 | 10.63% | 303571.65 | 19.21% |
| 2006年2月 | 24482.02 | 8.00% | 104357.08 | 12.44% | 304516.27 | 18.82% |
| 2006年3月 | 23472.03 | 10.51% | 106737.08 | 12.67% | 310490.65 | 18.76% |
| 2006年4月 | 24155.73 | 11.49% | 106389.11 | 12.48% | 313702.34 | 18.92% |

续表

| 时间 | 货币供应量（亿元） | | | | | |
|---|---|---|---|---|---|---|
| | $M_0$ | | $M_1$ | | $M_2$ | |
| | 绝对额 | 同比增长率 | 绝对额 | 同比增长率 | 绝对额 | 同比增长率 |
| 2006年5月 | 23465.31 | 12.75% | 109219.21 | 14.01% | 316709.80 | 19.05% |
| 2006年6月 | 23469.08 | 12.57% | 112342.36 | 13.94% | 322756.35 | 18.43% |
| 2006年7月 | 23752.59 | 12.19% | 112653.04 | 15.34% | 324010.76 | 18.40% |
| 2006年9月 | 25687.38 | 15.33% | 116814.10 | 15.70% | 331865.36 | 16.83% |
| 2006年10月 | 24964.17 | 14.03% | 118359.97 | 16.33% | 332747.18 | 17.08% |
| 2006年11月 | 25527.26 | 13.91% | 121644.96 | 16.83% | 337504.16 | 16.80% |
| 2006年12月 | 27072.62 | 12.65% | 126035.13 | 17.48% | 345603.59 | 16.94% |
| 2007年1月 | 27949.13 | -4.64% | 128484.06 | 19.80% | 351498.77 | 15.79% |
| 2007年2月 | 30627.93 | 25.10% | 126258.08 | 20.99% | 358659.25 | 17.78% |
| 2007年3月 | 27387.95 | 16.68% | 127881.31 | 19.81% | 364093.66 | 17.27% |
| 2007年4月 | 27813.89 | 15.14% | 127678.34 | 20.01% | 367326.46 | 17.09% |
| 2007年5月 | 26727.97 | 13.90% | 130275.80 | 19.28% | 369718.15 | 16.74% |
| 2007年6月 | 26881.10 | 14.54% | 135847.41 | 20.92% | 377832.15 | 17.06% |
| 2007年7月 | 27326.26 | 15.05% | 136237.43 | 20.94% | 383884.88 | 18.48% |
| 2007年8月 | 27822.39 | 14.95% | 140993.31 | 22.77% | 387205.15 | 18.09% |
| 2007年9月 | 29030.58 | 13.01% | 142591.57 | 22.07% | 393098.91 | 18.45% |
| 2007年10月 | 28317.78 | 13.43% | 144649.33 | 22.21% | 394204.17 | 18.47% |
| 2007年11月 | 28987.92 | 13.56% | 148009.82 | 21.67% | 399757.91 | 18.45% |
| 2007年12月 | 30375.23 | 12.20% | 152560.08 | 21.00% | 403442.21 | 16.70% |
| 2008年1月 | 36673.15 | 31.21% | 154870.16 | 20.54% | 417818.67 | 18.88% |
| 2008年2月 | 32454.47 | 5.96% | 150177.88 | 18.95% | 421037.84 | 17.39% |
| 2008年3月 | 30433.07 | 11.12% | 150867.47 | 17.97% | 423054.53 | 16.19% |
| 2008年4月 | 30789.61 | 10.70% | 151694.91 | 19.05% | 429313.72 | 16.94% |
| 2008年5月 | 30169.30 | 12.88% | 153344.75 | 17.93% | 436221.60 | 18.07% |
| 2008年6月 | 30181.32 | 12.28% | 154820.15 | 14.19% | 443141.02 | 17.37% |
| 2008年7月 | 30687.19 | 12.30% | 154992.44 | 13.96% | 446362.17 | 16.35% |
| 2008年8月 | 30851.62 | 10.89% | 156889.92 | 11.48% | 448846.68 | 16.00% |
| 2008年9月 | 31724.88 | 9.28% | 155748.97 | 9.43% | 452898.70 | 15.29% |
| 2008年10月 | 31317.84 | 10.59% | 157194.36 | 8.85% | 453133.32 | 15.02% |

续表

| 时间 | 货币供应量（亿元） ||||||
|---|---|---|---|---|---|---|
| | $M_0$ || $M_1$ || $M_2$ ||
| | 绝对额 | 同比增长率 | 绝对额 | 同比增长率 | 绝对额 | 同比增长率 |
| 2008年11月 | 31607.34 | 9.04% | 157826.61 | 6.80% | 458644.65 | 14.80% |
| 2008年12月 | 34218.96 | 12.65% | 166217.13 | 9.06% | 475166.60 | 17.82% |
| 2009年1月 | 41082.37 | 12.02% | 165214.97 | 6.68% | 496136.64 | 18.79% |
| 2009年2月 | 35141.64 | 8.28% | 166149.60 | 10.87% | 506708.08 | 20.48% |
| 2009年3月 | 33746.42 | 10.88% | 176541.13 | 17.04% | 530626.71 | 25.51% |
| 2009年4月 | 34257.27 | 11.26% | 178213.57 | 17.48% | 540481.21 | 25.95% |
| 2009年5月 | 33559.52 | 11.24% | 182025.58 | 18.69% | 548263.51 | 25.74% |
| 2009年6月 | 33640.98 | 11.46% | 193138.15 | 24.79% | 568916.20 | 28.46% |
| 2009年7月 | 34239.30 | 11.59% | 195889.26 | 26.37% | 573102.85 | 28.42% |
| 2009年8月 | 34406.62 | 11.52% | 200394.83 | 27.72% | 576698.95 | 28.53% |
| 2009年9月 | 36787.89 | 15.96% | 201708.14 | 29.51% | 585405.34 | 29.31% |
| 2009年10月 | 35730.23 | 14.09% | 207545.74 | 32.03% | 586643.29 | 29.42% |
| 2009年11月 | 36343.86 | 14.99% | 212493.20 | 34.63% | 594604.72 | 29.74% |
| 2009年12月 | 38245.97 | 11.77% | 220001.51 | 32.35% | 606225.01 | 27.68% |
| 2010年1月 | 40758.58 | -0.79% | 229588.98 | 38.96% | 625609.29 | 25.98% |
| 2010年2月 | 42865.79 | 21.98% | 224286.95 | 34.99% | 636072.26 | 25.52% |
| 2010年3月 | 39080.58 | 15.81% | 229397.93 | 29.94% | 649947.46 | 22.50% |
| 2010年4月 | 39657.54 | 15.76% | 233909.76 | 31.25% | 656561.22 | 21.48% |
| 2010年5月 | 38652.97 | 15.20% | 236497.88 | 29.90% | 663351.37 | 21.00% |
| 2010年6月 | 38904.85 | 15.65% | 240580.00 | 24.56% | 673921.72 | 18.46% |
| 2010年7月 | 39543.16 | 15.50% | 240664.07 | 22.90% | 674051.48 | 17.60% |
| 2010年8月 | 39922.76 | 16.00% | 244340.64 | 21.90% | 687506.92 | 19.20% |
| 2010年9月 | 41854.41 | 13.78% | 243821.90 | 20.87% | 696471.50 | 18.96% |
| 2010年10月 | 41646.21 | 16.60% | 253313.17 | 22.10% | 699776.74 | 19.30% |
| 2010年11月 | 42252.16 | 16.30% | 259420.32 | 22.10% | 710339.02 | 19.50% |
| 2010年12月 | 44628.17 | 16.69% | 266621.54 | 21.19% | 725851.79 | 19.72% |
| 2011年1月 | 58064.04 | 42.50% | 261765.11 | 13.60% | 733884.93 | 17.20% |
| 2011年2月 | 47270.34 | 10.30% | 259200.59 | 14.50% | 736130.96 | 15.70% |
| 2011年3月 | 44845.32 | 14.78% | 266255.58 | 15.01% | 758130.98 | 16.63% |

续表

| 时间 | 货币供应量（亿元） | | | | | |
|---|---|---|---|---|---|---|
| | $M_0$ | | $M_1$ | | $M_2$ | |
| | 绝对额 | 同比增长率 | 绝对额 | 同比增长率 | 绝对额 | 同比增长率 |
| 2011年5月 | 44602.93 | 15.40% | 269289.72 | 12.70% | 763409.31 | 15.10% |
| 2011年4月 | 45489.11 | 14.70% | 266766.99 | 12.90% | 757384.64 | 15.30% |
| 2011年6月 | 44477.91 | 14.40% | 274662.68 | 13.10% | 780820.97 | 15.90% |
| 2011年7月 | 45183.14 | 14.30% | 270545.70 | 11.60% | 772923.69 | 14.70% |
| 2011年8月 | 45775.33 | 14.70% | 273393.81 | 11.20% | 780852.34 | 13.50% |
| 2011年9月 | 47145.32 | 12.68% | 267193.20 | 8.85% | 787406.24 | 13.04% |
| 2011年10月 | 46579.43 | 11.90% | 276552.71 | 8.40% | 816829.29 | 12.90% |
| 2011年11月 | 47317.30 | 12.00% | 281416.41 | 7.80% | 825493.98 | 12.70% |
| 2011年12月 | 50748.50 | 13.76% | 289847.73 | 7.85% | 851590.94 | 13.61% |
| 2012年1月 | 59820.72 | 3.00% | 270010.40 | 3.10% | 855898.89 | 12.40% |
| 2012年2月 | 51448.78 | 8.80% | 270312.11 | 4.30% | 867171.42 | 13.00% |
| 2012年3月 | 49595.74 | 10.60% | 277998.11 | 4.40% | 895565.50 | 13.40% |
| 2012年4月 | 50199.32 | 10.40% | 274983.82 | 3.10% | 889604.04 | 12.80% |
| 2012年5月 | 49039.72 | 10.00% | 278656.31 | 3.50% | 900048.77 | 13.20% |
| 2012年6月 | 49284.64 | 10.80% | 287526.17 | 4.70% | 924991.20 | 13.60% |
| 2012年7月 | 49705.85 | 10.00% | 283090.68 | 4.60% | 919072.40 | 13.90% |
| 2012年8月 | 50235.06 | 9.70% | 285739.27 | 4.50% | 924894.59 | 13.50% |
| 2012年9月 | 53433.49 | 13.30% | 286788.21 | 7.30% | 943688.75 | 14.80% |
| 2012年10月 | 51467.72 | 10.50% | 293311.72 | 6.10% | 936405.89 | 14.10% |
| 2012年11月 | 52400.00 | 10.74% | 296900.00 | 5.50% | 944800.00 | 14.45% |
| 2012年12月 | 54700.00 | 7.79% | 308700.00 | 6.50% | 974200.00 | 14.40% |
| 2013年1月 | 62449.63 | 4.40% | 311228.55 | 15.30% | 992129.25 | 15.90% |
| 2013年2月 | 60313.65 | 17.20% | 296103.24 | 9.50% | 998600.83 | 15.20% |
| 2013年3月 | 55460.52 | 12.40% | 310898.29 | 11.90% | 1035858.37 | 15.70% |
| 2013年4月 | 55607.15 | 10.80% | 307648.42 | 11.90% | 1032551.90 | 16.10% |
| 2013年5月 | 54431.39 | 10.80% | 310204.48 | 11.30% | 1042169.16 | 15.80% |
| 2013年6月 | 54063.91 | 9.90% | 313499.82 | 9.10% | 1054403.69 | 14.00% |
| 2013年7月 | 54412.78 | 9.50% | 310596.46 | 9.70% | 1052212.34 | 14.50% |
| 2013年8月 | 54925.35 | 9.30% | 314085.91 | 9.90% | 1061256.43 | 14.70% |

续表

| 时间 | 货币供应量（亿元） | | | | | |
|---|---|---|---|---|---|---|
| | M₀ | | M₁ | | M₂ | |
| | 绝对额 | 同比增长率 | 绝对额 | 同比增长率 | 绝对额 | 同比增长率 |
| 2013年11月 | 56441.27 | 7.70% | 324821.92 | 9.40% | 1079257.06 | 14.20% |
| 2013年12月 | 58558.31 | 7.10% | 337260.63 | 9.30% | 1106509.15 | 13.60% |
| 2013年9月 | 56492.53 | 5.70% | 312330.34 | 8.90% | 1077379.16 | 14.20% |
| 2013年10月 | 55595.72 | 8.00% | 319509.38 | 8.90% | 1070242.17 | 14.30% |
| 2014年1月 | 76488.60 | 22.50% | 314900.55 | 1.20% | 1123521.21 | 13.20% |
| 2014年2月 | 62320.92 | 3.30% | 316616.34 | 6.90% | 1131756.56 | 13.30% |

**附表13  人民银行公布短期贷款基准利率（1990—2012年）**  单位：%/年

| 日期 | 6个月及以内 | 6个月至1年 | 日期 | 6个月及以内 | 6个月至1年 |
|---|---|---|---|---|---|
| 1990/8/21 | 8.64 | 9.36 | 2007/7/21 | 6.03 | 6.84 |
| 1991/4/21 | 8.10 | 8.64 | 2007/8/22 | 6.21 | 7.02 |
| 1993/5/15 | 8.82 | 9.36 | 2007/9/15 | 6.48 | 7.29 |
| 1993/7/11 | 9.00 | 10.98 | 2007/12/21 | 6.57 | 7.47 |
| 1996/5/1 | 9.72 | 10.98 | 2008/10/9 | 6.12 | 6.93 |
| 1996/8/23 | 9.18 | 10.08 | 2008/10/30 | 6.03 | 6.66 |
| 1997/10/23 | 7.65 | 8.64 | 2008/11/27 | 5.04 | 5.58 |
| 1998/3/25 | 7.02 | 7.92 | 2008/12/23 | 4.86 | 5.31 |
| 1998/7/1 | 6.57 | 6.93 | 2010/10/20 | 5.10 | 5.56 |
| 1998/12/7 | 6.12 | 6.39 | 2010/12/26 | 5.35 | 5.81 |
| 1999/6/10 | 5.58 | 5.85 | 2011/2/9 | 5.60 | 6.06 |
| 2002/2/21 | 5.04 | 5.31 | 2011/4/6 | 5.85 | 6.31 |
| 2004/10/29 | 5.22 | 5.58 | 2011/7/7 | 6.10 | 6.56 |
| 2006/8/19 | 5.58 | 6.12 | 2012/6/8 | 5.85 | 6.31 |
| 2007/3/18 | 5.67 | 6.39 | 2012/7/6 | 5.60 | 6.00 |
| 2007/5/19 | 5.85 | 6.57 | | | |

附表14　人民银行公布存款准备金率（2004—2012年）　　　　单位：%

| 日期 | 大型金融机构 | 中小型金融机构 | 日期 | 大型金融机构 | 中小型金融机构 |
| --- | --- | --- | --- | --- | --- |
| 2004/4/25 | 8.00 |  | 2008/9/25 | 17.50 | 16.50 |
| 2006/7/5 | 8.00 |  | 2008/10/15 | 17.00 | 16.00 |
| 2006/8/15 | 8.50 |  | 2008/12/5 | 16.00 | 14.00 |
| 2006/11/15 | 9.00 |  | 2008/12/25 | 15.50 | 13.50 |
| 2007/1/15 | 9.50 | 9.50 | 2010/1/18 | 16.00 | 13.50 |
| 2007/2/25 | 10.00 | 10.00 | 2010/2/25 | 16.50 | 13.50 |
| 2007/4/16 | 10.50 | 10.50 | 2010/5/10 | 17.00 | 13.50 |
| 2007/5/15 | 11.00 | 11.00 | 2010/11/16 | 17.50 | 14.00 |
| 2007/6/5 | 11.50 | 11.50 | 2010/11/29 | 18.00 | 14.50 |
| 2007/8/15 | 12.00 | 12.00 | 2010/12/20 | 18.50 | 15.00 |
| 2007/9/25 | 12.50 | 12.50 | 2011/1/20 | 19.00 | 15.50 |
| 2007/10/25 | 13.00 | 13.00 | 2011/2/24 | 19.50 | 16.00 |
| 2007/11/26 | 13.50 | 13.50 | 2011/3/25 | 20.00 | 16.50 |
| 2007/12/25 | 14.50 | 14.50 | 2011/4/21 | 20.50 | 17.00 |
| 2008/1/25 | 15.00 | 15.00 | 2011/5/18 | 21.00 | 17.50 |
| 2008/3/25 | 15.50 | 15.50 | 2011/6/20 | 21.50 | 18.00 |
| 2008/4/25 | 16.00 | 16.00 | 2011/12/5 | 21.00 | 17.50 |
| 2008/5/20 | 16.50 | 16.50 | 2012/2/24 | 20.50 | 17.00 |
| 2008/6/25 | 17.50 | 17.50 | 2012/5/18 | 20.00 | 16.50 |

附表15　　我国教育经费支出情况（1992—2011年）　　单位：万元

| 年份 | 国家财政性教育经费 | 公共财政预算支出 | 民办学校举办者投入 | 社会捐赠经费 | 事业收入 | 学杂费 | 其他教育经费 |
|---|---|---|---|---|---|---|---|
| 1992 | 7287506 | 5387382 |  | 696285 |  | 439319 |  |
| 1993 | 8677618 | 6443914 | 33323 | 701856 |  | 871477 |  |
| 1994 | 11747396 | 8839795 | 107795 | 974487 |  | 1469228 |  |
| 1995 | 14115233 | 10283930 | 203672 | 1628414 |  | 2012423 |  |
| 1996 | 16717046 | 12119134 | 261999 | 1884190 |  | 2610361 |  |
| 1997 | 18625416 | 13577262 | 301746 | 1706588 |  | 3260792 |  |
| 1998 | 20324526 | 15655917 | 480314 | 1418537 | 6091515 | 3697474 | 1175700 |
| 1999 | 22871756 | 18157597 | 628957 | 1258694 | 7497174 | 4636108 | 1233835 |
| 2000 | 25626056 | 20856792 | 858537 | 1139557 | 9382717 | 5948304 | 1483939 |
| 2001 | 30570100 | 25823762 | 1280895 | 1128852 | 11575137 | 7456014 | 1821643 |
| 2002 | 34914048 | 31142383 | 1725549 | 1272791 | 14609169 | 9227792 | 2278722 |
| 2003 | 38506237 | 34538583 | 2590148 | 1045927 | 17218399 | 11214985 | 2721943 |
| 2004 | 44658375 | 40278158 | 3478529 | 934204 | 20114268 | 13465517 | 3240414 |
| 2005 | 51610759 | 46656939 | 4522185 | 931613 | 23399991 | 15530545 | 3723842 |
| 2006 | 63483648 | 57956138 | 5490583 | 899078 | 24073042 | 15523301 | 4206736 |
| 2007 | 82802142 | 76549082 | 809337 | 930584 | 31772357 | 21309082 | 5166242 |
| 2008 | 104496296 | 96855602 | 698479 | 1026663 | 33670711 | 23492983 | 5115225 |
| 2009 | 122310935 | 114193032 | 749829 | 1254991 | 35275939 | 25155983 | 5435371 |
| 2010 | 146700670 | 134895629 | 1054254 | 1078839 | 41060664 | 30155593 | 5724045 |
| 2011 | 185867009 | 168045617 | 1119320 | 1118675 | 44246927 | 33169742 | 6341005 |

附表16　　中国、日本、美国中高等教育入学率（2000—2012年）　　单位：%

| 年份 | 高等教育 中国 | 高等教育 日本 | 高等教育 美国 | 中等教育 中国 | 中等教育 日本 | 中等教育 美国 |
|---|---|---|---|---|---|---|
| 2000 | 7.95 | 48.73 | 68.71 | 58.03 | 101.83 | 92.32 |
| 2001 | 10.10 | 49.92 | 69.49 | 58.14 | 102.53 | 93.12 |
| 2002 | 12.76 | 50.80 | 79.48 | 58.42 | 102.68 | 92.47 |
| 2003 | 15.45 | 52.03 | 81.21 | 60.18 | 101.95 | 94.16 |

续表

| 年份 | 高等教育 中国 | 高等教育 日本 | 高等教育 美国 | 中等教育 中国 | 中等教育 日本 | 中等教育 美国 |
|---|---|---|---|---|---|---|
| 2004 | 17.74 | 53.86 | 81.33 |  | 101.25 | 94.63 |
| 2005 | 19.41 | 55.35 | 82.18 |  | 101.00 | 94.76 |
| 2006 | 21.05 | 57.58 | 82.64 | 67.04 | 100.98 | 94.43 |
| 2007 | 21.91 | 58.40 | 83.40 | 71.26 | 100.42 | 95.04 |
| 2008 | 22.42 | 58.57 | 85.40 | 75.38 | 100.65 | 94.89 |
| 2009 | 24.35 | 59.02 | 89.08 | 79.18 | 100.94 | 94.30 |
| 2010 | 25.95 | 59.74 | 94.81 | 83.13 | 101.62 | 93.19 |
| 2011 | 26.79 |  |  | 86.61 | 101.77 | 93.55 |
| 2012 | 30.00 |  |  | 88.98 | 101.81 | 93.67 |

**附表17　国内房地产投资总额、商品房平均销售价格及 R&D 经费支出情况（2000—2012年）**

| 年份 | 房地产投资总额（亿元） | 商品房平均销售价格（元/平方米） | R&D 经费支出（亿元） |
|---|---|---|---|
| 2000 | 5997.63 | 2112 |  |
| 2001 | 7696.39 | 2170 |  |
| 2002 | 9749.95 | 2250 |  |
| 2003 | 13196.92 | 2359 |  |
| 2004 | 17168.77 | 2778 | 1966.33 |
| 2005 | 21397.84 | 3168 | 2449.97 |
| 2006 | 27135.55 | 3367 | 3003.10 |
| 2007 | 37477.96 | 3864 | 3710.20 |
| 2008 | 39619.36 | 3800 | 4615.98 |
| 2009 | 57799.04 | 4681 | 5802.11 |
| 2010 | 72944.04 | 5032 | 7062.58 |
| 2011 | 85688.73 | 5357 | 8687.00 |
| 2012 | 96536.81 | 5791 | 10298.41 |

# 参考文献

[1] 資産価格変動のメカニズムとその経済効果、大蔵省財政金融研究所『フィナンシャル・レビュー』．

[2] 伊藤隆敏（1992）『国際金融の現状』、有斐閣．

[3] 伊藤隆敏など（2002）『戦後日本の金融政策の検証』，伊藤隆敏、トーマス・カーギル，マイケル・ハッチソン著，後藤康雄、妹尾美起訳、東洋経済新報社．

[4] 大井博之、大谷聡、代田豊一郎（2003）「貿易におけるインボイス通貨の決定について：「円の国際化」へのインプリケーション」，『金融研究』第22巻第3号，日本銀行金融研究所．

[5] 大谷聡、白塚重典、代田豊一郎（2003）「為替レートのパス・スルー低下：わが国輸入物価による検証」、『金融研究』第22巻第3号，日本銀行金融研究所．

[6] 大谷聡（2002）「新しい開放マクロ経済学について—PTM（Princing-To-Market）の観点からのサーベイ」、『金融研究』第20巻第4号，日本銀行金融研究所，2003年第3期．

[7] 大谷聡（2002）「PTM（Princing-To-Market）金融政策の国際波及効果—「新しい開放マクロ経済学」のアプローチ」，IMES Discussion Paper J-Series（日本語版），日本銀行金融研究所，2002年第3期．

[8] 河合正弘（1994）『国際金融論』、東京大学出版会．

[9] 小宮龍太郎（1994）『貿易黒字・赤字の経済学』、東洋経済新報社．

[10] 関志雄（1995）『円圏の経済学』、日本経済新聞社．

[11] 菊地悠二（2000）『円の国際史』、有斐閣．

[12] 小島清（1989）『海外直接投資のマクロ分析』、文真堂．

[13] 小島清（2003）『雁行型経済発展論』（第1巻）、文真堂．

[14] 鈴木淑夫（1993）『日本の金融政策』、岩波新書．
[15] 須田美矢子（1992）『対外不均衡の経済学』、日本経済新聞社．
[16] 篠田三代平（1989）「輸出主導型成長と為替レート」、『経済研究』，Vol. 40，No. 3，July. 1989。
[17] 田中茂和（1996）『国際経済と産業組織——寡占と貿易・直接投資・収支調整』、関西大学出版社．
[18] 天野明弘（1990）『国際収支と為替レートの基礎理論』、有斐閣．
[19] J. ニーハンス（1986）『国際金融のマクロ経済学』，天野明弘等訳、東京大学出版会．
[20] 野口悠紀雄（1988）『経常収支のインバランスと経済構造の調整—貯蓄投資バンランスと内需拡大について』,『『金融研究』第 7 巻第 1 号，日本銀行金融研究所．
[21] 吉野俊彦（1988）『円とドル——円高への軌跡と背景』、日本放送出版社．
[22] 福田慎一（1991）「多国間の政策協超調の利益および損失」,『経済研究』，Vol. 42，No. 3，Jul. 1991.
[23] 深尾京司（1997）「直接投資とマクロ経済」,『経済研究』，Vol. 48，No. 3，Jul. 1997.
[24] 深尾京司、中北徹など（1997）「対外直接投資の決定要因」,『経済研究』，Vol. 45，No. 3，Jul. 1997.
[25] 深尾京司、袁堂軍（2001）『日本の対外直接投資と空洞化』，RIETI Discussion Paper Series 01 – J-003．
[26] 馬場直彦、深尾京司など（1997）「為替レート変動．企業の国際化と企業総価値」、『金融研究』第 15 巻第 1 号，日本銀行金融研究所，1997 年．
[27] 馬場直彦（1996）「内外価格差の発生原因について」、『金融研究』第 14 巻第 2 号，日本銀行金融研究所，1996 年．
[28] 船洋一（1988）『通貨烈烈』，朝日新聞社．
[29] 渡辺努（1993）「外為介入のシグナル効果について：日本に関する実証分析」,『金融研究』第 11 巻第 4 号，日本銀行金融研究所，1992 年．
[30] 渡辺努（1993）「不胎化介入のシグナル効果について」、『金融研

究』第 11 巻第 1 号，日本銀行金融研究所，1992 年。

[31] 渡辺努（1994）「市場の予想と経済政策の有効性——国際金融政策のゲーム論的分析」．東洋経済新報社．

[32] Ajay Patel, "Term structure linkages surrounding the Plaza and Louvre accords: Evidence from Euro-rates and long-memory components", *Journal of Banking & Finance*, 28 (2004): 2051 – 2075.

[33] Koichi Hamada, Yasushi Okada, "Monetary and international factors behind Japan's lostdecade", *Japanese Int. Economies*, 23 (2009): 200 – 219.

[34] Christian DANNE, Gunther SCHNABL, "A role model for China? Exchange rate flexibility and monetary policy in Japan", *China Economic Review*, 19 (2008): 183 – 196.

[35] Hiro Ito, "U. S. current account debate with Japan then, with China now", *Journal of Asian Economics*, 20 (2009): 294 – 313.

[36] Fumio Hayashi and Edward C. Prescott, "The 1990s in Japan: A Lost Decade", *Working Paper*, 2003.

[37] Ito Takatoshi and Iwaisako Tokuo, "Explaining Asset Bubbles in Japan", *NBER Working Paper 5358*, November 1995.

[38] Ito Takotoshi, "The land/Housing problem in Japan: A Macroeconomic Approach", *Journal of the Japanese and International Economies*, January 1993.

[39] Haruhiko Kuroda, "The 'Nixon Shock' and the 'Plaza Agreement': Lessons from Two Seemingly Failed Cases of Japan's Exchange Rate Policy", *China &World Economy*, Vol. 12, No. 1, 2004.

[40] Franklin Allen and Gary Gorton, "Churning Bubbles", *Review of Economic Studies*, 1993, 60 (4): 813 – 836.

[41] Ben Shalom Bernanke, "Gertler in Asset Prices?", *Should Central Banks Respond to American Economic Review*, 2001, 91 (2): 253 – 57.

[42] Olivier, "Monetary Policy and Asset Prices: Make Sense?", *International Finance*, 2002.

[43] Bordo D. Michael, Jeanne Olivier, "Asset Prices, Reversals, Econom-

ic Instability, and Monetary Policy", *Annual Meeting of the American Financial Association*, New Orleans, Lousiana, 2001, Jan. 7.

[44] Cai Dunning, "Asset Price and Monetary Policy: Some Notes", University of *Hawaii at Manoa*, May, 2003.

[45] Calvo, "Staggered Prices in a Utility Maximizing Framework", *Journal of Monetary Economics*, 1983, 12 (3): 983 – 998.

[46] Diamond W. Douglas and Dybvig H. Philip, "Bank Runs, Deposit Insurance, and Liquidity", *Journal of Political Economics*, 1983, 91 (3): 29 9 – 314.

[47] Filardo Andrew J., "Monetary Policy and Asset Prices", *Federal Reserve Bank of Kansas City, Economic Review*, 2000, 3rd.

[48] Fisher I., The Debt-Deflation Theory of Great Depressions, *Econometrica*, 1933, 1, 337 – 57.

[49] Franklin Allen and Douglas Gale, "Bubbles and Crises", *The Economic Journal*, 110 (460): 236 – 55.

[50] Garber Peter M., "The First Famous Bubbles", *Journal of Political Economy*, 1989, 97 (31): 337 – 57.

[51] Gerlach Stefan and Frank Smets, "MCIs and Monetary Policy", *European Economic Review*, 2000, 44, 1677 – 1700.

[52] Granger C. W. J. and Swanson N. R., "An Introduction to Stochastic Unit-root Processes", *Journal of Econometrics*, 1997, 80 (1): 35 – 62.

[53] Bezahd Diba and Herschel I. Grossman, "Rational Inflationary Bubbles", *Journal of Monetary*, 1998, 21 (1): 35 – 46.

[54] B. Mandelbrot, "Scalling in Financial Prices: Multifractal Concentration", *Quantitative Finance*, 2001, 1 (6): 641 – 649.

[55] Alan Greenspan, "Risk and Uncertainty in Monetary Policy", *American Economic Review*, 2004, 94 (2): 33 – 40.

[56] Jack Selody and Carolyn Wilkins, "Asset Prices and Monetary Policy: A Canadian Perspective on the Issues", *Bank of Canada Review*, 2004, 3 – 14.

[57] Timur Kuran and Cass R. Sunstein, "Availability Cascades and Risk

Regulation", *Stanford Law Review* Vol. 51, No. 4, 1999.

[58] Marcos Chamon, "Can Debt Crises Be Self-Fulfilling?", *IMF Working Paper*, 2004, 4-99.

[59] Krugman P., "Bubble, Boom, Crash: Theoretical Notes on Asia's Crises", *Working Paper*, 1998, MIT, Cambridge, Massachusetts.

[60] Baillie R. T. and W. P. Osterberg, "Why do Central Banks Intervene?", *Journal of International Money and Finance*, 1997, 16: 909-919.

[61] Baldwin Richard and Paul R. Krugman, "Persistent Trade Effects of Large Exchange Rate Shocks", *Quarterly Journal of Economics*, 1989, 104: 635-654.

[62] Baxter M., "Real Exchange Rates and Real Interest Differentials: Have We Missed the Business-Cycle Relationship?", *Journal of Monetary Economics*, 1994, 33: 5-37.

[63] Blonigen B. A., "Firm-Specific Assets and the Link Between Exchange Rates and Foreign Direct Investment", *American Economic Review*, 1997, 87 (3): 447-465.

[64] Coe D., Helpman E. and Hoffmaister A. "North-south R&D Spillovers", *Economics Journal*, 1997, 107: 134-149.

[65] Argy V., "Exchange Rates Management in Theory and Practice", Princeton Studies in International Finance, No. 50.

[66] Bergsten C. F., "The Outlook for the Trade Deficit and for America as a Debt Country", Statement before the Subcommittee on Trade of the House Committee on Ways and Means September 24, 1986.

[67] Betts Caroline and Michael B. Devereux, "Exchange Rate Dynamics in a Model of Pricing-to-Market", *Journal of International Economics*, 50, 2000: 215-244.

[68] Johansen S. and Juselius K., "Maximum Likelihood Estimation and Inference on Cointegration with Applications to the Demand for Money", *Oxford Bulltin of Economics Statistics*, 52: 169-210, 1990.

[69] Humpage O. F., "On the Effectiveness of Exchange Market International", Mimeo, Fed. Res. Bank Cleveland, June, 1989.

[70] Hymer S. H., *International operations of National Firms: A Study of Di-*

rect Foreign Investment, Cambridge: Mass: MIT Press, 1976.

[71] Eaton Jonathan, and Akiko Tamura, "Bilateralism and Regionalism in Japanese and U. S. Trade and Direct Foreign Investment Patterns", *Journal of the Japanese and International Economies*, 1994, 8: 478 – 510.

[72] Edison H. J. and B. D. Panls, "A Reassessment of the Relationship Between Real Exchange Rates and Real Interest Rates: 1974 – 1990", *Journal of Monetary Economics*, 31: 165 – 178, 1993.

[73] Eijffinger S. C. W and Gruijters N., "On the Effectiveness of Daily Intervention by the Deutsche Bundesbank and the Federal Reserve System in the U. S. Dollar Deutsche Mark Exchange Market", in: Baltensperger E. and Sinn, H. W. (Eds.), Exchange rate regimes and currency unions, MacMillan Press London: 131 – 156, 1992.

[74] Azali, Mohamed, Habibullah Muzafar S. and Ahmad Z. Baharumshah, Does PPP hold between Asian and Japanese economies? Evidence using panel unit root and panel cointegration, *Japan and the World Economy*, 13 (1): 2001.

[75] Baffes J., I. A. Elbadawi and S. A. O'Connell, "Single-Equation Estimation of the Equilibrium Real Exchange Rate", In: Exchange Rates Misalignment: Concepts and Measurement for Developing Countries, L. Hinkle and P Montiel (eds.). World Bank, Policy Research Department. Washington, D. C., 1999.

[76] Goldberg L. S. and M. W. Klein, "Foreign Direct Investment, Trade and Real Exchange Rate Linkages in Southeast Asia and Latin American", *NBER Working, Paper*, 1997: 6344.

[77] Meredith, "Revisiting Japan's External Adjustment Since 1985", *IMF Woking Paper* WP/93/52, June. Washington D. C., 1993.

[78] Baldwin R. E., "Hysteresis in Import Prices: The Beachhead Effect", *American Economic Review*, 1988, 78: 773 – 785.

[79] Barbone L. and Francisco, Rivera-Batiz, "Foreign capital and the contractionary impact of currency devaluation, with an application to Jamaica", *Journal of Development Economics*, 1987, 26: 1 – 15.

[80] Cushman D. O., "Real Exchange Rate Risk, Expectation, and the

Level of Direet Investment", *Review of Economics and Statistics*, 1985, 32: 297 - 308.

[81] Danker D. J., Hass R. A., Henderson D. W., Symansky S. A. and Tryon R. W., "Small Empirical Models of Exchange Market Intervention", *Journal of Policy Modeling*, 1987, 9: 143 - 173.

[82] Devereux M. B, and Charles Engel, "Monetary Policy in the Open Economy Revisited: Price Setting and Exchange Rate Flexibility", *NBER Working Paper*, No. 7665, National Bureau of Economic, 2000.

[83] Dhawan U. and B. Biswal, "Reexamining Export-Led Growth Hypothesis: a Multivariate Cointegration Analysis for India", *Applied Economics*, 1999, 31: 525 - 530.

[84] Bergvall A., "What Determines the Real Exchange Rate? The Nordic Countries", *Scandinavian Journal of Economics*, 2004, 106 (2): 315 - 337.

[85] Bernard A. B. and Jensen J. B., Exporters, jobs, and wages in U. S. manufacturing 1976 - 1987, *Brookings Papers on Economic Activity Macroeconomics*, 1995, 67 - 119.

[86] Feenstra Robert, "Symmetric Pass-through of Tariffs and Exchange Rates Under Imperfect Competition: An Empirical Test", *Journal of International Economic*, 1989, 27: 25 - 45.

[87] Fleming J. M., "Domestic Financial Policies Under Fixed and Floating Exchange Rates", *International Monetary Fund Staff Paper*, 1962, 9: 369 - 379.

[88] Franicel J. A. and R. M. Levien, "Covered Interest Arbitrage: Unexploited profits?", *Journal of Political Economy*, 1975, pp. 325 - 338.

[89] Cottanj J. A., Cavall D. F. and Khan M. S. Real exchange rate behavior and economic performance in LDCsm, *Economic Development and Cultural Change*, 1990, 39: 61 - 76.

[90] Cowan Kevin and Josh De Gregorio, "International Borrowing, Capital Controls and the Exchange Rate: Lessons from Chile", *NBER Working Paper*, 2005, 11382 (May).

[91] Lawrence R. Z., "Dose a Kick in the Fants Get You Going or Does It

Just Hurt? Impact of International Competition on Technological Change in U. S. Manufacturing", Chicago: University of Chicago Press, 1999.

[92] Klein M. and Rosengren E. , "The real Exchange Rate and Foreign Direct Investment in the United States: Relative Wealth vs. Relative Wage Effects", *Lournal of International Economics*, 1994: 373 - 389.

[93] In-Mee Baek and Tamami Okawa, "Foreign Exchange Rates and Japanese Foreign Direct Investment in Asia", *Journal of Economics and Business*, 2001, 17: 7 - 21.

[94] Kohlhagen S. W. , "Exchange Rate Changes, Profitability and Direct Foreign Investment", *Southern Economic Journal*, 1977, 68: 43 - 52.

[95] Meese R. A. and K. Rogoff, "Was it Real? The Exchange Rate-Interest Differential Relationship over the Modern Floating-Rate Period", *Journal of Finance*, 1988, 43: 933 - 948.

[96] Mundell R. A. , "Capital Mobility and Stabilization Policy Under Fixed and Flexible Exchange Rates", *Canadian Journal of Economics and Political Science*, 1963, 29: 475 - 485.

[97] Mundell R. A. , "A Reply: Capital Mobility and Size", *Canadian Journal of Economics and Political Science*, 1964, 30: 421 - 431.

[98] Cukierman A. , Kiguel M. and Leiderman L. , Some evidence on a strategic model of exchange rate bands. In: Leiderman L. , Razin A. ( eds. ), Capital Mobility: The Impact on Consumption, Investment and Growth, Cambridge University Press.

[99] Cukierman A. , Kiguel M. and Liviatan N. , "How much to commit to an rate rule: Balancing credibility and flexibility", *Revista de Analisis Economico*, 1992.

[100] Cukienman A. and Liviatan N. , "Optimal accommodation by strong policymakers under incomplete information", *Journal of Monetary Economics*, 1991, 27: 99 - 127.

[101] Obstfeld M. and Kenneth Rogoff, "New Directions for Stochastic Open Economy Models", *Journal of International Economics*, 2000, 50 (3): 117 - 153.

[102] Obstfeld M. and Kenneth Rogoff, "Global Implications of Self-Oriented

National Monetary Rules", *Quarterly Journal of Economics*, 2002, 117, 2002: 503 – 535.

[103] John B. Taylor, "Low Inflation, Pass-Through, and the Pricing Power of Firms", *European Economic Review*, 2000, 44: 1389 – 1408.

[104] Viaene, J. M. and de Vries C. G., "On the Design of Invoicing Practices in International Trade", *Open Economic Review*, 1992, 3: 133 – 142.

[105] Devarajan S., J. Ixwis and S. Robinson, "External Shocks, Purchasing Power Parity and the Equilibrium Real Exchange Rate", *World Bank Economic Review*, 1993, 7 (1): 45 – 46.

[106] Imed Drine and Christophe Rault, "A Re – examination of the Balassa-Samuelson Hypothesis Using Recent Panel Data Unit – Root and Cointegration Tests: Evidence from MENA Countries", *African Development Review*, 2003, 15 (2 – 3): 106 – 125.

[107] Romer Thomas, "Individual welfare, Majority Voting, and the Properities of a Linear Income Tax", *Public Economy*, February 1975: 163 – 185.

[108] West K. D., "The Insensitivity of Consumption to News about Income", *Journal of Monetary Economics*, 1988, Vol. 21 (1): 17 – 33.

[109] Wilson S. J., "The Savings Rate Debate: Does The Dependency Hypothesis Hold for Australia and Canada", *Australian Economic History Review*, 2000, Vol. 40 (2): 199 – 218.

[110] Stockman Alan C., "New evidence connecting exchange rates to business Cycles", *Federal Reserve Bank of Richmond Economic Quarterly*, 1998, Vol. 84 (2): 73 – 89.

[111] Stone R., "Linear Expenditure System and Demand Analysis: An Application the Pattern of British Demand", *Economic Journal*, 1954, Vol. 64, pp. 56 – 73.

[112] Sarantis N. and Stewart C., "Saving Behaviour in DECD Countries: Evidence from Panel Cointegration Tests", *Manchester School Supplement*, 2001, 69: 22 – 41.

[113] Schrooten M. and Stephan S., "Private Savings and Transition: Dynamic Panel Data Evidence from Accession Countries", *Economics of*

*Transition*, 2005, Vol. 13 (2): 287 - 309.

[114] Loayza N. and Serven L., "What Drives Private Saving across The World", *Review of Economics and Statistics*, 2000, Vol. 82 (2): 165 - 181.

[115] Miles A., "Household Level Study of the Determinants of Income and Consumption", *Economical Journal*, 1997, Vol. 107 (440): 1 - 25.

[116] [英] 波斯坦等主编:《剑桥欧洲经济史》(第八卷),《工业经济:经济政策和社会政策的发展》, 经济科学出版社。

[117] 劳伦斯·S. 科普兰:《汇率与国际金融》, 唐旭、周兴新、张美玲译, 中国金融出版社 1992 年版。

[118] 刘帅帅:《德国本币升值时期保持经济平稳运行的启示》,《经济理论研究》2008 年第 11 期。

[119] 刘宁、赵美贞:《德国马克汇率变迁及对中国的启示》,《湖北经济学院学报》2007 年 9 月第 5 卷第 5 期。

[120] 钟红:《德国马克汇率走势回顾与前瞻》,《国际金融研究》1996 年第 3 期。

[121] 李以明:《经济增长对汇率变动的影响——以德国、日本为例》,《山东省农业干部管理学院学报》2005 年第 21 卷第 4 期。

[122] 李忠尚:《一个稳定的货币是健康经济的基础——德国战后金融体制及其央行研究》,《金融研究》1996 年第 2 期。

[123] 黄泽民:《日本金融制度论》, 华东师范大学出版社 2001 年版。

[124] 黄泽民:《浮动汇率制与金融政策》, 上海人民出版社 1997 年版。

[125] 张斌、何帆:《如何应对经济崛起时期的汇率升值压力——日本、德国的经验与启示》,《国际经济评论》2004 年第 3 期。

[126] 郑秀君、陈建安:《日本泡沫经济研究文献综述》,《日本研究》2011 年第 1 期。

[127] 王允贵:《广场协议对日本经济的影响及启示》,《国际经济评论》2004 年第 1 期。

[128] 罗忠洲、郑仁福:《日元汇率升值与出口的协整分析》,《世界经济研究》2005 年第 3 期。

[129] 袁钢明:《日本经济泡沫兴败及其对中国经济的启示——兼论日元升值的正面影响》,《国际经济评论》2007 年第 4 期。

[130] 李亚芬：《日元升值对经济影响的综合分析》，《国际金融研究》2008年第11期。

[131] 周林薇：《从日本股市暴跌看泡沫经济的特征》，《世界经济》1993年第2期。

[132] 陈江生：《泡沫经济形成的原因分析》，《世界经济》1996年第3期。

[133] 三木谷良一：《日本泡沫经济的产生、崩溃与金融改革》，《金融研究》1998年第6期。

[134] 俞乔：《论我国汇率政策与国内经济目标的冲突及协调》，《经济研究》1999年第7卷。

[135] 李晓西、杨琳：《虚拟经济、泡沫经济与实体经济》，《财贸经济》2000年第6期。

[136] 李俊久、田中景：《泡沫经济前后日本宏观经济战略的调整》，《现代日本经济》2008年第3期。

[137] 冯维江、何帆：《日本股市与房地产泡沫起源及崩溃的政治经济解释》，《世界经济》2008年第1期。

[138] 殷德生：《政府支出与均衡实际汇率》，《世界经济》2004年第1期。

[139] 张见、刘力臻：《日元升值对日本泡沫经济的影响分析》，《现代日本经济》2010年第5期。

[140] 田香兰：《日本人口结构变化对其宏观经济的影响》，《环球瞭望》2010年第8期。

[141] 刘穷志、何奇：《人口老龄化、经济增长与财政政策》，《经济学》（季刊）2012年10月第12卷第1期。

[142] 史清琪、秦宝庭、陈警：《衡量经济增长中技术进步作用的主要指标初探》，《数量经济技术经济研究》1984年第10期。

[143] 胡燕燕：《日本经验的启示：升值不可怕关键是宏观抉择时机和节奏》，《期货日报》2010年9月29日第003版。

[144] 边恕：《日本"失去的十年"的经济绩效及宏观政策分析》，《日本研究》2008年第3期。

[145] 季尚义：《德国的"社会市场经济"经济政策及其财政税收的宏观调控及启示》，《涉外税务》1996年第4期。

[146] 孙晓青:《德国的固定资本投资及国家对投资的调控》,《世界经济》1994 年第 5 期。

[147] 王野秋:《德国社会市场经济条件下的宏观调控》,《山西煤炭管理干部学院学报》2010 年第 3 期。

[148] 李国强、娄毅翔:《德国经济政策取向、特点及启示》,《重庆理工大学学报》(社会科学版) 2012 年第 26 卷第 12 期。

[149] 孙立坚:《日本的泡沫经济会在中国重演吗》,《经济研究参考》2010 年第 24 期。

[150] 曹莹:《德国应对人口老龄化的相关政策及启示》,《重庆科技学院学报》(社会科学版) 2012 年第 10 期。

[151] 姜波克、刘沁清:《经济增长方式的判断指标研究》,《复旦学报》(社会科学版) 2010 年第 4 期。

[152] 王宇:《日本泡沫经济生成与破灭的故事》,《中国金融》2010 年第 13 期。

[153] 杜艺中:《日本泡沫经济的在回顾与启示》,《金融与经济》2010 年第 4 期。

[154] 黄智淋、俞培果:《近年技术创新对我国经济增长的影响研究——基于面板数据模型分析》,《科技管理研究》2007 年第 5 期。

[155] 李斌、投资:《消费与中国经济的内生增长:古典角度的实证分析》,《管理世界》2004 年第 9 期。

[156] 康锋莉、郑一萍:《政府支出与径济增长:近期文献综述》,《财贸经济》2005 年第 1 期。

[157] 章和杰、贾鑫:《财政政策和货币政策的有效搭配文献综述——基于人民币一篮子货币汇率制度》,《北方经济》2011 年第 9 期。

[158] 许雄奇:《财政赤字的宏观经济效应:一个文献综述》,《重庆理工大学学报》(社会科学版) 2010 年第 24 卷第 10 期。

[159] 史官清、邓鸿丽:《财政政策影响经济增长质量的文献综述》,《经济研究参考》2013 年第 30 期。

[160] 王蓓、吕伟:《财政政策效应究竟有多大:一个文献综述》,《云南财经大学学报》2013 年第 2 期。

[161] 孙天琦、张观华:《银行资本、经济周期和货币政策文献综述》,《金融研究》2008 年第 1 期。

[162] 孙韦、薛晓倩、石少功：《货币政策应对资产价格做出反应吗——文献综述》，《海南金融》2011 年第 11 期。

[163] 伍桂、何帆：《非常规货币政策的传导机制与实践效果：文献综述》，《国际金融研究》2013 年第 7 期。

[164] 章和杰、梁晓：《货币政策绩效研究文献综述——基于篮子货币汇率制度》，《消费导刊》2009 年第 10 期。

[165] 李世美：《货币政策有效性研究的文献综述》，《现代经济探讨》2008 年第 7 期。

[166] 谢怀筑、于李娜：《货币政策溢出效应与国际协调：一个文献综述》，《金融与经济》2011 年第 1 期。

[167] 中国社会科学院课题组：《贸易、资本流动与汇率政策》，《经济研究》1999 年第 9 卷。

[168] 《日本的启示》，金融四十人论坛（http://www.cf40.org.cn），CF40 要报，2012 年第 11 卷。

[169] 李月：《有效经济增长的理论研究——中国（1978—2007 年）有效经济增长过程的理论分析》，南开大学博士学位论文，2009 年。

[170] 鲁育宗：《经济虚拟化背景下的经济增长的原因和机制研究》，复旦大学博士学位论文，2008 年。

[171] 朱勇：《新增长理论》，中国人民大学博士学位论文，1998 年 6 月。

[172] 罗忠洲：《汇率波动的经济效应研究》，华东师范大学博士学位论文，2005 年 6 月。

[173] 高铁梅：《计量经济分析方法与建模》（第二版），清华大学出版社 2009 年第 3 卷。

[174] 新浪长安讲坛，http://finance.sina.com.cn/sinachanganforum/。

[175] [美] 萨缪尔森：《经济学》（第 12 版），中国发展出版社 1996 年版。

[176] [美] 戴维·罗默：《高级宏观经济学》，苏剑、罗涛译，商务印书馆 1999 年版。

[177] [美] 保罗·克鲁格曼：《汇率的不稳定性》，张兆杰译，北京大学出版社 2000 年版。

[178] [美] 格里高利·曼昆：《宏观经济学》，张帆、梁晓钟译，中国人民大学出版社 2005 年版。

[179] [美] 多恩布什：《宏观经济学》，范家骧、张一驰、张之鹏、张延译，中国人民大学出版社2011年版。

[180] [日] 奥村洋彦：《日本"泡沫经济"与金融改革》，余燨予译，中国金融出版社2000年版。

[181] 刘树成：《经济周期与宏观调控》，社会科学文献出版社2005年版。

[182] 贺铿、李鲁阳等：《投资、消费与经济增长》，中国统计出版社2006年版。

[183] 潘世伟：《中国的大国经济发展道路》，中国大百科全书出版社2008年版。

[184] 高鸿业：《西方经济学（宏观部分）》，中国人民大学出版社2010年版。

[185] 姜波克：《国际金融新编》，复旦大学出版社2008年版。

[186] 谢辉：《汇率对国内生产总值的影响及其传导机制》，新华出版社2010年版。

# 后　　记

经历了无数个日夜在电脑前的苦坐，终于见到了雏形的成果，喜悦之情竟无以言状。即将交稿之际满怀感恩之情。

首先感谢上海社会科学研究院的两位恩师——韩清研究员和朱平芳研究员。韩老师是我的博士生导师，满腹才华却与世无争，如同古代的田园或是塞外诗人。韩老师对我学术上的要求和指导是我完成本书的保证。朱老师更像是一位家长，对人对事对学术都十分严谨，我近乎零开始的计量基础，说是朱老师手把手教的也不为过！从两位恩师处受益的不仅是知识，更有待人处事接物的方式与态度。

感谢在宁波大学的两位恩师唐绍祥教授和孙伍琴教授。唐老师是我硕士生阶段的导师，自我 2003 年进入宁波大学商学院以来，无论学业、工作还是生活，唐老师都给予了十分的关爱，很多时候给我的教育和指导是我在农村的父母无法给予的，一句感谢实在无法表达内心的感激感恩之情。孙老师才华横溢却不屑功名，敢说敢当而从不为五斗米折腰的才情和傲气是我最钦佩的；孙老师对学生十分负责，对科研十分负责；孙老师学业上给我指导、工作中给我点拨，生活中更是无话不谈的益师益友。在此，对两位恩师 11 年来的关爱由衷地道一声：谢谢！

感谢宁波大学的师姐周新苗教授，同门之情已过十年，十余年中，很多事，很多细节，尽在不言中；感谢宁波大学外语学院的王霞老师，自相识以来帮我做了大量的翻译工作；感谢宁波大学机械学院的张海华老师和研究生学院的杨厦老师在日常科研工作中帮我做了大量的打印、复印和其他后勤工作，感谢宁波大学其他给予我帮助的最可爱的同事们！

最后，要感谢我最爱的家人。感谢父母的养育，两位面朝黄土背朝天的农民培养我们姐妹三人上大学，其中的艰辛与汗水可想而知；感谢姐姐对全家人的付出和照顾，我和小妹常年在外，照顾父母的重担一直由姐姐一人挑着，并时时关心着我和小妹，作为妹妹实感惭愧；感谢小妹对我工作、生活的支持与理解，遇到任何困难或是不顺心的事时，小妹永远是我最安全的倾诉对象。感谢婆婆一直帮我悉心照料尚在襁褓中的幼儿以及承担了几乎所有的家务，使我从家务琐事中解脱出来，得以安心写作。感谢我的夫君多年来给予的无限包容、支持和爱护。

张云华

2014 年 9 月于海悦